CB077788

TECENDO *o* LIMIAR *da* BRUXARIA

COMO PRATICAR A ARTE TRADICIONAL E MODERNA

TECENDO *o* LIMIAR *da* BRUXARIA

COMO PRATICAR A ARTE TRADICIONAL E MODERNA

LAURA TEMPEST ZAKROFF

NOVA SENDA

TECENDO O LIMIAR DA BRUXARIA

Weave the Liminal: Living Modern Traditional Witchcraft

Direitos autorais © 2019 by Laura Tempest Zakroff | Publicado por Llewellyn Publications

Woodbury, MN 55125 EUA | www.llewellyn.com

© 2025 Editora Nova Senda

Assistente editorial: Brenda Lopes Lote

Tradução: Renan Papale

Revisão: Luciana Papale

Diagramação: Décio Lopes

Ilustrações internas de Laura Tempest Zakroff

DADOS INTERNACIONAIS DE CATALOGAÇÃO NA PUBLICAÇÃO (CIP)

Angélica Ilacqua CRB-8/7057

Zakroff, Laura Tempest

Tecendo o Limiar da Bruxaria: Como Praticar a Arte Tradicional e Moderna / Laura Tempest Zakroff. Tradução de Renan Papale - São Paulo: Nova Senda, 2025.

256 páginas: il.

ISBN 978-65-87720-34-0

Título original: *Weave the Liminal: Living Modern Traditional Witchcraft*

1. Bruxaria 2. Magia I. Título II. Renan Papale

24-4758 CDD 133.43

Índices para catálogo sistemático:

1. Bruxaria

Proibida a reprodução total ou parcial desta obra, de qualquer forma ou por qualquer meio, seja eletrônico ou mecânico, inclusive por meio de processos xerográficos, incluindo ainda o uso da internet sem a permissão expressa da Editora Nova Senda, na pessoa de seu editor (Lei nº 9.610, de 19/02/1998).

Direitos de publicação no Brasil reservados para Editora Nova Senda.

EDITORA NOVA SENDA

Rua Jaboticabal, 698 – Vila Bertioga – São Paulo/SP

CEP 03188-001 | Tel. 11 2609-5787

contato@novasenda.com.br | www.novasenda.com.br

A Nathaniel, meu parceiro em cada instante
desta vida incrível que tecemos juntos.

SUMÁRIO

ILUSTRAÇÕES

PREFÁCIO

de Ivo Dominguez Jr.

Participo da comunidade Wiccaniana e Pagã há pouco mais de quatro décadas, e estou sempre em busca daqueles que aparecem para carregar as tochas, plantar as sementes e criar as nossas culturas. Laura Tempest Zakroff me encantou com seus sigilos arcanos, movimentos de dança de fazer tremer o éter e uma bela risada – na verdade, uma bela gargalhada. Eu li seu *blog*, admirei sua arte e a encontrei pessoalmente para interpretar sua energia, e ela não me desapontou. Na verdade, eu a convidei para ensinar na Corte Seelie (Seelie Court), terra da Assembly of the Sacred Wheel, e incentivei meus alunos a seguirem o trabalho dela. Nossos estilos e práticas são extremamente diferentes, com exceção do que é mais importante para mim. Ela incentiva as perguntas, a criatividade, a confiança e dá uma atenção rigorosa ao desapego.

Desde que você abriu este livro, uma nova magia começou. Suas expectativas, antecipações e esperanças para o que esta obra pode trazer se entrelaçam com as palavras da autora. Página por página, o livro será recriado em sua mente como uma trama inédita, uma colcha de retalhos de pensamentos interligados ou, talvez, como uma nova vestimenta moldada a partir do padrão que a autora criou. Isso sempre acontece, e cada livro se torna diferente nas mãos de cada leitor. A diferença em *Tecendo o Limiar da Bruxaria* está no desejo sincero da autora de que seu fluxo criativo molde o livro para que ele realmente se ajuste a você.

Em minha Tradição, quando duas pessoas se comprometem em um *handfasting*, cerimônia de atar as mãos que representa um casamento, elas não são consideradas nem presas nem livres do compromisso quando os cordões são retirados de seus punhos. Isso expressa a natureza bela e desafiadora de seu amor, dos eventos de suas vidas e do livre-arbítrio, serpenteando e trançando um caminho ao longo do tempo, de uma maneira que distorce o que é a causa e o que é o efeito. *Tecendo o Limiar da Bruxaria* é também uma declaração sobre a incrível e complexa relação que uma Bruxa tem com seu caminho. Muitas vezes, é nas relações que as lições de vida são aprendidas, o carma se desdobra e a alma é refinada ou maculada. Este livro fala sobre aprender limites e saber quando ultrapassá-los, rompê-los e expandi-los.

Nem tudo é o que parece. O tom do livro pode ser leve, mas o tema carrega correntes profundas e ocultas. Palavras dramáticas podem ajudar a evidenciar o que parece óbvio ou leviano. É uma leitura muito agradável; entretanto, não subestime a quantidade de camadas presentes só porque está se divertindo. As Musas podem conduzir você de um extremo ao outro do Universo, enquanto mantêm seu interesse e atenção.

Este livro examina a ciência, o ofício e a arte de ser uma Bruxa. Ele aborda com sensibilidade a união sagrada entre o moderno e o tradicional, o emergente e o estabelecido. Um praticante experiente, como eu, pode aprender tanto com este livro quanto uma Bruxa recém-desperta, pois ele trata de dinâmicas que são eternas. Estou ansioso para ver como este livro transformará o cenário da Bruxaria ao longo dos anos. Vire a página, se desejar. É hora de começar.

Bênçãos,

Ivo

Ivo Dominguez Jr. é um líder da Assembly of the Sacred Wheel, astrólogo e ritualista. Autor do livro *Keys to Perception: a Practical Guide to Psychic Development*.

INTRODUÇÃO

Você atravessa pesadas cortinas de veludo azul-escuro e entra em um cômodo praticamente às escuras. O local parece amplo, mas estranhamente aconchegante. Há um aroma de madeira antiga e terra, com um toque sutil de almíscar, especiarias e incenso. No centro da sala, uma janela alta deixa passar um feixe de luz, revelando partículas de poeira que dançam no ar. O feixe de luz ilumina um enorme tear antigo, que domina o espaço. Ao se aproximar, você vê os numerosos e fortes fios de urdidura uniformemente dispostos. Esta é a base e a estrutura do tecido que está sendo criado. Perpendicularmente à urdidura, há centenas – talvez milhares – de fios coloridos entrelaçados. Eles criam um padrão contrastante, complementando os outros fios ao redor. Você percebe que cada pequeno fio colorido traz uma etiqueta com um nome, uma data e um local. Surpresa, você encontra um fio com o seu próprio nome! Os fios ao redor carregam nomes familiares, mas o padrão ainda é difícil de decifrar. Ao se afastar do tear, um motivo começa lentamente a se revelar diante de você...

Na Tradição Moderna da Bruxaria, costumamos nos referir a nós mesmos como "Praticantes da Arte": participantes ativos na construção do tecido que compõe o padrão da vida. Reconhecemos a interconectividade de todas as coisas: pessoas, lugares, animais e plantas, passado, presente e futuro. Estamos todos a poucos fios de distância uns dos outros, habitando camadas de espaço e tempo que são imensamente vastas e, ainda assim, mais íntimas do que podemos imaginar. Somos ao mesmo tempo os tecelões e o tecido. Influenciamos a trama dos nossos fios e dos que estão ao nosso redor, tanto pelo trabalho físico quanto pelo metafísico. O padrão é formado a partir de uma percepção de onde já estivemos e é guiado pelos caminhos que ainda desejamos trilhar.

A Tradição Moderna se apoia nas raízes do passado, mantendo um olhar cuidadoso sobre o mundo presente e uma visão fixa no futuro. Para alcançar essa perspectiva, abraçamos a base da urdidura, mantendo flexibilidade com os fios que se entrelaçam de diversas formas concretas. Ao contrário da maioria das Tradições e caminhos de mistério semelhantes, a Tradição Moderna se abstém de um sistema hierárquico – não há graus, certificados ou títulos de poder. Não existe um cronograma definido, nem um sistema arbitrário para marcar o progresso. O buscador segue seu próprio caminho e pratica a autodisciplina no seu próprio ritmo, em uma jornada de constante crescimento. A Tradição Moderna não se limita a uma cultura ou panteão específicos; em vez disso, é pensada para se adequar ao lugar onde você vive e a quem você é. O objetivo é criar um caminho autêntico de Bruxaria que funcione para *você*.

Independentemente da cultura em que vive ou dos nomes que usa, a Bruxa tem desempenhado um papel semelhante em todas as Tradições. A Bruxa é aquela que caminha entre os mundos, que vive à margem, a guardiã dos mistérios, a que corrige os caminhos. A Bruxa cura, bane, purifica, queima, prevê, fala, comunga. A Bruxa é uma praticante, não uma participante. A Bruxa é espiritual, mas não necessariamente parte de uma religião organizada. O papel da Bruxa está enraizado na vocação, com uma compreensão de intercâmbio – dar e receber, uma troca de energias e símbolos. A Bruxa pode seguir um caminho solitário, mas isso não significa que caminhe sozinha. A Bruxa está imersa no ambiente ao seu redor, observando e aproveitando o que está disponível, criando soluções no momento. A Bruxa conhece o folclore e os costumes antigos, mas também abraça as oportunidades e as mudanças conforme elas se apresentam, a fim de aprimorar sua prática.

Ser uma Bruxa na era moderna é reconhecer todos esses papéis e buscar incorporar sua relevância na sociedade atual. Por exemplo, podemos ser originárias de uma terra ou região, mas viver em uma área completamente diferente. Praticar o folclore de um lugar específico enquanto se vive ali é uma coisa, porém, ao se mudar para um novo local, a prática deve se adaptar para refletir a natureza dessa nova terra. Mas e se seu sangue clamar por um lugar e seu espírito por outro? Você deve renunciar a um em favor do outro por ser a escolha mais lógica ou aceita, ou deve seguir seus instintos? Como é possível abraçar a Tradição vivendo na Era Moderna?

Como você pode perceber, a Bruxa da Tradição Moderna não é uma seguidora. Em vez disso, é uma pioneira de seu próprio caminho. Não se trata de um caminho eclético, mas sim um caminho cuidadosamente selecionado, que exige atenção na escolha dos elementos que definem e compõem a prática pessoal. Há permissão e incentivo para experimentar de maneira responsável, visando descobrir o que funciona melhor para você. Essa flexibilidade é o que torna uma prática de Bruxaria autêntica e real.

Juntas, analisaremos a história e a estrutura da Tradição Moderna. Exploraremos profundamente o verdadeiro significado de ser uma Bruxa e abordaremos algumas questões intensamente debatidas que podem ser problemáticas na definição do seu caminho. Em seguida, veremos como as cinco áreas que compõem os RITOS (acrônimo do inglês *RITES*: *Roots* [Raízes], *Inspiration* [Inspiração], *Time* [Tempo], *Environment* [Ambiente/Orientação], *Star* [Estrela/Sabedoria]) podem ser usadas como um guia para formular uma prática funcional. Dando continuidade, faremos uma imersão na feitiçaria, na metafísica, nos rituais e em outras formas do trabalho da Bruxa. Vamos explorar o reino liminal e nos encontrar com divindades e espíritos. Depois, voltaremos a este mundo para enfrentar os desafios que acompanham a vida de uma Bruxa moderna. Por fim, incluí alguns recursos para ajudar você a expandir suas práticas.

Suspeito que um bom número de pessoas que estão lendo este livro já tenha explorado outros caminhos e, por isso, talvez estejam buscando se concentrar em como criar o seu próprio caminho. De certo modo, você está se projetando em uma espiral interna, mas isso não significa que seu movimento geral cesse. Não há um ponto final; você simplesmente continuará refinando sua evolução e explorando novas ideias ao longo do caminho.

Mas para algumas pessoas, este pode ser um dos primeiros livros sobre Bruxaria que elas já leram. Se este é o seu caso, há uma boa chance de que você esteja apenas começando, e este livro pode ser o seu ponto de partida. Você está expandindo, ampliando seus horizontes – que são ilimitados. Não tenha medo de explorar novas possibilidades e abordagens.

Não há restrições quanto a rótulos ou caminhos a explorar; todos podem acrescentar perspectiva e fascinar sua mente. Talvez você descubra que este livro lhe dá a sensação de vestir o casaco mais familiar e confortável que nem sabia que era seu. Tenha em mente que optar por explorar uma Tradição ou técnica para descobrir se ela é adequada a você também pode ser extremamente útil. Contanto que esteja sinceramente interessada em aprender e crescer, você está indo muito bem. Nenhuma Tradição ou caminho é melhor, mais poderoso ou mais correto do que outro. O mais importante é encontrar o que melhor se adapta a *você*.

Bênçãos em sua jornada! Que a estrela ilumine o caminho à sua frente, e que a escuridão a envolva com carinho.

A MINHA BRUXARIA É...

A minha Bruxaria é caótica, impossível de ser contida em fileiras impecáveis e frascos organizados. Contudo, possui um padrão preciso, uma ordem entrelaçada em si mesma.

A minha Bruxaria vive no ruído dos ossos de uma cidade. Ela também habita as profundezas decadentes das florestas.

A minha Bruxaria é enraizada em memórias, mitos e histórias. Ainda assim, estou sempre de olho no folclore do futuro.

A minha Bruxaria conversa com os deuses de muitas formas.

No entanto, a magia não depende dos deuses para funcionar.

A minha Bruxaria fala das conexões entre os seres. Suas raízes se entrelaçam na natureza selvagem do meu próprio coração.

A minha Bruxaria é uma reunião de espíritos. A Bruxa sempre caminha sozinha.

A minha Bruxaria dança em círculos. A Bruxaria não conhece fronteiras, limites ou linhas demarcadas.

A minha Bruxaria entoa, canta, chora, grita, geme e sussurra. Ela se deleita em ouvir o silêncio perfeito.

A minha Bruxaria é uma ciência de peles e ossos, rochas e penas, sangue e flores. Sua composição é um mistério de metal e circuitos, eletricidade sobre o concreto.

A minha Bruxaria reúne uma coleção de partes, pedaços, peças e efemeridades. Mesmo assim, sua prática não requer nada físico para realizar seu trabalho.

A minha Bruxaria é uma habilidade refinada, um ofício, uma arte, uma vocação e uma prática. Ela nasce de dentro, é natural, metafísica, espiritual.

A minha Bruxaria é um quadro desgastado e marcado por linhas, traços, sigilos e símbolos. É também uma página em branco e vazia: nova, fresca, aberta e esperando o que virá.

A minha Bruxaria é a minha marca no mundo.

A minha Bruxaria é só minha.

AVISO: ESTE NÃO É UM LIVRO COMUM SOBRE BRUXARIA

Este não é um livro de feitiços. Aqui não há soluções rápidas para sua vida amorosa, feitiços fáceis para ganhar dinheiro ou maldições para antigos amores que decepcionaram você.

Veremos, porém, como a magia funciona e como utilizá-la de forma eficaz.

Não há histórias fantásticas sobre Tradições antigas transmitidas em uma linhagem ininterrupta por incontáveis gerações, em uma tentativa de parecer mais real ou autêntica.

No entanto, você receberá ferramentas para criar um caminho que funcione para você de maneira muito real.

Este livro não inclui um conjunto predefinido de nada nem conceitos prontos; tampouco foi criado para vender uma escola ou sistema.

O livro é um pouco parecido com um móvel da IKEA[1], que você precisa montar sozinho, mas com melhores instruções e ferramentas metafísicas – e, bem, o móvel é essencialmente você.

Este livro não se preocupa em parecer um grimório esotérico misterioso de um século passado ou como um protesto ocultista radical e ousado.

Em vez disso, o objetivo aqui é abordar o metafísico de forma prática, acessível e utilizável.

Você não será uma Bruxa quando terminar de ler este livro.

É bem provável que você já seja uma Bruxa, mas só compreenderá melhor o que isso significa para si mesma quando chegar ao final da leitura.

A verdadeira sabedoria não está em ver o quão complexo o aprendizado pode ser, mas em torná-lo acessível para que outros possam compreender.

---

1. IKEA é uma famosa rede de lojas sueca que vende móveis e artigos para a casa, conhecidos por serem vendidos em pacotes para montagem em casa. (N.T.)

1

A HISTÓRIA DA TRADIÇÃO MODERNA DE BRUXARIA

No tear: para nos tornarmos exímios tecelões, precisamos primeiro entender a origem de nossa Arte.

Mente liminal: para encontrar espaço entre um ponto e outro, é necessário ver onde estivemos e sentir para onde estamos indo.

Toda tradição começa no presente, torna-se parte do passado e se transforma no futuro. Ao trilhar o caminho da Bruxa Tradicional Moderna, buscar origens pode ser como seguir um ouroboros – a serpente que se consome incessantemente em um círculo, ao mesmo tempo em que descarta antigas peles para revelar novas. Para descobrir a história da Tradição Moderna, suas aplicações atuais e possibilidades futuras para você, precisamos desvendar algumas camadas do meu próprio caminho.

NO INÍCIO

Costumo brincar que ainda preciso trabalhar muito a minha história de origem como Bruxa. Quase todas as vezes que sou entrevistada me perguntam: "como você se Iniciou na Bruxaria?" Minha mente imediatamente gira para vinte direções diferentes, conectando todos os vários fios que me trouxeram até este momento. É praticamente impossível resumir tudo em uma narrativa curta e simples, que é provavelmente o que as pessoas esperam quando fazem essa pergunta. Sinto que esperam algo como: "tive uma experiência mística na floresta com uma bétula quando tinha quatorze anos. Ela falou comigo e revelou que eu era, de fato, uma Bruxa". Ou talvez: "quando eu tinha oito anos, minha tia me deu um livro especial e me iniciou em uma ordem secreta que só algumas pessoas da nossa família conhecem. Depois fizemos biscoitos". Ou até mesmo algo simples, como: "um dia minha melhor amiga me deu um livro sobre Bruxaria, e o resto é história". (Nota: acabei de inventar todos esses exemplos.)

Duvido seriamente que a maioria das Bruxas tenha uma história de origem curta e simples. Geralmente, essas histórias são mais como uma tempestade coletiva de pistas que nos encharca até os ossos do que o fruto de uma única fonte mágica. É possível que você se lembre de um momento específico de revelação, mas esse momento acaba levando a outro e mais outro, indo cada vez mais fundo em sua própria história. Claro, pode ter havido aquele livro ou aquela pessoa que pareceu ser seu ponto de partida. No entanto, ao pensar mais profundamente, havia aquela experiência estranha na casa antiga, um sonho profético, uma resistência a certas doutrinas, uma afinidade inexplicável com uma história ou obra de arte, e assim por diante. Sinto que cheguei à Bruxaria pela porta dos fundos – mas será que existe realmente outra forma?

Não consigo me lembrar de um momento na minha vida em que não estivesse interessada em coisas místicas e misteriosas, poderes metafísicos e no oculto. Na infância, passava muito tempo na natureza, conversando com plantas, árvores, animais e outras coisas. Quando eu tinha cerca de três ou quatro anos, meu pai e meu avô construíram uma casinha para mim no quintal. Era mais como uma cabana, uma pequena casa de madeira maciça, com fundação, telhado adequado, duas janelas (com cortinas) e uma porta holandesa. Meus irmãos mais velhos (sete e nove anos mais velhos que eu) não queriam brincar comigo, então eu me entretinha coletando sementes, flores, folhas, musgo, cogumelos e gravetos e criando coisas com eles. Eu conhecia cada árvore e arbusto do nosso quintal e a maioria dos animais que passavam por ali – insetos, pássaros, coelhos e muitos outros.

Mas meus interesses iam além do nosso quintal, especialmente para a biblioteca, a mídia e qualquer lugar que eu visitasse com minha família. Eu estudava com entusiasmo culturas antigas de todo o mundo, fascinada por seus mitos, arte e religiões. Adorava assistir a programas de televisão como *In Search Of* e pegar emprestado na biblioteca os livros da série *Mysteries of the Unknown*, da Time-Life. Meus amigos e eu testávamos nossas habilidades Psíquicas com *flashcards* e jogos semelhantes. Eu me sentia intrigada com os santos e os mistérios espirituais da Igreja Católica, mas me incomodava com sua estrutura patriarcal e suas regras. Para compensar minha inquietação e o tédio de assistir à missa, eu estudava a arte, os instrumentos rituais e a arquitetura de cada igreja que visitávamos. Por conta própria, li as partes mais fascinantes da Bíblia, principalmente o Antigo Testamento, procurando as histórias de Ester, Judite e Rute, e, por volta da sexta série escolar, li o livro do Apocalipse por pura diversão (mas descobri que não era nada divertido).

À medida que fui crescendo, li muitos livros de ficção e não ficção sobre sociedades pré-históricas até a Europa pré-cristã, desde *Ayla, a Filha das Cavernas*, de Jean M. Auel, até *As Brumas de Avalon*, de Marion Zimmer Bradley. Em meio a tudo isso, notei padrões interessantes e registrei coisas estranhas que aconteciam comigo e ao meu redor, mas mantive uma boa dose de ceticismo – e ainda mantenho. Eu sabia que via as coisas de forma diferente, mas não tinha realmente uma palavra para isso até ler *Drawing Down the Moon*, de Margot Adler. Claro, minha família frequentemente se referia a mim, em tom de brincadeira, como "a pequena herege" ou "a pagã", mas o significado dessas palavras não me parecia claro naquela época. Para a minha família, as palavras "pagã" e "herege" significavam descrença e tinham um contexto negativo e pejorativo, em comparação a uma seguidora de outras formas "válidas". E "bruxa", bem, isso era sinônimo de ser perversa ou má!

De repente, essas palavras ganharam outro significado e contexto, abrindo um mundo totalmente novo para mim. Descobrir que havia outras pessoas que viam o mundo como eu, que se conectavam com a natureza, espíritos e a metafísica, foi emocionante. No entanto, agora que eu sabia o que procurar, não estava exatamente encontrando aquele "lar" que eu imaginava nos livros que via nas prateleiras. Eu não me sentia atraída pelos livros novos sobre Wicca, com seu aspecto e tom fantasioso, e buscava ir mais longe. Aprofundei-me no desenvolvimento do Espiritualismo no final do século XIX – todos os diferentes movimentos quase sectários que o antecederam: mesmerismo, swedenborgianismo, quakers, etc. Combinando isso com meus estudos em belas-artes, aprofundei-me na Teosofia, na Golden Dawn, na Maçonaria, em Crowley e Agrippa, assim como em obras feministas modernas. Pesquisei a história da "Época das Fogueiras" e li materiais de origem popular: *A Deusa Branca*, *O Ramo de Ouro*, *Etruscan Roman Remains in Popular Tradition*, *O Martelo das Feiticeiras - Malleus Maleficarum* e *Aradia: o Evangelho das Bruxas*. Aprofundei-me ainda mais no folclore e nos mitos. Li as obras de Gerald Gardner, Dion Fortune, Janet e Stewart Farrar, Marian Green, Doreen Valiente e muitos outros. De todos, foram os trabalhos de Doreen que tocaram mais profundamente o meu coração.

Veja bem, eu adoro ler diferentes perspectivas e gosto especialmente da busca por informações. Mas para minha prática pessoal, foi difícil encontrar um caminho ou Tradição que ressoasse comigo. Descobri que tenho aversão à magia cerimonial, problemas com hierarquias de poder e nenhuma tolerância para a bajulação de egos ou misoginismo, o que eliminou certos caminhos. Além disso, havia aqueles que eram obcecados em recriar ou reconstruir o passado. Redescobrir coisas antigas é interessante, mas a questão é: será que essa prática funciona ou pode ser aplicada atualmente? Será que ela pode ser eficaz fora de seu local ou período original? Eu moro nos Estados Unidos e venho de uma longa linhagem de pessoas que gostam de se relacionar com pessoas de outras culturas, então eu não poderia seguir apenas um caminho de um único lugar. E o mais importante, eu me perguntava: se estamos vivendo aqui e agora, o que faz mais sentido para o praticante dos dias atuais?

Descobrir a Bruxaria e o Neopaganismo moderno foi como aterrissar em uma ilha mítica cuja existência eu nem imaginava. De repente, eu não estava mais sozinha! Mas ao chegar, tive uma enorme dificuldade em encontrar pessoas que falassem a minha língua. Não que isso fosse me desanimar – de forma alguma.

ENCONTRANDO UMA TRADIÇÃO

No dia 2 de janeiro de 2000, três figuras encapuzadas se reuniram ao entardecer nas florestas cobertas pelo inverno de Rhode Island. O círculo estava oculto pelos galhos desfolhados das árvores e pelos arbustos espinhosos à beira de um lago. Apesar do frio, o ar estava tranquilo no espaço onde as figuras se reuniram; a neve silenciava o mundo ao redor. A luz de algumas pequenas velas parecia irradiar um calor além de sua capacidade normal, aquecendo seus corpos. As três figuras reuniram-se para consagrar-se mutuamente e formalizar um caminho iniciado mais de três anos antes. Naquela noite, elas se tornaram a Labyrinth House of the Modern Tradition. Quatro meses depois, uma das três primeiras figuras se reuniria com outras cinco pessoas para formar o segundo grupo formal, a House of Annwyn. Ao longo dos dois anos seguintes, a House of Annwyn dobrou de tamanho e continuou a crescer.

Como você provavelmente já deve ter adivinhado, eu era uma das três figuras encapuzadas. A formalização da Labyrinth House aconteceu em uma época estranha do ano, porque, enquanto duas de nós viviam em Rhode Island, a terceira, conhecida como "Sojenice", havia se mudado para a Área da Baía de São Francisco, na Califórnia. Ela estava de volta à cidade para uma visita, então aproveitamos a oportunidade para ritualizar formalmente o que já havíamos iniciado. Nos conhecemos durante o tempo na Rhode Island School of Design (RISD); três jovens artistas com interesses em comum que se entrelaçavam. Cada uma de nós vinha de origens convergentes: eslavas, celtas e mediterrâneas, misturando-se a outras raízes de um modo que nenhum lugar parecia ser um lar definido e organizado. Fomos criadas no cristianismo, mas desde cedo soubemos que aquilo não era para nós – cada uma de nós sentia um chamado para uma vocação espiritual além do modelo permitido por aquele sistema de crenças. Através da nossa arte e escrita, encontramos o divino feminino no mundo ao nosso redor – e dentro de nós. Juntas, reunimos treinamento formal em outras Tradições de Bruxaria, estudos independentes do ocultismo com mentores respeitados, práticas familiares, trabalhos em grupos de caminhos abertos e educação autodirigida. Fomos profundamente inspiradas por mitos antigos e nos sentíamos mais alinhadas com as práticas livres, orgânicas e diretas da Bruxaria folclórica. Não encontramos nada pronto que nos servisse, então trabalhamos para criar o nosso próprio caminho.

Não é exatamente como se eu dissesse a mim mesma: "vou fundar uma nova Tradição de Bruxaria". Mas também não deixei de pensar nisso. Naquela época, eu tinha muito entusiasmo e energia, então a ideia de começar algo novo não parecia absurda. Também tinha ideias semelhantes sobre criar um novo estilo de dança. Depois de muita busca pelo que acende seu coração, percebe-se um grande vazio, e é aí que você procura criar algo para preenchê-lo. Mas não se pode simplesmente sentar e criar uma nova Tradição ou um novo estilo de *qualquer coisa* da noite para o dia. Não dá para planejar tudo com antecedência, como um jogo com regras precisas – até mesmo os jogos levam tempo para serem desenvolvidos. Desenvolver um sistema funcional envolve tentativa e erro; temos que ficar atentos ao que funciona e ao que não funciona e manter a mente aberta para experimentações. Quando você começa a envolver várias pessoas, lugares, divindades e espíritos no seu propósito, isso acrescenta mais fatores e pontos de vista a serem considerados. Há mais fios para tecer, e novos padrões começam a surgir.

Quando encontrei Sojenice em 1997, eu estava basicamente por conta própria, tentando descobrir meu caminho havia vários anos. Eu já tinha trocado correspondências com outras pessoas on-line por meio de salas de bate-papo no IRC, fóruns e e-mails, mas ainda não tinha conhecido outra Bruxa praticante pessoalmente. Sojenice estava estudando na Rosegate, uma igreja de Bruxaria oficialmente registrada em Rhode Island, uma mistura de tradição familiar, Wicca e sistemas rosa-cruzes. Quando me mudei para Providence, descobri outro grupo que despertou meu interesse: a Society of the Evening Star, associada ao N.E.C.T.W. (New England Coven of Traditionalist Witches). Infelizmente, e para ser bem honesta, o casamento em que eu estava na época não me dava muita liberdade para explorar essa opção ou muitas outras que ele não pudesse controlar.[2] Em vez disso, guardei a carta-convite por segurança, cheia de esperanças. Assim, quando conheci Sojenice, foi emocionante finalmente poder conversar longamente e em detalhes com alguém, pessoalmente, sobre Bruxaria, enquanto eu ainda estava estudando. (Isso tornava tudo "seguro": meu tempo na escola era só meu.)

Sojenice tinha um projeto que usava tanto para cumprir uma tarefa acadêmica quanto para trabalhar nos graus de sua Tradição. Esse projeto acabou se tornando uma bela revista trimestral chamada *Crescent*. Comecei a escrever e criar arte para essa revista, e foi através dela que conheci a terceira pessoa em nossa "equação", "D", uma recém-graduada da RISD que seguia um caminho solitário, que misturava práticas italianas e celtas, e não estava muito interessada em trabalhar com grupos ou sistemas formalizados. Fomos unidas por nossos interesses comuns em Arte, Bruxaria, Tarô e Mitologia. Pouco tempo depois, Sojenice se formou e se mudou para a Califórnia. A revista continuou sendo publicada, mas qualquer prática sobre a qual conversávamos acontecia principalmente por telefone, chat ou e-mail, e cada uma fazia seus trabalhos por conta própria, individualmente.

Fiquei bastante desolada com a mudança de Sojenice para a Califórnia. D e eu nos dávamos bem, mas a situação dela também não permitia muito tempo livre para nos encontrarmos. Eu sentia uma necessidade desesperada de me reunir com outras pessoas para conversar sobre Paganismo e Bruxaria e realizar rituais e práticas, então decidi ir até o Office of Student Life (Gabinete de Vida Estudantil) para ver o que seria necessário para formar uma Sociedade Pagã. Não me lembro muito bem dos detalhes, mas não foi muito difícil. Reservei um espaço para as reuniões, coloquei alguns cartazes pelo campus, e as pessoas realmente apareceram! Tínhamos gente suficiente para nos tornarmos oficialmente um grupo reconhecido, que chamei de Cauldron of Annwyn Pagan Society (Sociedade Pagã do Caldeirão de Annwyn).

2. Eu provavelmente poderia escrever um livro inteiro a respeito de sobreviver sob a pressão de um abusador narcisista, mas realmente não quero explorar isso aqui. Apenas menciono isso porque foi um fator que influenciou os caminhos que eu estava livre para explorar naquela época.

Dizem que o Caldeirão de Annwyn é uma fonte de inspiração, o que se adequou muito bem a uma escola de arte. Rapidamente o grupo se expandiu e passou a incluir estudantes da Universidade Brown, seguindo o modelo de outros grupos religiosos no campus. Depois, alunos de outras faculdades próximas entraram em contato comigo, perguntando se podiam ir às reuniões, porque a faculdade deles não tinha uma Sociedade Pagã. Claro! Quanto mais, melhor! Em seguida, ouvi falar de pessoas em idade universitária, mas que não estavam na faculdade – será que elas também podiam participar? Não vi uma razão para recusar, então elas também se juntaram a nós. E, bem, o que significa "idade universitária", afinal? Logo, o grupo estava aberto a todos que tinham interesse em participar. Nas reuniões regulares apareciam pelo menos algumas dezenas de pessoas, enquanto rituais e eventos especiais atraíam de duas a cinco vezes esse número.

Nesse grande grupo, havia algumas pessoas com quem eu realmente me conectava. Comecei a dar aulas de Bruxaria especialmente a essas pessoas. Logo, começamos a realizar nossos próprios rituais e práticas separadamente, fora da Sociedade Pagã, de maneira aberta. Enquanto isso, criei um site onde reuni minhas reflexões, práticas e ideias sobre a Bruxaria – chamado Modern Tradition of Witchcraft. O site rapidamente cresceu e se tornou bastante popular, porque era um recurso profundo, porém de fácil entendimento para qualquer pessoa que procurasse criar um caminho semelhante para si mesma.

O nome "Modern Tradition of Witchcraft" (Tradição Moderna da Bruxaria) surgiu porque explicava melhor o que estávamos fazendo. Sojenice, D e eu já havíamos considerado alguns nomes diferentes, mas sem chegar a um consenso. Em meio ao *boom* de popularidade das Bruxas nos anos 1990 (em grande parte graças a um filme chamado *Jovens Bruxas*), havia muitas discussões on-line sobre as diferenças entre Wicca e Bruxaria. Havia uma distinção entre as principais formas britânicas (principalmente Gardneriana e Alexandrina), as tradições da Nova Inglaterra, as diversas novas formas de Wicca disponíveis no mercado de livros, os sistemas da Costa Oeste e o surgimento do que atualmente é chamado de "Bruxaria Tradicional" (*tradcraft*) e "Bruxaria

Limiar" (*hedgewitchery*) – ramos da Bruxaria que podem ter origem hereditária ou familiar e/ou uma estrutura não Wiccaniana. Sentíamos que éramos como uma família em nossa estrutura, sem uma hierarquia formal de graus, mas com a autonomia para praticarmos por conta própria. Em nossa prática e crenças, nós nos assemelhávamos mais à Bruxaria folclórica e tradicional, mas não estávamos tentando recriar os antigos modos nem reivindicar alguma autenticidade ancestral. Pesquisávamos nossas próprias raízes e discutíamos conceitos entre nós, mas também reconhecíamos que precisávamos nos concentrar o máximo possível no agora – onde estávamos vivendo e com o que estávamos lidando diariamente no mundo moderno. Então, quando sugeri "Tradicional Moderna", com a possibilidade de sermos mais poéticos em relação à nomenclatura de casas individuais (grupos), Sojenice e D concordaram. Eu não veria ninguém além de nós usando essa combinação como descrição de nome por mais alguns anos.

Ainda é um pouco surpreendente olhar para trás e ver como passei de uma praticante solitária a conhecer outras Bruxas com ideias semelhantes, formar uma Sociedade Pagã aberta, criar e liderar rituais em grupo, ensinar Bruxaria e liderar uma Tradição. Comecei a estudar dança intensamente, a fim de incorporar movimento à nossa prática. Tornei-me editora associada da *Crescent*; fui a participante mais jovem do Pagan Leaders Summit de 2001, em Bloomington, Indiana; iniciei o primeiro Dia do Orgulho Pagão de Rhode Island e também me tornei coordenadora regional do Projeto do Dia do Orgulho Pagão. Evidentemente, fui inspirada, motivada e – talvez alguns possam dizer – possuída pelo espírito.

O que eu não estava pronta para enfrentar era a liderança de um grupo extremamente unido, estando a milhares de quilômetros de distância. Quando finalmente segui Sojenice para a Califórnia, no final de 2001, a Casa de Annwyn continuou sem mim. No entanto, houve um ressentimento latente pela minha partida, e a comunicação nem sempre fluía bem. Não havia como ajudar a resolver as tensões entre os membros estando tão distante. Então a vida seguiu seu curso, como acontece: pessoas se mudam, alguém se divorcia, outro se casa, e cada um segue seu próprio caminho, passando a se concentrar nisso.

A Casa de Annwyn deixou de existir, pelo menos da forma como a imaginávamos inicialmente.

Minha vida também mudou e se transformou. Em vez de tentar criar algo semelhante na Costa Oeste, ministrei aulas gerais sobre Bruxaria e metafísica, aprofundei-me na dança e me envolvi com festivais e eventos locais. No entanto, à medida que meu tempo na Califórnia avançava, comecei a me afastar cada vez mais da comunidade Pagã mais ampla. Comecei a me concentrar mais em negócios relacionados à dança, acabei pedindo demissão da revista e, de modo geral, sentia-me exausta em todas as áreas.

Sentindo a necessidade de recomeçar e de estar mais perto da minha família, mudei-me para Nova Jersey em 2007. Encontrei uma nova inspiração na paisagem familiar da minha infância e nas aulas de iniciação à dança que ministrava a um grupo de pessoas maravilhosas. Assim, fui lentamente voltando a me aproximar da comunidade Pagã e reconectando-me com o que inicialmente me inspirou a dançar: o movimento como ritual. Logo, porém, houve outra mudança de volta para Rhode Island, deixando amigos e novos laços para trás. Mais energia teve de ser canalizada para eu dar conta das minhas despesas enquanto tentava manter a paz em casa. Não podia voltar a me reconectar com os antigos laços sem enfrentar o escárnio dentro da minha própria casa, por isso guardei minha prática em segredo.

Por fim, no auge de quinze anos de casamento, reuni forças para encerrar aquela relação doentia e retomar a minha vida. Deixei para trás meu sofisticado emprego em uma empresa de design e me mudei para Seattle, do outro lado do país. Essa grande mudança marcou o fim do que chamo de "minha vida anterior". Passei a me dedicar à arte em tempo integral, entrei em uma parceria maravilhosa e me apaixonei completamente pela paisagem e pela energia do Noroeste Pacífico. Redescobri amizades que um dia considerei perdidas e, ao mesmo tempo, fiz novas e incríveis conexões. Encontrei a energia e o entusiasmo para tirar minha prática de sua concha guardada e expandi-la em todos os níveis. Também tive a bênção de poder colaborar com pessoas de mentalidade semelhante, vindas de uma grande diversidade de caminhos e Tradições.

Atualmente, concentro-me em ensinar os métodos e a visão da Bruxaria Tradicional Moderna, a fim de ajudar os praticantes a desenvolverem caminhos e práticas que funcionem para eles, em vez de me dedicar a um pequeno grupo de pessoas. Por meio de workshops, aulas locais, aulas on-line e grupos de estudos, meu blog, meu site e agora este livro, a Tradição Moderna pode capacitar uma ampla variedade de pessoas ao redor do mundo. Não tenho interesse em estabelecer uma religião organizada, uma sociedade ou uma liga de seguidores. Prefiro ver as pessoas se sentirem energizadas e inspiradas a trilhar seu próprio caminho e a respeitar os outros.

Assim, embora as casas da Tradição Moderna não estejam mais ativas oficialmente de forma presencial, algo maior nasceu. Ao longo desses anos de experiência, conceitos foram testados, novas ideias foram exploradas e um sistema mais fluido foi criado, capaz de funcionar para qualquer pessoa interessada e disposta a forjar um caminho semelhante. A "Bruxa da Tradição Moderna" transformou-se na designação mais apropriada para uma Bruxa Tradicional Moderna.

MODERNA E TRADICIONAL, COMO ASSIM?

No final dos anos 1990, li e participei de uma variedade de fóruns on-line. Muitos deles eram repletos de perguntas básicas, pedidos de feitiços e conteúdos fantasiosos. Era necessário um certo esforço para encontrar aqueles que realizavam discussões sérias ou mais avançadas. Muitas vezes, era preciso preencher um questionário para ter acesso aos melhores fóruns. Esse era o processo em vários fóruns de Bruxaria Tradicional dos quais fiz parte. Havia algumas boas discussões e compartilhamento de referências, mas muitas vezes as conversas acabavam dominadas por disputas de ego. Declarações como "o meu caminho/tradição é melhor/mais correto/mais autêntico/mais antigo do que o seu" surgiam repetidamente. E lá estava eu com o meu eterno paradoxo em debate: "sim, eu sou ao mesmo tempo moderna *e* tradicional". Eu recebia poucas críticas na época, provavelmente porque era ignorada por alguns esquentadinhos que me viam como inferior a eles devido à minha idade, ao meu gênero ou a rótulos escolhidos. Entretanto, acredito que a falta de debate, na verdade, tinha muito mais a ver com o fato de eu sempre ter sido muito direta sobre o meu caminho. Eu me apresentava de maneira equilibrada e não me importava muito com o que os outros pensavam.

Então, por que moderna *e* tradicional? Porque não sou geneticamente uma "puro-sangue" de nenhuma linhagem, nem vivo nos séculos XII, XV ou XIX, tampouco no "velho mundo". Não tenho uma única origem étnica, então por que me alinharia apenas com os deuses de uma parte do meu sangue quando muitos outros também estão falando comigo? E se não for apenas a herança étnica que conta, mas também vidas passadas – e se essas vidas não estiverem ligadas pelo sangue? E se os nossos ancestrais realmente puderem vir até nós em sonhos e nos iniciar nos caminhos antigos, conforme necessário? Se nossos predecessores tivessem acesso às ferramentas que temos hoje, trocariam a pederneira pelo isqueiro? Eu acho que sim.

Todos os dias somos não apenas prova viva de tradições e métodos do passado, mas também inovadoras: criamos novas tradições e práticas. Para mim, a Bruxaria consiste em fazer o que precisa ser feito com o que se tem disponível. Existem práticas consagradas pelo tempo que ainda mantemos, não só porque a vovó as fazia, mas porque elas *funcionam* – e existem os novos métodos que descobrimos e que funcionam ainda melhor. Se o método é antigo ou moderno, pouco importa, desde que funcione. O segredo está em compreender como e por que essas categorias aparentemente opostas operam em equilíbrio.

O QUE É TRADICIONAL?

O que é uma Tradição? O que significa ser tradicional? Acredito que essas são perguntas raramente feitas quando se fala sobre Bruxaria Tradicional (conhecida em inglês como *tradcraft*). Tenho observado uma metamorfose interessante nas últimas duas décadas com uma ampla variedade de opiniões sobre o que essas duas palavras, quando colocadas juntas, realmente significam. Gardnerianos e Alexandrinos costumam se identificar como BTWs (Bruxos Tradicionais Britânicos), buscando se diferenciarem das formas ecléticas e de outras variações que ficaram conhecidas como Wicca. Para alguns, a Bruxaria Tradicional refere-se à Bruxaria não Wiccaniana, considerada pré-Gardneriana, sem a estrutura de magia cerimonial e outras características comuns na Wicca, o que essencialmente a diferencia da prática da Wicca Moderna. Há também outras Tradições da Bruxaria, muitas das quais afirmam ter origem hereditária ou familiar, embora não seja exigido pertencer à mesma linhagem sanguínea para participar. Vi inúmeros fóruns e discussões on-line onde as pessoas se enfurecem ao debater o significado dessas palavras e quem tem o direito de usá-las. Um tempo perdido em semântica e preocupação com a opinião alheia. Quem realmente tem tempo e energia para fiscalizar os caminhos dos outros, especialmente se esses caminhos funcionam para eles?

Não sei quanto a você, mas acho tudo isso muito cansativo. Se o rótulo funciona para você, ótimo. É maravilhoso explorar a história, mas nenhuma quantidade de pesquisa acadêmica vai provar que existe uma Tradição definitiva de Bruxaria. Humanos e culturas simplesmente não funcionam assim.

Tradições nascem, são reconhecidas, reinventadas e caem no esquecimento todos os dias. Elas não são universais, o que significa que, se você encontrar uma tradição em um lugar ou em um grupo de pessoas, não necessariamente a encontrará em outro lugar. Pode até ser que sim, considerando que as tradições podem variar de país para país, cidade para cidade, família para família e de geração para geração, o que nos leva a reconhecer sua fluidez. Uma tradição refere-se simplesmente a um padrão de ação e/ou crença que é transmitido de forma específica. Tradições podem ser transmitidas diretamente, de geração em geração, ou por meio de amigos, podendo até pular algumas gerações. Receitas, músicas, danças, histórias, celebrações de feriados, amuletos da sorte, maneiras de confeccionar determinados itens, fórmulas para jardinagem e locais secretos para pescar ou passar as férias são maneiras pelas quais as tradições são transmitidas. Com a possível exceção de receitas e fotos, pouquíssimas tradições são transmitidas exclusivamente por meio de livros. Mesmo esses itens geralmente são compartilhados de forma direta, como cozinhar ao lado de quem elaborou a receita ou folhear juntos um álbum de fotos. Existe um fator prático que mantém uma tradição viva, e isso geralmente depende da relação que temos com a pessoa com quem estamos compartilhando essa experiência. Nada errado em ter alguns santos no seu altar porque sua avó também tinha e lhe ensinou a interagir com eles, mas eu evitaria fazer algo que a associe com aquele tio ranzinza que você detestava.

Tendemos a associar "tradicional" a coisas antigas, ancestrais ou históricas, que possuem grande valor ou que foram criadas por pessoas notáveis, mas a realidade é que tradições são criadas todos os dias por pessoas comuns. Muitas vezes, elas são carregadas de significado, mas em alguns casos, o objetivo e a intenção original se perdem em um jogo de telefone sem fio ao longo de várias gerações. As tradições tendem a começar porque houve uma mudança em resposta a um evento ou situação específica, provavelmente envolvendo a solução de algum problema. Normalmente, a resposta a essa mudança foi positiva e considerada bem-sucedida, de modo que essa crença ou ação foi reforçada e passou a ser repetida.

Vemos muito isso em relação a pratos tradicionais que foram transmitidos de geração em geração. Minha ex-sogra era originalmente de Londres e tinha idade suficiente para ter vivido lá durante a Segunda Guerra Mundial. Ela ensinou seu filho a fazer *Yorkshire pudding*, com carne assada e molho. A história que foi transmitida com essa refeição era que, em tempos difíceis, era possível se fartar de pão macio e absorver o molho da carne com ele, produzindo assim mais refeições com a carne, que era cara (além de ser extremamente saborosa). Quando visitei o Reino Unido, a história foi confirmada pelos meus amigos britânicos, enquanto nos sentávamos juntos para uma refeição em uma taverna. Mesmo sem fazer mais parte daquela família, criei minha própria versão dessa refeição, pois, com o tempo, passei a associá-la à comida reconfortante. Do lado italiano da minha família, existem tradições específicas envolvidas na preparação de molho de espaguete, biscoitos *pizzelle* e outros pratos que são feitos apenas em determinadas épocas do ano, geralmente alinhados às colheitas e festas religiosas. Toda véspera de Ano Novo, penso na minha amiga Anaar, que é meio japonesa, e em sua tradição de preparar um prato de carne com *noodles* nessa noite. (Também penso nela toda vez que coloco molho de soja no meu arroz branco, porque ela acha isso nojento. Eu acho deliciosamente salgado.) Na verdade, você pode observar qualquer família (mesmo aquelas que não cozinham) e encontrar tradições em relação à comida.

Isso nos leva a uma questão muito importante: a única coisa consistente nas tradições familiares é o fato de que elas acontecem. Esse ponto vai ao âmago das discussões sobre autenticidade, onde muitos dizem: "Isso não pode ser real ou autêntico, porque minha família não fazia assim!" O que é verdadeiro para uma família pode não ser para outra – e isso não invalida nenhuma delas. Pense em um jantar em família em um feriado. Pode ser uma tradição na sua família comer pernil, batatas e frutas em um determinado feriado, mas seus vizinhos podem celebrar essa mesma data com algo totalmente diferente, como cordeiro, arroz e legumes grelhados. (Agora estamos todos com fome – desculpe por isso.)

Algumas práticas tradicionais são abandonadas ou modificadas quando deixam de ser funcionais, seguras, acessíveis, viáveis economicamente, aceitas culturalmente ou socialmente, ou quando se tornam difíceis de manter. Outras caem em desuso quando uma nova geração tenta romper com o passado, e as práticas antigas são abandonadas em um ato de rebeldia. Mas aquilo que funciona e tem significado nem sempre se perde para sempre. Podemos reativar tradições que foram deixadas para trás ou esquecidas, retomando o fio e tecendo-o novamente.

Conhecimento sobre plantas, amuletos, mitos e história cultural pode nos ajudar a explorar saberes que nossos ancestrais já possuíam. Não é preciso reinventar a roda – especialmente quando os planos já foram traçados. Também podemos buscar na tradição inspiração e diretrizes sobre como utilizar nosso conhecimento de forma eficaz e transmiti-lo às próximas gerações. É muito mais fácil saber para onde estamos indo quando temos familiaridade com onde já estivemos.

O que é Moderna?

Agora que abordamos o conceito de "tradicional", vamos dar uma olhada na aplicação de "moderna". Em retrospecto, é até engraçado eu ter escolhido a palavra "moderna", uma vez que não costumo ser entusiasta da maioria dos movimentos artísticos modernos e, tirando

Martha Graham que emergiu da companhia de dança Denishawn (Ruth St. Denis é uma das minhas heroínas da dança), não tenho muito interesse pela dança moderna. No entanto, "moderna" combina melhor com "tradicional" do que "contemporânea" ou "atual", ou, que os deuses me livrem, "*neo*". A justaposição das palavras e a sonoridade na fala são mais eficazes, na minha opinião.

Uma das melhores características da humanidade é nossa capacidade de resolver problemas. Temos a habilidade de aprimorar ideias e de encontrar maneiras novas e diferentes de interagir com o mundo. Claro, esses mesmos traços inquisitivos podem nos colocar em apuros quando avançamos sem considerar todas as consequências de nossas ações. O progresso apenas pelo progresso pode até causar um retrocesso, mas na maioria das vezes, a inovação avançou de forma cuidadosa e positiva. Por exemplo, dominamos o poder do fogo para nos aquecer, cozinhar alimentos e purificar água. Depois, aprendemos a trabalhar o metal, passando da utilização de bexigas de animais, conchas e cocos (supostamente carregados por andorinhas africanas até a Europa) para a produção de caldeirões para cozinhar, transportar e purificar.[3] Poderíamos continuar enumerando os avanços que conduziram a novas técnicas, desde a canalização interna até a eletricidade. É natural continuarmos a questionar e a trabalhar – na verdade, pode-se dizer que isso faz parte da própria tradição humana.

Incorporar novas ideias não significa necessariamente abandonar as antigas. Deve haver um equilíbrio. A menos que você desaparecesse completamente e passasse a administrar sua própria ilha, não seria fácil se desconectar do mundo e voltar ao modo de vida dos nossos ancestrais de 200, 500, 1.000 ou 5.000 anos atrás. Nosso mundo moderno apresenta desafios que nossos antepassados jamais poderiam imaginar. Isso significa que precisamos usar nossa engenhosidade e estar dispostos a adotar novas formas de fazer as coisas quando os métodos antigos se tornarem obsoletos. É importante respeitar e aprender sobre o passado, mas as tradições vivas não podem sobreviver sob vidro e

---

3. Quer saber mais sobre a evolução dos caldeirões? Eu escrevi um livro sobre isso! *The Witch's Cauldron: The Craft, Lore & Magick of Ritual Vessels* (Llewellyn, 2017).

alfinetes. Elas precisam respirar, crescer e mudar. Ainda assim, nem tudo que é novo e chamativo é necessariamente melhor. Cabe a nós encontrarmos a mistura certa entre o moderno e o tradicional.

Mas o que o moderno tem a ver com a Bruxaria? Graças à tecnologia, conseguimos acessar informações mais rapidamente e preservá-las para nós mesmos e para os outros em uma variedade de formatos. Podemos usar a tecnologia moderna para nos conectar com o passado, localizar sítios antigos e descobrir relíquias que oferecem insights sobre épocas passadas. Com nosso conhecimento avançado, podemos utilizar materiais que são mais seguros e saudáveis para nós e para o meio ambiente, além de entender melhor a origem desses materiais. Também somos capazes de nos conectar com outras pessoas de maneira mais fácil e compartilhar nossas ideias com pessoas ao redor do mundo.

Chaves para o Caminho da Bruxa

Para encontrar o equilíbrio perfeito entre passado, presente e futuro, é útil ter algumas metas ou chaves em mente. O símbolo da chave nos lembra da responsabilidade e da capacidade que temos de trancar, acessar ou abrir uma porta. As chaves evocam um senso de responsabilidade e de conexão com algo maior do que nós. Seu peso é familiar em nossas mãos, e seu som nos traz conforto e consciência. Por meio delas, somos capazes de desbloquear partes ocultas do nosso ser.

As três chaves a seguir são partes integrantes da Tradição Moderna desde o início. Elas fornecem diretrizes básicas que possibilitam um avanço cuidadoso a territórios mais profundos.

1. Conhece-te a ti mesmo

Dizem que essas palavras foram inscritas em grego no átrio do Templo de Apolo em Delfos, onde as Pítias (sacerdotisas oraculares) realizavam seu trabalho. Essa era uma das 147 máximas délficas, ou aforismos, cuja origem exata é desconhecida, mas atribuídas aos Sete Sábios da Grécia por Joannes Stobaeus, um erudito do século V d.C. Essas são palavras sábias a se considerar ao buscar orientação do oráculo. Muitas vezes olhamos para fora de nós mesmos em busca de orientação, quando muito do que precisamos saber já está em nosso interior. Quando temos consciência disso, podemos fazer melhores escolhas sobre o que precisamos realizar, como e com quem realizar. Esteja atenta às suas próprias limitações, assim como às limitações dos outros.

2. *Mantenha o equilíbrio*

Essa chave parece se referir a praticar a moderação, mas também exige compreender e lidar com os extremos. Às vezes, é necessário tomar uma posição ou ação extrema para corrigir uma situação. O equilíbrio é um estado mental, não um ponto fixo. Parte de manter o equilíbrio é entender que toda ação e intenção pode ter reações positivas e negativas em diferentes níveis. Se algo é positivo ou negativo (útil ou prejudicial) depende muito da perspectiva, e devemos nos esforçar para enxergar além do nosso próprio ponto de vista. Algo que você está fazendo é útil ou prejudicial para si mesma ou para os outros?

3. *Aceite a responsabilidade*

Com a visão que surge da compreensão de como manter o equilíbrio, percebemos a causa, o efeito e as implicações do nosso próprio envolvimento. Assim, essa chave exige que estejamos dispostas a aceitar a responsabilidade por aquilo que fazemos e dizemos. Ser uma Bruxa implica reconhecer, aceitar e lidar tanto com as consequências conhecidas quanto com as desconhecidas de nossas ações e palavras. Considere os possíveis resultados de qualquer trabalho que vai além das suas intenções.

Essas três chaves, quando combinadas, podem guiar você por muitas situações que encontrará no seu caminho como Bruxa. Se estiver considerando um curso de aprendizado, conhecer seus limites e saber no que precisa trabalhar pode ajudar a fazer a melhor escolha. Ao usar a divinação, poderá considerar como você ou outras pessoas reagirão a uma situação e calcular possíveis resultados.

Levando em conta suas próprias idiossincrasias, você pode evitar erros comuns e se manter longe de problemas. Pode aprender mais sobre os méritos do seu caráter e sobre o que está disposta a tolerar ou sacrificar para alcançar um resultado desejado. Com paciência, compaixão e compreensão, essas chaves fortalecerão seu caminho e iluminarão sua jornada como Bruxa.

A BRUXARIA DE HOJE, DO ONTEM AO AMANHÃ

A Tradição Moderna da Bruxaria foi fundada com o propósito de criar um caminho sensível, fluido e *vivo* para a Bruxa Moderna. Esse propósito certamente deu origem a esse caminho, mesmo que a ideia inicial de uma Tradição formal e estruturada não tenha se mantido exatamente. O fenômeno da Bruxaria Tradicional Moderna permite muito mais do que essa concepção inicial poderia ter previsto. A Bruxa Tradicional Moderna não precisa seguir uma divindade específica ou passar por uma iniciação secreta. Ela pode viver e ser de qualquer lugar. Não é necessário uma Casa ou um Coven para realizar sua prática. A Bruxa Tradicional Moderna encontra seu fundamento em suas próprias raízes, nas infinitas possibilidades ao seu alcance e no potencial dentro de seu coração e mente.

Ao avançarmos neste livro, quero lembrar que a Bruxaria não é para a elite nem para os elitistas. Suas raízes estão profundamente enterradas na terra, enquanto seus ramos rompem o céu. Ela exige que sejamos ao mesmo tempo enraizadas, práticas e criativas. Claro, podemos nos entusiasmar com os detalhes e divagar poeticamente sobre esoterismo. No entanto, se nos esquecermos do que significa estar no momento presente, sujar as mãos de terra enquanto saboreamos o fruto de nossas criações, perdemos a verdadeira prática da Bruxaria. Meu objetivo com este livro é inspirar, desconstruir ideias antigas e ultrapassadas, ser prática e metafísica, espiritual e presente no mundo físico. Não há segredos ou ápices estabelecidos, apenas possibilidades e oportunidades.

2

QUEM OU O QUE É UMA BRUXA?

No tear: toque a madeira lisa do tear antigo e aprecie o seu aroma marcado pelo uso constante, polido por muitas mãos, impregnado de suor e sangue.

Mente liminal: as vozes do limiar se expressam em imagens vibrantes, ecoando profundamente no âmago do nosso ser.

A Bruxa é um arquétipo, uma figura de múltiplas faces e descrições moldadas pelo tempo e pela cultura. Para compreender quem é a Bruxa e o que significa ser uma, exploraremos a definição da palavra e sua trajetória histórica. Estudaremos sua origem, as sutilezas de tornar-se uma Bruxa e os diversos fatores que envolvem a escolha dessa palavra e desse caminho.

DEFININDO "BRUXA"

Para falar sobre quem ou o que é uma Bruxa e o que significa ser uma, considero importante refletir sobre como a palavra "Bruxa" é frequentemente definida, além de suas diversas interpretações. À primeira vista, essa pode parecer uma palavra fácil de definir, mas não se engane, isso está mais para um ninho de ratos, oculto por camadas de detritos. Existem muitas teorias sobre as origens do termo, além de um vasto peso cultural associado a ele. Vamos começar a desvendar isso analisando as visões externas mais comuns. Em qualquer dicionário básico, encontraremos a definição de "Bruxa" como alguém com poderes sobrenaturais malignos, geralmente uma mulher aliada ao diabo ou a forças semelhantes do mal. Em termos de aparência, a Bruxa pode ser representada como uma velha feia e repulsiva ou como uma mulher bela e encantadora, porém perigosa. Graças aos avanços das últimas décadas, ao nos aprofundarmos na definição do dicionário, podemos encontrar uma leve referência às práticas religiosas contemporâneas.

Ao longo dos séculos, a palavra "Bruxa" foi usada para demonizar mulheres, com o objetivo direto de despojá-las de poder e forçá-las à submissão. Existem inúmeras teorias sobre as causas da Caça às Bruxas e dos julgamentos ocorridos entre os séculos XV e XVIII, como a repressão de outras religiões e práticas associadas, a apropriação de terras e propriedades, a eliminação de pessoas indesejadas ou marginalizadas em uma comunidade e até vinganças contra vizinhos. No entanto, o medo está no cerne de todas essas justificativas. A grande maioria das vítimas era formada por mulheres, especialmente parteiras e curandeiras, viúvas idosas e jovens que despertavam desejo ou ciúmes.

É altamente improvável que a maioria das vítimas dos julgamentos de bruxas fosse, de fato, Bruxas no sentido que será abordado neste livro. Em vez disso, elas serviam como bodes expiatórios, culpadas pelos problemas de uma aldeia ou cidade, ou ainda úteis para os interesses de quem fazia as acusações. Nessa época, a figura da Bruxa era o foco central de medos, desejos e perigos subconscientes ou implícitos. Os caçadores de Bruxas espalhavam propaganda para se beneficiarem financeiramente, principalmente por meio do tratado intitulado *Malleus Maleficarum*. Conhecido como *Martelo das Feiticeiras*, esse tratado descreve como as Bruxas trabalhavam com o diabo, causavam doenças e mortes inexplicáveis e representavam uma ameaça ao cristianismo. Associar o medo da Bruxa à ideia de que qualquer pessoa – especialmente mulheres – poderia ser uma Bruxa tornava fácil justificar qualquer ação para eliminar potenciais ameaças. Isso explica por que tantas definições de Bruxa estão ligadas às mulheres, sejam jovens ou idosas.

Mas e quanto ao período anterior às caças e julgamentos de bruxas? Ao investigarmos as possíveis origens da palavra "bruxa", encontramos uma ampla variedade de teorias, desde significados como "sábia" e "vidente" até a habilidade de "saber, observar, moldar e praticar" magia. Por que, então, o ato de reunir sabedoria, conhecer, enxergar e fazer magia seria uma ameaça ao cristianismo? A resposta em uma palavra seria: competição. Especialmente em uma época em que a Igreja Católica Romana buscava expandir sua influência (e seus cofres), outras religiões e práticas eram vistas como uma ameaça. As Cruzadas tinham como missão "resgatar" as "Terras Santas" dos judeus e árabes enquanto espalhavam o cristianismo entre pagãos e infiéis, tomando suas terras no processo. Práticas de cura, mitologias e formas de adivinhação de outras religiões e culturas competiam com os relatos sobre a magia curativa de Jesus, seus poderes de visão, seus milagres e sua divindade. Para conquistar esses territórios e ideias, era necessário desacreditar esses elementos, rotulando-os como malignos ou impuros.

Em seu artigo sobre a origem da palavra "Bruxa", Doreen Valiente explora diversas teorias sobre sua derivação[4], ou pelo menos aquelas amplamente discutidas antes de sua morte, em 1999. (A cada década surgem novas ideias sobre como a palavra "bruxa" se desenvolveu, de onde veio e como foi utilizada.) Valiente afirmava acreditar que "uma bruxa era uma vidente, uma conhecedora, alguém que afastava o mal" e que o termo não tinha conotações negativas até o advento do cristianismo.

Embora admire profundamente Doreen Valiente e me identifique com a sua interpretação, acredito que sempre houve certo temor associado à palavra "bruxa". Em todas as culturas do mundo, há um termo para descrever alguém que trabalha com espíritos e divindades, praticando magia e adivinhação de alguma forma.

Em alguns lugares, há dois termos: um para designar quem utiliza esses poderes para o bem e outro para designar quem os utiliza para o mal. Entretanto, muitas vezes esses significados se misturam, e qualquer pessoa que lide com forças misteriosas e reinos desconhecidos acaba sendo frequentemente vista pelos outros com uma combinação de medo e fascínio. Por um lado, uma Bruxa poderia ser procurada para preparar um remédio curativo ou realizar uma bênção. Por outro, poderia ser chamada para preparar uma poção que induzisse um aborto

---

4. Doreen Valiente, "The Derivation of the Word 'Witch'", http://www.paganlibrary.com/reference/derivation_of_witch.php.

ou ajudasse alguém a morrer de forma mais tranquila. A linha entre o benevolente e o malevolente é fina demais (se é que existe) para que muitas pessoas se sintam completamente à vontade, mesmo quando ambas as formas de serviço atendem às suas necessidades. Conhecendo a natureza humana, mesmo em sociedades onde a figura da Bruxa conquistou respeito ao longo dos séculos, é provável que sempre tenha havido – e ainda haja – uma mistura de admiração e temor envolvida.

A ORIGEM DA BRUXA

De onde veio a Bruxa? Arrisco-me a dizer que a Bruxa surgiu no momento em que os seres humanos passaram a reconhecer cognitivamente a existência do Oculto – as forças sobrenaturais e invisíveis que nos cercam: deuses, espíritos, os mortos, os mistérios do mundo. Os humanos não apenas reconheceram essas forças, mas também buscaram maneiras de interagir com elas, tanto física quanto metafisicamente. A consciência dessas relações e práticas parece ter emergido paralelamente à evolução do cérebro humano, à medida que ele desenvolvia a capacidade de pensar em conceitos abstratos (tempo, espaço, padrões, imagens) e de perceber e atribuir significado aos ciclos de vida e morte. Com o desenvolvimento desses conceitos, é provável que também tenha surgido a necessidade de aprimorar habilidades especializadas alinhadas a essas capacidades.

Enquanto a humanidade lutava pela sobrevivência, envolvida na criação e transmissão de mitos, no desenvolvimento de poderes de profecia e viagens espirituais, na conexão com plantas e animais para desvendar seus segredos, e na comunicação com divindades e ancestrais, surgia a figura da Bruxa. Como acontece com qualquer conjunto de habilidades, algumas pessoas demonstravam talento natural, predisposição ou uma compreensão extraordinária do mundo ao seu redor, conquistando uma posição elevada no grupo. O conhecimento era compartilhado com os jovens, e os métodos e costumes eram transmitidos por meio de treinamento sempre que possível – de maneira semelhante ao ensino de caça, pesca, construção e outras habilidades essenciais.

É bastante provável que, desde os primórdios, a Bruxa desempenhasse um papel integral na sociedade, cuidando das necessidades espirituais do grupo, além de praticar a cura e outras artes. Um grupo geralmente funciona melhor quando cada pessoa se concentra em um papel específico, em vez de todos tentarem realizar as mesmas tarefas ao mesmo tempo. Temos uma tendência natural à especialização, de modo a conservar energia e contribuir de forma eficaz para o bem-estar coletivo. Seja em grupos nômades ou assentados, cada membro tinha uma função. Muitas vezes, uma pessoa acumulava múltiplos papéis. Ao observar a história – até mesmo em culturas tribais contemporâneas –, é possível identificar essa especialização em ação: caçadores, líderes, coletores, guerreiros ou guardiões, tecelões e artesãos, agricultores, pastores, padeiros, ferreiros, professores, cuidadores de crianças, curandeiros e aqueles responsáveis pelo bem-estar espiritual da comunidade. Nossa sociedade moderna e "avançada" se afastou tanto de suas raízes e de um sistema de trabalho verdadeiramente satisfatório, que não é surpreendente sentirmos essa desconexão de nós mesmos e uns dos outros.

Muitas pessoas gostam de pensar que a Bruxa surgiu por uma intervenção divina especial (não estou descartando essa possibilidade aqui), mas na verdade, dominar qualquer tarefa ou especialidade exige um tipo de talento intuitivo (seja ele aparentemente natural ou adquirido) ou muita prática para ser assimilado. Cada um de nós tem habilidades para as quais somos naturalmente predispostos, e isso pode parecer sobrenatural ou extraordinário aos olhos dos outros. Coletar e manejar recursos naturais exige uma visão específica e compreensão de como as coisas crescem. A caça requer um conjunto diferente de habilidades, como rastrear e abater. Isso também se aplica à agricultura, à criação de animais, tecelagem, culinária e outras atividades. A diversidade de talentos encontrada nos seres humanos é algo maravilhoso de se observar.

Tendemos a acreditar que os *Homo sapiens* eram primitivos em comparação a nós, mas, na verdade, compartilhamos o mesmo cérebro e corpo desde sempre. Embora não tivessem a ciência moderna para explicar o funcionamento do sistema solar, nem microscópios para observar células e micróbios, nossos ancestrais estavam muito mais conectados ao mundo natural do que nós. Eles percebiam e viviam conexões que muitos de nós deixamos passar. Também é tolice descartar suas ideias sobre o funcionamento do mundo como meras superstições – especialmente considerando que na atualidade, uma boa parte da população mundial acredita em um mito reciclado de aproximadamente dois mil anos, sobre como um homem possivelmente divino morreu em um pedaço de madeira para salvar o mundo do pecado e que retornará a qualquer momento para trazer o fim do mundo.

Quando comparamos o desenvolvimento da figura da Bruxa com a evolução da civilização, isso não parece muito místico ou misterioso. Percebo que, em relação à Bruxaria, há uma tendência de buscar algum tipo de evidência sobrenatural, pistas que comprovem o quão especiais as Bruxas são. Esse desejo é compreensível. Quando grande parte do que faz envolve o invisível, você não deseja ser completamente rejeitada por seus vizinhos, família ou amigos – você precisa de uma boa história que sirva como proteção e fundamento.

Quase todos os livros sobre Bruxaria que leio atualmente abordam de alguma forma as origens angelicais da Bruxa ou o conceito de "sangue de Bruxa". Em várias tradições diferentes de Bruxaria, é comum encontrar histórias sobre os Vigilantes (*Watchers*) e os Nefilim. O termo "Nefilim", do hebraico *nefilím* comumente traduzido como "gigantes", aparece no livro do Gênesis, no livro de Enoque, no livro dos Jubileus e em outras pequenas partes do Antigo Testamento. Em algumas passagens, eles são descritos como grandes homens, enquanto em outras são retratados como seres malignos. Algumas pessoas acreditam que os Nefilins são descendentes das relações sexuais entre anjos caídos e mulheres humanas: "A lenda dos Vigilantes relata como duzentos filhos do céu desceram à Terra e tomaram as filhas dos homens como esposas. Os seres celestiais, os anjos, ensinaram às suas companheiras as artes proibidas da magia, botânica, astronomia, astrologia e o uso de cosméticos. Azazel, líder da Ordem dos Vigilantes, instruiu a humanidade na fabricação e uso de armas para a arte da guerra".[5]

5. *The Witches' Almanac* (1973-1974), autor não identificado (provavelmente a editora Elizabeth Pepper).

Outras interpretações veem os Nefilins como descendentes de Sete e Caim, considerados abominações por não adorarem Yahweh. Essa versão costuma atrair aqueles que preferem uma abordagem mais sombria, desafiando simbolicamente essa divindade. Independentemente de serem frutos de anjos caídos ou de hereges, os descendentes de Sete geralmente são incluídos entre os destruídos pelo grande dilúvio. Vamos nos concentrar um pouco mais nesses anjos:

> Os *egregoroi* são os anjos que mantêm uma vigília constante sobre a humanidade e toda a criação. O mesmo termo aparece no *Livro dos Segredos de Enoque* (apócrifo). Na tradução grega do *Livro de Enoque*, um Vigilante é chamado de "egregoros". Em grego, o verbo *egregorein* significa "vigiar, permanecer acordado".
>
> Apenas duzentos dos Vigilantes mencionados no Antigo Testamento foram seduzidos pela beleza das mulheres mortais e desceram à Terra no ano 1000 (após a criação). Muitos outros permaneceram vigilantes nos céus.[6]

Se você for como eu, provavelmente deve estar imaginando neste ponto o que os anjos têm a ver com a Bruxaria, especificamente o "pênis dos anjos".[7] Bem, fico feliz que tenha perguntado! Você talvez tenha notado que Mathiesen menciona o *Livro de Enoque* na citação anterior. Para quem já está minimamente familiarizado com o esoterismo ocidental, provavelmente já ouviu falar do alfabeto enoquiano e dos estudiosos ocultistas do século XVI, Dr. John Dee e Edward Kelley. Foi nessa época que grimórios de magia, alquimia e outras ciências ocultas se tornaram uma verdadeira febre entre os acadêmicos ricos da Europa.

No século XV, a pena para quem era acusado de Bruxaria deixou de ser uma sentença relativamente leve e passou a ser um crime punível com a morte. Paralelamente a essa mudança, a Caça às Bruxas

6. Robert Mathiesen, "Watching Creation: Egregore", *The Witches' Almanac* (2008), https://thewitchesalmanac.com/watching-creation-egregore. Ver também "The Book of Enoch" na mesma edição.

7. Ignore o fato de os anjos existirem supostamente além do gênero.

tornou-se uma atividade lucrativa, e a perseguição se estendeu por mais três séculos. Não é surpreendente que grimórios e outros trabalhos mágicos daquela época começassem a sugerir a crença de que apenas aqueles nascidos com a magia (desde o ventre) poderiam se tornar verdadeiros mestres e serem agraciados com dons em todos os aspectos da vida (ou seja, nascidos em riqueza, classe ou privilégio).[8] Pessoas comuns poderiam aprender a praticar magia de forma adequada, mas rapidamente atrairiam a desaprovação de Deus e enfrentariam a ruína. Para conectar os pontos, esses magos focavam na parte em que os anjos caídos ensinaram aos Nefilins a magia e outros conhecimentos ocultos. Logicamente, os humanos que conseguiam compreender e praticar magia claramente tinham o sangue dos Nefilins correndo em suas veias. Assim, o estudo dessas ciências – combinado ao fato de serem ricos – demonstrava claramente que eram favorecidos por Deus (ignorando o detalhe de que os Nefilins têm uma reputação bastante ambígua na Bíblia ou supostamente foram todos destruídos). Seu trabalho podia ser aceito e respeitado pela sociedade, desde que mantivessem boas relações com patronos ricos, a classe dominante e as instituições religiosas. Diferentemente, é claro, daquelas pessoas que não "nasceram com a magia desde o ventre" – ou seja, os pobres perseguidos e mortos por praticarem Bruxaria. Sim, exatamente isso: o privilégio masculino branco em ação! Claro, as coisas ficaram realmente complicadas no final da Caças às Bruxas, e nem mesmo os ricos estavam a salvo se fossem acusados repetidamente. Com isso, qualquer conversa sobre magia foi parar na clandestinidade por um tempo.

---

8. No Aforismo 17 de *Arbatel: Of the Magic of the Ancients (Arbatel de Magia Veterum)*, o grimório latino de magia cerimonial, publicado em 1575 e traduzido para o inglês por Robert Turner, está escrito: "Um homem que é um verdadeiro mago é gerado como um mago do ventre de sua mãe: outros, que se entregam a esse ofício, são infelizes". Esse conceito se repete ao longo do texto e a obra influenciou fortemente John Dee e muitos outros ocultistas notáveis. Inúmeros textos mágicos e espiritualistas publicados no final do século XIX atribuem ao erudito alemão Henrique Cornélio Agrippa (1486-1535) a insistência de que um homem deve nascer como um mago do ventre de sua mãe, apesar de o significado exato de Agrippa poder se referir mais precisamente a um homem que conhece seu próprio caminho do que a possuir um direito de nascimento angélico: https://quod.lib.umich.edu/e/eebo/A26564.0001.001/1:24.6.4?rgn=div3;view=fulltext.

No início e meados do século XIX, surgiu o Espiritualismo na Europa e na América do Norte. O Espiritualismo baseia-se na crença de que os espíritos dos falecidos podem e desejam se comunicar com os vivos. Além disso, os espíritos – por estarem mais próximos do divino – são capazes de orientar e guiar os humanos em questões da alma e da conduta moral. Muitos dos pioneiros e influenciadores dos primeiros movimentos que deram origem ao Espiritualismo eram estudiosos do ocultismo. Em diversos escritos (incluindo os trabalhos de figuras revolucionárias como Allen Putnam e Emma Hardinge Britten, entre outros), fica evidente que eles redescobriram e aderiram à ideia do século XVI de "nascidos para a magia", trazendo-a de volta de maneira semelhante. Eles afirmavam que suas habilidades como médiuns e outras capacidades eram dons concedidos por Deus no ventre, e, portanto, não eram nada malignos ou antinaturais. Por algum tempo, ser médium, mago ou bruxa era praticamente sinônimo e considerado natural – além de socialmente aceitável! Embora a popularidade do Espiritualismo tenha começado a diminuir no início do século XX, a justificativa para habilidades psíquicas e mágicas por meio do sangue angelical encontrou seu caminho em sociedades de magia modernas e Tradições de Bruxaria.

Acho a história e o folclore dos Vigilantes fascinante, mas isso não ressoa muito comigo nem parece relevante para minha prática real. Seria de se esperar que alguém como eu, que trabalha com mitos e arte como profissão, fosse mais romântica em relação a essas questões, mas este não é o meu caso. Você está me dizendo que, há muitas eras, alguns mestres angélicos, cuja tarefa era instruir a humanidade, olharam para mulheres humanas e disseram: "E aí, como você está?" E que, dessa união, surgiram bruxas e bruxos? E que aqueles que chegam à Bruxaria hoje provavelmente têm esse sangue angelical de antigamente correndo em suas veias? Ok, tudo bem. Então, o que impediria que isso continuasse acontecendo nos dias de hoje? Não dá para ignorar que no final da passagem que citei de Robert Mathiesen mais cedo neste capítulo, há esta frase: "Muitos outros permanecem vigilantes nos céus". Ora, já se passaram alguns milhares de anos, o que garante que mais alguns Vigilantes não tenham desertado ao longo do tempo e se envolvido com humanos? Na verdade, é uma ideia bem plausível para quem optar por acreditar na história original. No entanto, essa consideração moderna não seria tecnicamente uma escritura. Quando queremos manter ideais "cristãos" para apelar àqueles que podem nos perseguir, isso quase se assemelha a uma *fanfiction* bíblica.

Outra coisa curiosa, frequentemente esquecida, é o fato de que os anjos caídos ensinaram à humanidade uma variedade de habilidades – não apenas magia, e certamente não coisas que necessariamente associaríamos a algo "no sangue". (Ele é um excelente encanador? Provavelmente há um anjo para isso!) Algumas pessoas se destacam na música, outras em matemática e ciência, e algumas são atiradoras incríveis.

Talvez tudo isso esteja nos genes, mas atribuir qualquer uma dessas habilidades ao "pênis dos anjos" parece bastante sem propósito. Em qualquer cultura deste Planeta, você encontrará uma história correspondente sobre como os humanos aprenderam a usar o fogo, fabricar armas, identificar plantas úteis e desenvolver uma vasta gama de artes. O titã Prometeu na mitologia grega, Loki nos contos nórdicos, Anansi no folclore africano e Coiote nas lendas dos nativos americanos, todos têm histórias sobre como eles trouxeram sabedoria e habilidades para a humanidade. Figuras correlacionadas que trabalham especificamente com magia e Bruxaria, como Freya, Hécate e Circe, associam suas habilidades a uma combinação de destreza e sabedoria como parte da origem de seus poderes. Em suas histórias, ser uma Bruxa não é necessariamente um dom hereditário, mas algo que pode ser concedido a um indivíduo digno por meio de bênçãos e estudo.

Vamos refletir por um momento sobre todas essas histórias de mães virgens que circulam há milhares de anos. (Alerta de spoiler: Jesus não foi o primeiro.) Oh, foi a intervenção *divina* que criou essa pessoa tão especial? Ora, será que os humanos não são especiais o suficiente, ou será que uma mulher "maculada" não poderia gerar algo divino? Só pode ter sido um "pênis celestial", é claro! Sendo bem direta, acho que a Bruxaria Moderna precisa se livrar das baboseiras patriarcais e dos emaranhados abraâmicos. Há uma inspiração muito mais profunda a ser encontrada tanto na história quanto no mundo ao nosso redor.

Você acha que estou desmistificando as raízes da Bruxaria? Alguns podem ver dessa forma, mas na verdade, acredito que estamos nos aproximando das raízes reais. Os Nefilins e sua suposta influência na Bruxaria Moderna são relativamente recentes na linha do tempo da história, originando-se em grande parte de fantasias da magia cerimonial e do desejo de ser socialmente aceitável ou de possuir uma permissão especial. Leve essas mesmas ideias para as fraternidades e sociedades mágicas que deram origem a grande parte do Paganismo Moderno (Maçonaria, Ordem Hermética da Aurora Dourada, Rosacrucianismo), e você encontrará algumas ideias perigosamente classistas e racistas misturadas com uma dose de patriarcado. Sim, elas preservaram e transmitiram algum conhecimento, mas acreditar que esse era o único conhecimento disponível sobre a Bruxaria e que só poderia ser salvo por essas elites é uma visão extremamente limitada.

A Bruxaria proveniente de áreas relacionadas às mulheres (como magia culinária, sabedoria do corpo e remédios à base de ervas) e o folclore das pessoas comuns ou rurais e de povos não brancos, frequentemente eram ignorados ou descartados como "magia inferior". O fato de essas áreas terem sido amplamente ignoradas pelos ricos ocultistas não significa que deixaram de existir.[9] Elas ainda existem e persistem mesmo sem a aprovação do selo patriarcal.

Para ser justa, grande parte do Paganismo Moderno e do ocultismo realmente tem uma dívida de gratidão às pessoas de meados do século XX que colocaram a Bruxaria novamente nos holofotes, por bem ou por mal. Elas, por sua vez, apoiaram-se nos ombros dos espiritualistas e de praticantes semelhantes que ajudaram a mudar as leis dos países, tornando possível até mesmo reintroduzir tais assuntos de volta à consciência pública. Contribuições importantes que merecem ser investigadas saíram daquela época, essa é uma parte da história que não deve ser ignorada. O que eu aconselho a não fazer é ver esse trabalho como a única forma de olhar para a Bruxaria ou acreditar que essa seja a única fonte válida. Lembre-se de que praticamente todas as culturas têm uma palavra equivalente à "bruxa". Nenhuma cultura é detentora do patrimônio do que é a Bruxaria. Todas a possuem em alguma forma ou variação.

9. Charles Leland, o folclorista, poderia ser considerado uma exceção, com sua pesquisa.

Também é limitado pensar apenas em termos definitivos e lineares quando se trata de sabedoria e conhecimento. Se a origem da magia é uma união monstruosa que aconteceu há milhares de anos, é quase como afirmar que os mitos existem apenas no passado. Isso impede a mente de considerar que coisas incríveis podem acontecer atualmente ou de perceber que novas informações podem ser transmitidas e a sabedoria perdida pode ser revelada novamente. Muitas Tradições reconhecem que os espíritos, as divindades e os mortos podem nos instruir nesta vida. Toda a história de Aradia, filha de Diana, sendo enviada à Terra para instruir as pessoas sobre a Bruxaria é apenas um exemplo de um compartilhamento de conhecimento muito mais recente. O conhecimento nunca é verdadeiramente perdido; ele pode apenas ficar oculto por um tempo.

Será que realmente importa de onde as Bruxas vêm? Se olharmos para essa prática como um chamado, por que ser uma Bruxa deve ser mais especial do que qualquer outra vocação? Será mesmo que todos os ferreiros têm o sangue de Weyland ou de Hefesto nas veias? Os atletas são produto de anjos do esporte desobedientes? Onde é que se traça a linha entre os talentos/dons inerentes e o trabalho árduo para desenvolver uma prática? Claro, podemos ter certos marcadores genéticos que nos predispõem a determinadas habilidades específicas, mas e se o espírito não for transmitido geneticamente, mas de alguma outra forma? (Além disso, não estou dizendo que foram os extraterrestres... mas nunca se sabe.) Podemos ficar presos em palavras e conceitos. Podemos argumentar sobre o que era real e o que foi criado por inimigos e conjurado pela fantasia e imaginação. Mas isso ainda não muda quem ou o que a Bruxa é em essência – independentemente da história de origem, cultura, gênero, idade ou prática.

Bruxa de Nascimento *vs.* Bruxa Iniciada

Certo, agora que já destruí alguns mitos de origem populares, você deve estar se perguntando: mas então, o que faz alguém ser uma Bruxa. Bem-vinda a mais uma área amplamente debatida: uma Bruxa nasce pronta ou pode ser "iniciada"? É algo natural que já vem com o nascimento ou é um título que você pode se atribuir? É possível se iniciar sozinha, ou isso exige a interferência de outra pessoa? Alguns acreditam que você pode – ou deve – nascer assim. Outros afirmam que é necessário ser iniciada para estabelecer conexões mais profundas e acessar o poder do sangue de Bruxa. Há também quem acredite que é possível trilhar esse caminho por conta própria ou com alguma orientação espiritual vinda de outras dimensões.

O caminho iniciatório tradicional

Vamos começar pela opção mais óbvia. Se o seu desejo é estudar e se tornar parte de uma Tradição de Bruxaria ou de Wicca, será necessário aprender especificamente com aquela escola ou grupo. Provavelmente haverá algum tipo de processo iniciatório após um período ou quantidade determinada de estudos. Você não pode simplesmente acordar e dizer: "Hoje decidi ser uma Alexandrina ou uma Feri!" (Bem, tecnicamente até pode, caso já tenha estudado e sido iniciada em ambas as Tradições, embora não faça muito sentido decidir ser uma ou outra de um dia para o outro). É bastante simples: se você deseja fazer parte de uma determinada linhagem, precisa estudá-la e se comprometer com ela.

Nascida bruxa?

Certamente existem pessoas que possuem talentos e habilidades naturais, permitindo que alcancem grande sucesso com pouco esforço desde o início. Para outras, pode ser necessário um pouco mais de esforço para alcançar o mesmo resultado. É importante ter em mente que todos os seres humanos, em algum momento, apresentam tendências "psíquicas" – isso não é algo incomum. O que pode eclipsar ou suprimir esses sentidos adicionais é a forma como a pessoa foi criada. Se seus pais eram hippies, é provável que você tenha uma mente aberta para conceitos da Nova Era (ou os rejeite completamente, dependendo da sua relação com eles). Se a religião na qual foi criada vê a adivinhação como algo maligno, é possível que não se sinta inclinada a experimentar o tarô (a menos que esteja se sentindo rebelde, nesse caso provavelmente vai querer experimentar tudo). Se você via fantasmas ou espíritos quando criança e foi orientada a parar de brincar com amigos imaginários, pode ter fechado temporariamente essa parte da sua mente. Com algum treinamento, é possível remover essas barreiras e reativá-la.

Ainda assim, saber ler cartas, adivinhar o que alguém está pensando ou sentir que algo está errado em casa não significa automaticamente que você seja uma Bruxa. Isso apenas indica que está acessando com eficiência partes do cérebro que outras pessoas poderiam desenvolver com algum esforço. Bom trabalho! Você definitivamente possui alguns atributos de Bruxa! A espiritualidade pagã e a Bruxaria certamente promovem uma maior aceitação dessas habilidades em comparação com outras religiões e caminhos, o que explica por que frequentemente estão associadas.

O caminho autoguiado

A maioria das pessoas considera o livro de Scott Cunningham, *Wicca: A Guide for the Solitary Practitioner*, de 1988, como o primeiro guia de autoiniciação. No entanto, *Witchcraft for Tomorrow*, de Doreen Valiente, publicado em 1978, foi destinado àqueles que buscavam se tornar Bruxas sem acesso a Covens. Mas será que o caminho autodidata é válido? Eu certamente acredito que sim – e esse não é um conceito tão novo assim. Quando uma pessoa começa a estudar esse caminho seriamente, o Universo tende a ajudá-la a compreender as coisas – mesmo que não tenha alguém pessoalmente para guiá-la. Além disso, há muitas histórias de pessoas sendo iniciadas em sonhos ou visões por espíritos ou ancestrais. Se isso é suficientemente válido para a vovó, os deuses e os espíritos, quem somos nós para contestar? A ideia de graus e níveis formais surge principalmente das sociedades de magia cerimonial. A Bruxaria, por outro lado, tende a ser mais orgânica, o que torna difícil estabelecer uma linha do tempo específica para medir o crescimento.

Buscando o título

Não quero cortar o barato de ninguém que esteja tentando acessar sua "Bruxa interior". Há muito a ser explorado dentro do arquétipo da Bruxa, especialmente para aqueles que se sentem marginalizados. Conheço algumas pessoas que gostam de usar o título de Bruxa para se sentirem especiais, perigosas ou poderosas. Parecido com um acessório que colocam por uma semana ou um ano. Talvez, no início, não levem isso tão a sério, mas acabam aprendendo algo sobre si mesmas e sobre quem realmente são no processo. No final das contas, não me importa como você se define. Isso é totalmente uma escolha sua.

Em resumo

A Bruxaria exige um grande compromisso com estudo, pesquisa e treinamento. O talento em Magia, Bruxaria ou habilidades psíquicas é uma combinação de aptidão natural e prática, como a maioria das coisas. Se você se dedicar e levar isso a sério, encontrará seu caminho.

RELIGIÃO, ESPIRITUALIDADE OU VOCAÇÃO?

Nos tempos dos antigos fóruns on-line e canais de bate-papo tradicionais de Bruxaria (período conhecido como "anos 90"), o debate sobre se a Bruxaria era ou não uma religião estava no auge, repleto de exaustivas discussões. Minha resposta, tanto naquela época quanto agora, continua a mesma: sim, claro, e não, não exatamente. Tudo depende da perspectiva, do histórico pessoal, da prática individual e, claro, da semântica de cada um.

Se você abordar a Bruxaria a partir de uma perspectiva Wiccaniana, é natural dizer: "esta é a minha religião". A Wicca, desde seu desenvolvimento por Gardner até os dias de hoje, baseia-se no conceito de reavivar tanto as práticas populares de Bruxaria/Tradições quanto as antigas crenças de respeito pela terra e pelas divindades ancestrais. Suas raízes estão em uma estrutura participativa e de trabalho em grupo, influenciada por suas origens na magia cerimonial (Golden Dawn, Maçonaria, O.T.O., etc.) e foi deliberadamente desenvolvida como uma religião. Hoje, a Wicca é reconhecida em muitos lugares como uma religião mundialmente legítima dentro do escopo do Neopaganismo. (Eu diria que ela praticamente forneceu a estrutura básica para essa categoria, assim como o Druidismo.)

Por outro lado, há uma perspectiva que vê a Bruxaria como uma prática mágica que não está necessariamente vinculada a nenhum sistema de crenças específico. Você pode ser algum tipo de "P-word"[10], mas também pode ser ateu, animista, agnóstico ou talvez se identifique mais como cristão, judeu ou budista. Você provavelmente não sente que a Bruxaria é a sua religião. Ela é algo que você pratica.

Ao ouvir a palavra "religião" talvez pense em "um grupo de pessoas com um conjunto semelhante de crenças e valores morais, reunidas de maneira relativamente organizada". Para dar um toque extra, acrescente um templo ou uma igreja, isenção de impostos e reconhecimento legal. No entanto, se observarmos a raiz da palavra "religião", ela pode ser interpretada como "reconectar". Com o que estamos nos reconectando? Podemos considerar a religião como um meio de compreender a nós mesmos e nossa relação com o divino. Isso pode ser algo pessoal e único, sem todo o peso adicional que normalmente é associado. Reflita sobre isso.

Quando me pergunto "Qual é a minha religião?", estou buscando definir como me conecto pessoalmente com meu eu espiritual, com o mundo ao meu redor e com o divino. Isso não envolve diretamente mais ninguém. Acredito nos mais diversos deuses (politeísmo), sem me restringir a um único panteão. Também reconheço a sacralidade e a interconexão divina de todas as coisas (panteísmo) e creio que seres, lugares e objetos podem conter uma energia espiritual única (animismo). Não uso o termo "adoração" para descrever nada do que faço. A maneira como interajo com todas as coisas é fortemente determinada pelo meu caminho como Bruxa. Para facilitar, às vezes uso o rótulo de "Pagã" sem pestanejar. No entanto, esse termo nem sequer começa a abranger tudo o que acabei de descrever.

Há, portanto, uma miríade de interpretações para a palavra "Bruxaria". A explicação mais simples seria a "Arte da Bruxa", mas para algumas pessoas isso automaticamente significa algum tipo de magia – e há muitas formas diferentes a serem consideradas. Para outras pessoas, significa o conhecimento e o uso de uma ampla variedade

10. Segundo as fontes Paganism and Neo-Paganism: A Historical and Cultural Overview e The Penguin Dictionary of Religions, Neo-Pagan/P-word é uma forma de se referir ao movimento Neopagão sem usar diretamente o termo "pagão", evitando as conotações negativas que a palavra pode carregar em alguns contextos religiosos.

de práticas e técnicas que provavelmente também incluem feitiçaria. Eu sigo essa segunda interpretação, então, para mim, Bruxaria não equivale automaticamente à feitiçaria.

Feitiçaria é a arte de criar feitiços. As Bruxas podem fazer muito mais do que apenas lançar feitiços. Bruxas trabalham com espíritos, transitam em espaços liminares e atuam como guias, professoras, conselheiras, médiuns, curandeiras, protetoras e artesãs. Feitiços podem ser realizados por qualquer pessoa, sem exigir grande investimento de tempo ou experiência. Nessa perspectiva, chamar a si mesmo de Bruxa apenas porque usa magia ocasionalmente é como se autointitular médico porque sabe tratar um corte ou encanador porque trocou a corrente quebrada da descarga. É por isso que não concordo em tornar a palavra "feitiçaria" sinônimo de "Bruxaria".

Para mim, a Bruxaria é a forma como percebo que tudo está interligado. Vai muito além de magia e feitiços. Não é algo facilmente definido ou organizado em um sistema para os outros, embora tenha status e reconhecimento legais. É tanto meu sistema espiritual quanto minha prática vocacional. Como a Bruxaria pode ser minha vocação? Bem, essa é a minha profissão, uma atividade digna que exige grande dedicação e habilidade. Além disso, a palavra "vocação" geralmente tem implicações espirituais ou religiosas – e eu sou uma Sacerdotisa. Mas isso não é tudo. Ser Bruxa se entrelaça com ser artista, autora, designer e dançarina, profissões por direito próprio. Crio arte profissionalmente, mas isso me conecta com o reino espiritual e incorpora a feitiçaria como parte de sua execução. Escrevo sobre a Bruxaria. Quando desenho sigilos e outros itens, estou utilizando meu treinamento como Bruxa. Por fim, quando danço e ensino dança, algo metafísico entra em ação – curando espíritos, corações e corpos por meio do movimento.

Agora que colocamos todas as partes na mesa, dá para entender por que a resposta à pergunta sobre se a Bruxaria é uma religião pode ser tão diversa e até mesmo controversa. Tudo isso está profundamente relacionado com a sua perspectiva, o significado que as palavras têm e a forma como interage com elas. O fator de conexão em tudo isso é *você*. No final das contas, é para você que isso deve importar. É o que motiva você e sua prática. Todo o resto são apenas palavras.

Participante ou Praticante?

Ainda temos algumas áreas complexas para explorar. A área a seguir, costuma ser ignorada ou nem sequer considerada. Vamos analisar a Bruxa como praticante em contraste com participante, situações diferentes que podem ajudá-la a definir seu caminho e o que você irá extrair dele. Uma pessoa *praticante* é aquela que se dedica ativamente a uma arte, disciplina ou profissão. Já uma *participante* é alguém que apenas toma parte em algo.

Observando como o movimento Neopagão se entrelaçou com a Bruxaria ao longo do último meio século, é possível identificar dois tipos de caminhos emergindo. Um deles se concentra na criação de uma comunidade por meio da construção ou reconstrução de uma religião, voltada para os participantes. O outro caminho foca mais no poder sobre si mesmo e no aprendizado de uma arte, direcionado para os praticantes. Às vezes, esses caminhos se sobrepõem, mas é o segundo que forma a base da minha definição de Bruxa. Para ajudar a entender a diferença, vamos considerar a seguinte metáfora.

Imagine um barco de tamanho razoável, capaz de navegar no mar. Todos que embarcam nesse barco podem ou não compartilhar sistemas de crenças ou ter abordagens semelhantes para realizar certas coisas. Alguns podem saber como pilotar o barco ou como construí-lo, enquanto outros simplesmente apreciam estar a bordo e observar a água. Talvez alguns pesquem, outros realizam atividades que envolvam estar no barco. Cada um tem seus próprios motivos para realmente gostar de estar ali.

E então temos alguém que chamaremos de "capitão", para fins desta metáfora. O capitão pode se importar profundamente com as outras pessoas que embarcam, ou, no mínimo, garantir que todos cheguem ao seu destino ou façam o que desejam com segurança, independentemente de quem seja. O capitão não apenas entende como o barco é construído e como funciona, mas também sabe interpretar a água, o céu, os ventos e a vida marinha. Ele sabe como navegar e orientar. O capitão conhece o barco melhor do que ninguém e tem um vínculo profundo com ele.

Consegue adivinhar quem é a Bruxa nessa metáfora e por quê? A Bruxa não se envolve pela metade. É tudo ou nada. Esse caminho atravessa tudo o que ela faz. Não é algo que acontece uma vez por mês ou por semana, nem aquilo que ela tira do armário e limpa a poeira de vez em quando. É, na verdade, uma lente pela qual tudo é visto atentamente, todos os dias. Isso define como a Bruxa interage com as pessoas, com o mundo ao seu redor e com tudo o que é invisível. A Bruxa é a navegadora de seu próprio destino e uma guia para os outros.

Nada disso pode ser aprendido em um único livro, nem mesmo em uma coleção dos melhores livros ou grimórios (tampouco neste livro). Essa sabedoria vem da prática, do ser, do tentar, falhar, observar e aprender – em tempo real e espaço real, ao longo de um período prolongado, no seu próprio ritmo. Uma determinação predefinida de anos de estudos orientados não garante essa experiência real, nem pode ditar o ritmo no qual *você* avança. Você pode participar das atividades de outras pessoas e entrar em outros barcos para ver como as coisas são feitas, mas sempre irá retornar para o seu próprio barco, navegando pelo seu próprio oceano.

> Reflexão diária: você se vê mais preparada a trilhar seu próprio caminho ou a seguir um caminho já estabelecido? Se atualmente está seguindo um caminho estabelecido, acredita que conseguirá adaptá-lo às suas necessidades?

O QUE SIGNIFICA SER UMA BRUXA

Vimos até agora as definições e a história da palavra "bruxa". Mas o que significa realmente ser uma Bruxa? Qual é o papel da Bruxa nos dias de hoje? Como se identificar com esse caminho é relevante para viver na sociedade moderna? Estas serão questões consideradas enquanto você lê e trabalha com este livro. No entanto, será necessário formar uma opinião sobre o que ser uma Bruxa significa para *você*, pois este é o *seu* caminho.

- O lugar da Bruxa na sociedade muitas vezes é encontrado à margem dela ou até oculto em suas profundezas.
- Ser Bruxa é pertencer às margens e estar a serviço dos marginalizados da sociedade.
- Esse caminho é frequentemente iconoclasta, seguindo uma trajetória que desafia as normas da maioria.

- A Bruxa há muito tempo é aquela que sabe, a quem você recorre quando ninguém mais pode ajudar, na calada da noite, na parte oculta da floresta.
- A Bruxa está lá para preencher o vazio quando os meios convencionais (ou mundanos) simplesmente não são suficientes.
- O caminho da Bruxa não é fácil – nem verdadeiramente popular, apesar dos momentos cíclicos de destaque.
- A Bruxa existe em um espaço simultaneamente dentro e fora da comunidade, em parte porque lida com questões do Oculto (os deuses, os espíritos, os mortos, os mistérios) e em parte porque é guardiã do conhecimento, uma pensadora independente e, essencialmente, uma solitária. Enxergar o mundo de forma diferente transforma a maneira como você interage com ele.
- A Bruxa é desprovida de gênero.
- A Bruxa é o portal para o desconhecido, o perigoso, o selvagem.
- A Bruxa é importante hoje porque nos distanciamos significativamente de nós mesmos, uns dos outros e do mundo.
- A Bruxa é a tecelã que pode alterar o padrão e reconectar os fios.

Optando pela palavra "Bruxa"

Com tudo isso em mente, por que se autodenominar como Bruxa? Essa é, sem dúvida, uma palavra carregada de significado que não pode ser usada de forma leviana. Algumas pessoas escolhem o termo "Bruxa" como uma maneira de resgatar a palavra de séculos de conotações negativas. Elas estão se conectando com suas raízes e, talvez, com significados mais antigos, como ser a sábia, a transformadora, a visionária. Outras pessoas escolhem esse rótulo por seu poder de estimular a imaginação, talvez evocar medo ou admiração, ou mesmo causar impacto. Independentemente do motivo, há, de fato, um poder inegável em escolher a palavra "Bruxa". Ela evoca um senso de perigo, um conhecimento dos reinos ocultos e encantamentos, além de um ar de mistério.

Escolho a palavra "Bruxa" porque sinto que ela descreve melhor quem sou e o que faço. Não sou maga nem feiticeira, tampouco uma xamã. Sou urbana, mas também selvagem. Minha magia é tão visível quanto invisível. Busco acessar meu próprio poder e a força do Universo, tecendo equilíbrios enquanto o faço. O trabalho que realizo é tanto para mim quanto para os outros – pessoas, espíritos e divindades.

> Reflexão diária: você se identifica com a palavra "Bruxa"? Por quê? Caso não, há outra palavra que você utiliza?

Afinal, o que é uma Bruxa de verdade?

O último assunto que quero abordar neste capítulo é a relação entre percepção e realidade. Se você já passou algum tempo navegando em comunidades on-line, visitou uma loja de ocultismo ou se aventurou em uma reunião, é possível que tenha ouvido uma ou todas as afirmações seguir:

- "Você não é uma verdadeira Bruxa se lançar maldições."
- "Você não é uma verdadeira Bruxa se *não* lançar maldições."
- "Você não pode ser uma Bruxa e acreditar em deuses."
- "Você não pode ser uma Bruxa e *não* acreditar em deuses."
- "Se você não pratica ou não acredita nisso, então não é uma verdadeira ___________."
- "Você só pode ser uma Bruxa se passar por um processo de iniciação."
- "Você só pode ser uma Bruxa se isso estiver documentado em seu sangue há séculos."
- "___________ não são Bruxas de verdade."
- "Somente as verdadeiras Bruxas fazem ___________."
- "Você não pode se chamar de Bruxa porque não tem o gênero/cor/idade/religião certos."
- "Ninguém deveria se chamar de Bruxa porque ___________."
- "A menos que viva na floresta e/ou esteja em contato direto com a natureza o tempo todo, você não é uma Bruxa de verdade."

As pessoas podem falar muito a respeito do que acreditam ser autêntico, sério ou real, mas no momento em que elas começam a fazer declarações nesse sentido, as coisas ficam complicadas. Elas baseiam suas opiniões principalmente em suas próprias experiências pessoais ou no que lhes foi dito, sem observar o panorama geral ou considerar outras possibilidades.

Houve uma época, no final da minha adolescência, lá pelo início dos meus vinte anos, em que eu era muito firme em saber a diferença entre ser Bruxa e ser Wicca. Eu não era Wiccaniana, e me irritava com a sugestão, mesmo que ela viesse de uma pessoa geralmente bem-intencionada, tentando mostrar sua compreensão: "Ah, você é uma Bruxa? A minha filha também é Wiccaniana!". Se você tentasse explicar a essa simpática senhora porque acredita que uma Wiccaniana e uma Bruxa tradicional são muito diferentes, iria receber um olhar vazio em resposta. A senhora que disse isso provavelmente estava apenas tentando ser simpática ou se conectar comigo de alguma forma. É como tentar explicar a diferença entre um católico, um metodista e um luterano para alguém que não se importa muito ou só quer manter uma conversa educada.

Nos vinte e tantos anos que se seguiram, aprendi algumas coisas:

- Não é da minha conta me preocupar com a forma como as outras pessoas escolhem se rotular. Não posso controlar o que os outros fazem; sou responsável apenas pelo que faço e pelos resultados das minhas ações.
- A única pessoa para quem o rótulo realmente importa sou eu.
- O que eu *faço* é muito mais importante do que como eu me autodenomino ou como os outros podem me chamar, e isso se aplica a todos. As ações das pessoas são mais importantes do que seus rótulos.

Uma coisa é se preocupar quando o rótulo que uma pessoa atribui a si mesma é visto pelo público em geral. Ainda vemos manchetes infelizes e desinformadas como "Assassinato Ritual", "Sacrifício Wiccaniano" e "Suposto Druida é Considerado Culpado de ______". Mas acho que a maior parte da agitação atual é, na verdade, uma disputa interna sobre semântica.

Arrisco a dizer que o motivo pelo qual isso é um problema é porque somos relativamente jovens como comunidade, mas também sei por experiência pessoal que outros grupos também discutem, sejam eles judeus, cristãos, jogadores de videogame ou praticantes de dança do ventre. Acho que talvez a raiz disso seja a insegurança – a síndrome do impostor, por assim dizer –, a preocupação em saber se estamos fazendo tudo certo e o que os outros vão pensar de nós: "Se aquela pessoa realmente representa X ou Y, o que isso diz sobre mim?". Talvez outra parte disso seja o desejo de se envolver nos assuntos dos outros e provar que somos superiores de alguma forma.

Além disso, penso que todos nós, incluindo eu, gostamos de nos contrapor de vez em quando; é um alívio revirar os olhos e zombar de algo que não se encaixa no nosso espectro. Meu ponto sensível é quando as pessoas adotam práticas prejudiciais. O desafio é encontrar o limite entre o alívio cômico e ser um completo idiota, o que, novamente, às vezes eu mesma tenho dificuldade em discernir –, mas como o meu amigo Michael sabiamente observou: "Todos nós temos os nossos defeitos". A melhor maneira de combater tudo isso é sugerir respeitosamente recursos que possam oferecer informações melhores (pessoas, livros, links, etc.) e/ou colocar seu próprio trabalho em evidência. Podemos reclamar sobre o que não gostamos de ver, ou podemos realmente fazer algo produtivo para oferecer um exemplo melhor.

Aqui estão mais alguns sentimentos que podem trazer um pouco de paz:

- A maneira como você vê e interage com o divino é importante apenas para você, para o divino e para as pessoas com quem trabalha diretamente.
- A idade ou a origem de qualquer caminho ou Tradição são irrelevantes e não devem ser comparadas em termos de validade. Tudo começou de algum lugar, e a maioria (se não todos) tem origens nebulosas, repletas de verdade. Se isso funcionar, então funciona – e não presuma que um praticante não esteja ciente das origens de seu caminho. Esse é o caminho dele, e funciona para ele. Não precisa funcionar para você.

- Todo mundo começa de algum lugar; somos todos principiantes em algum momento. Apenas Atena e alguns outros nasceram totalmente formados, e isso não era uma garantia de que eles tivessem tudo sob controle também.
- Realize o trabalho – mais especificamente, realize o *seu* trabalho.

Quando estiver interagindo com alguém e essa pessoa usar um rótulo para se descrever, uma ótima maneira de realmente interagir com ela é perguntar: "o que essa palavra significa para *você*?". Essa pode ser uma ótima maneira de iniciar uma discussão realmente interessante e saudável.

Tente manter essas coisas em mente à medida que seguimos juntas neste caminho. Elas ajudarão a manter o foco no que você deseja alcançar, ao contrário dos "grilos na cabeça"[11] que provavelmente querem distrair você de seguir em frente.

11. Optamos por adaptar *head-monkeys* "macacos na cabeça" (uma expressão que pode sugerir pensamentos inquietos ou confusos), por "grilos na cabeça", mais comum aqui no Brasil. (N.T.)

3

UM CAMINHO FEITO POR VOCÊ

No tear: passe a urdidura com firmeza e prepare a trama, fiando e tingindo-a para tecer sua obra. Escolha as cores que são unicamente suas.

Mente liminal: aqui, tudo é respiração: retida, inspirada, expirada, roubada e entregue, tudo ao mesmo tempo. Nós a possuímos, e ela nos possui.

Agora vamos nos concentrar em definir o seu próprio caminho. Quando se trata de Bruxaria, a autenticidade não tem relação com a idade. O foco, na verdade, deve estar em responder à pergunta: "isso funciona para mim?" Como determinar o que funcionará melhor para si mesma? Neste capítulo, consideraremos algumas informações essenciais que ajudarão você a construir um caminho autêntico de Bruxaria que atenda exatamente a essa necessidade. Há quatro áreas principais a serem consideradas: você mesma, sua inspiração, sua localização e seu planejamento. Em cada um desses tópicos, exploraremos os detalhes que podem alinhar todos os aspectos do seu caminho.

QUESTIONANDO A AUTENTICIDADE

Acho melhor resolvermos logo a questão do debate sobre autenticidade. Ficar se perguntando onde você se encaixa na régua de "Bruxaria verdadeira" de outra pessoa só gera um estresse desnecessário. A régua deles não importa – a sua sim. Ser autêntica significa "ser real, genuína, verificada, representar sua verdadeira natureza ou crenças, ser fiel a si mesma". Perceba que não há nada sobre "ser a mais antiga", "a mais descolada" ou "ter a maior quantidade de decorações no altar" nessa definição.

Leia novamente as últimas cinco palavras da definição: "ser fiel a si mesma" em tudo que faz. Isso significa que a busca pela autenticidade é uma jornada para descobrir o que é real, o que funciona e o que é verdadeiro para aquela pessoa em particular.

Autenticidade não é sobre tentar forjar um vínculo com um passado distante ou imaginado para justificar o seu sistema. Algumas pessoas se esforçam demais para se agarrar a uma aura de mistério e conexões antigas na tentativa de validar o que estão fazendo. Há um peso que acompanha essa fachada, que impede o crescimento e dificulta a busca pela verdade. Essas mesmas pessoas frequentemente tentam menosprezar e derrubar os outros para sentir alguma forma de superioridade – como se isso realmente importasse em algo que tenha impacto genuíno no que fazemos. Não podemos recriar o passado, tampouco revivê-lo. Em vez disso, podemos aprender com ele e nos inspirar, independentemente de ser algo que aconteceu há cinco minutos, cinco anos ou cinco séculos. Se existem conexões com o passado que despertam seu interesse, isso é maravilhoso. Mas sua Tradição não precisa ter trezentos anos para ser eficaz ou "real". Autenticidade é fazer o que funciona melhor para você com o que está ao seu alcance.

Qual a necessidade de provar o seu caminho a alguém, se ele funciona para você? Se há esforço de sua parte para manter o equilíbrio, conhecer a si mesma e assumir responsabilidade por suas ações, não importa quão antiga ou nova seja a Tradição, nem quem a aprova ou desaprova. Essas coisas realmente não importam no panorama geral. O que importa é que, ao decidir ser autêntica e viver verdadeiramente a sua própria Tradição, o Universo se abre de novas maneiras – ou talvez de formas antigas que você ainda nem tinha visto. Lembrando mais uma vez: o caminho autêntico da Bruxaria é aquele que funciona para *você*.

RITOS: DEFINIDO O SEU CAMINHO

Agora que deixamos de lado as preocupações com autenticidade, vamos focar nos elementos que merecem sua atenção. Descobri que há cinco áreas essenciais a serem consideradas ao desenvolver e expandir o seu caminho. Para facilitar, organizei essas áreas no prático acrônimo RITOS (baseado no original *RITES* em inglês).

Veja a seguir as palavras que compõem o acrônimo no original, em inglês, e a adaptação para o português:

Raízes – *Roots* (raízes): origens, mito, folclore

Inspiração – *Inspiration* (inspiração): influências, motivadores

Tempo – *Time* (tempo): estações e horários

Orientação – *Environment* (ambiente): localização, espaço

Sabedoria – *Star* (estrela): moral e ética

Como as cinco pontas de um pentagrama ou os cinco dedos de uma mão, o acrônimo oferece uma base para construir, apresentar, assimilar e desenvolver suas ideias, trazendo uma noção de como e onde direcionar o que você constrói e colocando isso em prática. As *raízes* tratam de explorar suas origens e a composição do seu ser. A *inspiração* aprofunda o que inspira e influencia você. O *tempo* convida a refletir sobre sua rotina e o calendário geral do ano. A *orientação* é uma análise do ambiente, especialmente onde você mora. A *sabedoria* ajuda a criar um sistema para guiar o seu caminho.

A própria palavra "rito" evoca um senso de cerimônia, ritual ou procedimento costumeiro. Ritos podem ser transmitidos de geração em geração ou criados do zero, dependendo do que precisa ser realizado. Na Bruxaria Tradicional Moderna, fazemos ambos: integramos o antigo e incorporamos o novo para moldar nossos caminhos. Tenha isso em mente enquanto examinamos cuidadosamente o acrônimo.

RAÍZES: O CHAMADO DO SANGUE

Uma semente não se torna uma entidade viva e ativa até lançar sua primeira raiz principal. Quando isso acontece, ela ganha sustentação, absorve nutrientes e começa a se expandir, crescendo em todas as direções, florescendo e espalhando suas próprias sementes. Com as raízes, vamos considerar a sua origem, observando as gerações que se enraizaram, floresceram, semearam e, por fim, chegaram até você. Essas raízes do passado oferecem uma base a partir da qual você vai se fortalecer e crescer.

Há uma tendência de buscar segurança externa, seguir caminhos mais definidos, bem estruturados ou facilmente acessíveis, ou simplesmente obter mais informações. Não há nada de errado com esses motivos, desde que retorne à base que é você mesma.

Grande parte do que precisa em termos de orientação e percepção, está presente no seu sangue. E não, não estou falando sobre a possibilidade de ter algum tipo de DNA superespecial graças aos elfos, anjos, demônios, alienígenas ou gatos. Estou falando sobre a sua origem e a de seus antepassados. (Nota: mesmo se, por algum motivo, não conheça seu histórico familiar, peço que continue aqui comigo. Há ideias para você também. Sei que pode ser frustrante e doloroso não conhecer suas origens exatas.)

É claro que a questão dos ancestrais raramente é simples e tende a ser cheia de complicações e incertezas. O que acontece quando sua família não veio do lugar onde você vive agora? Existe a realidade de estar separada da "terra natal", além da possibilidade de que seus parentes tenham se misturado com pessoas de outras regiões. Mesmo que tenham se estabelecido em um novo lugar por várias gerações, e se eles se mudaram de uma ponta do país para a outra? As pessoas gostam de falar sobre sua linhagem e dizer que "são" de países onde nunca estiveram, mas como isso realmente funciona? Especificamente nos Estados Unidos acontece muito, as pessoas ficam presas à ideia de serem de outro lugar, procurando esse lar mítico em um oceano ou dois de distância.

Quando paramos para refletir sobre a história, percebemos que os seres humanos sempre estiveram em movimento, por milhares e milhares de anos. Desde seguir presas e se adaptar a mudanças climáticas até abrir rotas de comércio por desertos, mares e montanhas, estivemos em constante deslocamento desde os primórdios. Seja por oportunidades econômicas, desastres naturais, guerras ou outros desastres causados pelo ser humano, até mesmo por aventura e exploração, continuamos a seguir os passos de nossos ancestrais, mantendo-nos em movimento. É claro que, por onde passamos, levamos conosco nossas ideias, práticas e crenças, que se cruzam com outras formas de pensar e agir. Esses encontros (fundindo-se ou gerando conflitos) promovem um enriquecimento tanto biológico quanto cultural, com a finalidade de se adaptar à topografia, ao clima, às estações e aos animais ao nosso redor. Adicionamos novas práticas e crenças conforme as demandas do nosso mundo e, de forma semelhante, descartamos aquelas que já não nos servem. A humanidade e a cultura são uma fusão – um fato a ser lembrado ao refletir sobre suas próprias raízes.

Hoje em dia, é raro ter uma linha hereditária contínua, que remonta a um único país (como totalmente irlandês ou totalmente japonês), mas o que isso significa? A menos que sua história familiar inclua uma longa linha de casamentos consanguíneos para preservar linhagens reais, suas raízes provavelmente são muito mais diversas do que você pode imaginar. Quando eu era uma jovem Bruxa, falava-se muito sobre a origem das Tradições, com a noção de que era isso que as tornava válidas. Surgiram livros sobre Bruxaria irlandesa, escocesa, italiana, alemã e outras variedades específicas de outros países e outros caminhos, o que é ótimo se você se identifica fortemente com isso. Mas eu venho de uma longa linhagem que, aparentemente, gostavam de se envolver com pessoas de outros países. Eu não poderia escolher apenas um tipo ou modalidade e dizer: "tudo bem, esta sou eu. Este é o traje de Bruxaria que preciso vestir". Se você pertence a um caldeirão cultural semelhante, não precisa se prender a apenas um lugar de origem. De qualquer forma, é sensato considerar todas as opções.

Seu DNA não é o princípio e o fim de tudo, mas certamente é um bom ponto de partida. Trata-se de uma consideração dupla: quais culturas fazem parte de você e quais práticas familiares foram transmitidas muito provavelmente devido a essas culturas? Uma resposta comum pode ser: "mas não existe Bruxaria nessas culturas, e minha família não é Pagã!". Em primeiro lugar, todas as culturas deste Planeta têm seus próprios mitos, folclores e o que poderia ser chamado de práticas mágicas ou "supersticiosas". Em segundo lugar, muitas coisas podem ser feitas e transmitidas por famílias que contenham elementos mágicos e míticos, mesmo sem serem chamadas de "Bruxas". Tendemos a ignorar essas práticas porque elas nos são muito próximas e familiares, especialmente quando sentimos que aquilo que procuramos não está imediatamente perto de nós. Por isso, é hora de erguer esse véu e olhar um pouco mais de perto para essas raízes.

A primeira consideração é de onde você vem. O que você sabe sobre a sua árvore genealógica, seja por meio de histórias, pesquisas familiares ou talvez por testes de DNA? É claro que as histórias de família nem sempre são precisas. Detalhes podem ser esquecidos, e os relatos frequentemente são drasticamente embelezados ou alterados por uma ampla variedade de razões. Às vezes, a verdade foi encoberta para ocultar algo que, na época, poderia ser considerado socialmente embaraçoso, como uma gravidez fora do casamento ou não planejada, uma orientação sexual ocultada, uma reputação desfavorável devido a crimes ou comportamentos abusivos, ou até preconceitos relacionados à cor da pele ou à classe social. Naquela época, algumas pessoas faziam de tudo para esconder algo que, hoje, poderia nos surpreender. (Ou pelo menos esperamos que surpreenda – nossa sociedade ainda tem muitas questões a superar.) Considere as histórias de família como uma espécie de folclore: os detalhes podem não ser sempre precisos, mas qual é o espírito da história?

Se você tem apenas uma ideia geral sobre as origens da sua família, felizmente há uma ampla variedade de sites de genealogia que variam de gratuitos a opções que custam um valor considerável. A ancestralidade é uma questão bastante comum, que desperta a imaginação humana, e essa curiosidade resultou em uma abundância de recursos. Mesmo que ninguém da sua família direta tenha feito qualquer pesquisa, há uma boa chance de que um primo distante já tenha feito! Há também uma infinidade de testes de DNA que você pode fazer e que lhe darão um vislumbre de suas origens. Os resultados podem variar dependendo do que está sendo analisado. Além disso, não podemos esquecer de que os resultados podem variar de irmão para irmão. Tecnicamente, você está relacionado de maneira mais próxima aos seus irmãos (se tiver algum) do que aos seus pais, uma vez que o seu DNA é uma combinação de ambos. No entanto, sempre que um óvulo e um espermatozoide se combinam, é como colher de um caldeirão gigante de sopa de cromossomos. Sua irmã pode se parecer muito com sua mãe, enquanto você pode puxar mais ao seu pai, porque cada uma de vocês é uma combinação diferente da mesma sopa. (Vocês podem até discutir quem tem mais almôndegas do que macarrão ou legumes no próximo jantar em família.)

Ao pesquisar sua ancestralidade, é fácil se perder em um verdadeiro labirinto. No entanto, nosso foco principal aqui é identificar possíveis locais de origem, podendo ser uma vila, uma cidade, um estado, uma região ou um país. Essa abordagem oferece um ponto específico para explorar quando o assunto é folclore e antropologia. Embora seja possível encontrar bons livros na seção de Nova Era/ocultismo que abranjam determinada área ou país, minha sugestão é que você procure em outra seção da livraria, buscando obras que tratem de arte, antropologia, história regional e mitologia cultural. Qual o motivo disso? Comece sempre pela fonte. A maneira como uma cultura se desenvolveu e mudou, seus costumes, sua arte e principalmente suas histórias em forma de mitos e folclore, podem oferecer uma riqueza de material com o qual trabalhar. Esses livros podem não ter "Bruxaria" no título, mas a história, a arte e a mitologia podem certamente ter um impacto poderoso na sua prática.

Meus lugares favoritos para buscar referências são sebos e bibliotecas. Muitos trabalhos acadêmicos ou científicos, bem como artigos de editoras independentes, podem ser difíceis de serem encontrados e/ou caros, mas o sistema de biblioteca local pode tê-los disponíveis para consulta ou pelo menos para leitura na seção de referência. Também existem e-books e PDFs disponíveis para consulta on-line, especialmente aqueles com materiais mais antigos. Basta dedicar um pouco de tempo à pesquisa e você pode descobrir um verdadeiro tesouro!

Qual a importância do folclore e dos mitos? Seria imprudente considerá-los como histórias de ficção ou contos de fadas para divertir as crianças. Contar histórias é uma das formas mais antigas de arte comunicativa que temos. Por inúmeras gerações, usamos os mitos e folclores regionais para educar, entreter, aconselhar e celebrar. Por que amamos tanto filmes, jogos, peças de teatro e programas de televisão? Todos eles são variedades de folclore que nos ajudam a explorar a condição humana e os mistérios do mundo. A mídia moderna é a forma mais recente de criação e compartilhamento de mitos. Enraizadas nessas histórias estão fragmentos de sabedoria sobre a natureza dos mundos visível e invisível: deuses e deusas, vida e morte, como as coisas funcionam, como se comportar em determinadas situações – ou como não se comportar! Ao se conectar com o folclore de um povo ou lugar, você pode descobrir conexões mais profundas com as suas próprias raízes – e consigo mesma. Há algo na forma como uma cultura constrói e propaga seus mitos que pode lhe dar uma verdadeira sensação de como aquelas pessoas interagiam e interagem até hoje com a vida.

A segunda consideração revela significados em práticas que você talvez tenha considerado apenas peculiaridades do dia a dia ou da família. Quanto mais envelheço, mais penso em certas coisas que meus avós e outras pessoas da minha família faziam quando eu era pequena. Frequentemente, sem muito alarde, percepções, opiniões e modos de fazer as coisas são transmitidos de geração em geração. Às vezes há uma razão ou explicação para o motivo de algo ser feito de determinada maneira, e em outras ocasiões a prática é mantida porque "era assim que a vovó fazia". Amuletos usados ou oferecidos para trazer boa sorte, talismãs para afastar o mau-olhado, pergaminhos e imagens para transformar um espaço em sagrado, moedas e ovos usados para adivinhação: quase toda casa tem algum tipo de amuleto, com sua crença ou propósito relacionado.

Há algo de maravilhoso em encontrar a magia oculta que está essencialmente à vista e já faz parte de você. Muito frequentemente, podemos sentir que precisamos de práticas "oficiais" de Bruxaria definidas por outros em livros, para "fazer do jeito certo". Definitivamente, pode ser divertido aprender novas e diferentes maneiras de fazer as coisas, mas não tenha medo de observar primeiro o clássico "armário de vassouras" da sua família. Quando possível, reserve um tempo para ouvir os membros mais velhos da sua família, faça perguntas sobre como ou por que as coisas são realizadas de determinadas maneiras e anote tudo.

Evidentemente, nem toda situação familiar é ideal. Podemos ter uma relação conturbada ou inexistente com nossa família imediata ou estar totalmente desconectados de nossas raízes. Talvez uma geração tenha sido cortada, causando uma lacuna de informações. Ou pode haver práticas com as quais pessoalmente não concordamos ou não nos sentimos confortáveis. Conforme exploraremos a seguir, existem outras maneiras de construir uma base com a qual você se sinta à vontade. No capítulo 5, vamos analisar como o conhecimento pode ser transmitido através de uma família, mesmo que seus membros já não estejam fisicamente neste plano.

> *Sugestão de pesquisa*: se possível, faça uma árvore genealógica que inclua os lugares ou as localizações gerais de onde a sua família é originária. Comece por um lugar que mais lhe atrai e pesquise a história, a mitologia e o folclore dessa região. Você pode criar a árvore a partir de imagens desses lugares, seja paisagens, monumentos, obras de arte, culinária ou pessoas.

INSPIRAÇÃO: A MOTIVAÇÃO DO ESPÍRITO

Olhar para sua herança e práticas familiares é, sem dúvida, uma base sólida para começar, mas não é a única influência a ser considerada. O que mais lhe interessa quando se trata de Bruxaria? Por quê? Existe alguma área em particular que chama sua atenção, como a herbologia, a adivinhação, as artes bárdicas, etc.? Há histórias, mitos, temas e divindades específicas que continuam aparecendo na sua vida? Muitas vezes, somos atraídas por certas coisas por uma razão. Às vezes isso ocorre por conta da nossa herança, mas frequentemente pode surgir de forma inesperada – de uma cultura ou lugar com o qual você não está familiarizado, mas que continua se repetindo em sua vida. Como podemos explicar isso e o que você faz a respeito?

Não sou do tipo que se fixa no conceito de vidas passadas – prefiro me concentrar no presente. No entanto, a ideia de que vivemos muitas vezes, em inúmeras encarnações e lugares, desperta o interesse de muitas pessoas. Talvez passemos de vida em vida, mudando de gênero, papéis, culturas e lugares, para que possamos experimentar a existência sob diferentes perspectivas. Talvez, cada vez que morremos, nosso espírito retorne a uma tigela de sopa primordial, e partes de nós são transformadas em espíritos recém-combinados. Poderíamos até mesmo ser os nossos próprios antepassados, seguindo essas teorias. Então, talvez algo que nos fascinou desde a infância ou ao qual fomos inesperadamente atraídos mais tarde na vida venha de uma memória ou preferência de uma vida passada. Ou podem ser marcas que colocamos em nosso próprio fio do destino antes de virmos para esta vida. Até mesmo pequenas coisas que parecem incongruentes podem ter um grande efeito no futuro.

Lembro de uma época, por volta dos seis ou sete anos, quando eu estava fazendo desenhos na sala de estar sozinha e minha mãe entrou vindo da cozinha ao lado. Eu estava desenhando ali porque era um cômodo silencioso, sem televisão ou distrações barulhentas, o que me permitia concentrar. Sem nenhum motivo específico, anunciei a ela que um dia me casaria com alguém que tocasse violino. Não lembro ao certo o que ela disse em resposta, provavelmente algo como: "você pode se casar com quem quiser quando tiver idade suficiente". Nunca tive interesse em aprender a tocar violino, mas achava seu som incrivelmente bonito, e ainda acho. Ironicamente, o meu primeiro casamento foi com alguém que me disse logo no início que queria aprender a tocar violino, mas ele nunca fez isso. Quando comecei a praticar dança, senti uma conexão ainda mais profunda com o som do violino, de forma poderosa, através do meu corpo. Esse impulso me levou a uma certa música tocada por uma banda específica. Durante uma turnê, acabei dançando essa música sem saber que o músico que havia criado a parte de que eu mais gostava – o violino – estava assistindo à apresentação. Esse encontro deu início a uma relação profissional bem-sucedida que, eventualmente, evoluiu para algo mais quando nossas vidas permitiram. Surpreendentemente, eu realmente acabei me casando com um violinista.

Há também o conceito de memória genética, que eu acho muito interessante.[12] No campo da psicologia, a memória genética é a ideia de que experiências físicas e emocionais poderosas podem ser incorporadas ao genoma e transmitidas adiante. Mas será que isso acontece no nível celular, talvez se escondendo nas nossas mitocôndrias? E ainda há toda a discussão sobre natureza *versus* criação, mas e quando você sabe coisas que nunca lhe foram ensinadas? Se somos atraídas pela Bruxaria porque há um boato de que uma pessoa na nossa família foi Bruxa, isso significa que há memória genética sendo transmitida? Ou será que o fato de você estar exposta à ideia de que ela fez parte da sua tradição familiar faz dela um produto do seu ambiente de criação. Eu acredito que somos uma combinação de muitas coisas, tanto em nossos genes quanto em nosso espírito, e é por isso que "inspiração pelo espírito" é definitivamente algo a ser considerado.

Às vezes, você pode ser atraída por uma divindade, mito ou prática que está completamente dissociada do seu contexto familiar ou cultural. Quem sabe desde cedo você tenha tido sonhos com um determinado lugar ou viajado para algum local que nunca tinha visitado antes, mas que pareceu muito familiar.

E o que fazer nessa situação? Dizer "não" para aquela Deusa que continua visitando você só porque ela é de uma procedência e você de outra? Como resolver isso? Se você tiver interesse em descobrir mais, então investigar de forma mais profunda é definitivamente uma escolha válida. Você pode evitar cair na apropriação cultural fazendo *apreciação* cultural, por meio de pesquisa adequada e estudo cuidadoso. A apropriação cultural é definitivamente um tema polêmico na atualidade. No entanto, o medo de ser acusada disso não deve ser algo que a impeça de se aprofundar. Há uma grande diferença entre escolher elementos de uma cultura sem nunca tentar um estudo aprofundado (especialmente com o objetivo de lucrar com essas ideias) e desejar sinceramente aprender algo por meio de um intercâmbio cultural

---

12. Ver https://futurism.com/memories-can-inherited-scientists-may-just-figured e https://blogs.scientificamerican.com/guest-blog/genetic-memory-how-we-know-things-we-never-learned.

adequado para incorporá-lo à sua prática pessoal. Pratique o respeito e você evitará as armadilhas.

Livros, filmes, música, arte e outros canais culturais podem definitivamente ser úteis em sua busca para compreender algo fora de seu próprio contexto cultural. No entanto, nada substitui a oportunidade de realmente conversar e trabalhar com praticantes daquela tradição /cultura. Melhor ainda, investir tempo e dinheiro em viajar para um lugar que a inspirou pode ser uma experiência incrível e valiosa. O ideal é fazer conexões e pesquisas primeiro. Apenas aparecer em algum lugar e esperar que ensinem tudo a você não é respeitoso nem prudente. É importante reservar um tempo para examinar essas questões e construir um programa de estudos para si mesma. Na verdade, isso também é válido para qualquer área de atuação, esteja ela no seu sangue ou não.

Nota: no capítulo 5, falaremos sobre trabalhar diretamente com divindades. Nesta parte, quero deixar claro que pesquisar "Kali Ma" no Google em um artigo da Wikipédia não é fazer o dever de casa ou ser responsável. Pesquisar uma divindade envolve ler sobre seus mitos a partir de uma variedade de pontos de vista, buscando entender sua imagem, familiarizando-se com as práticas espirituais associadas a ela e reservando um tempo para entender mais sobre as pessoas e o lugar de onde essa divindade veio. Esse processo requer tempo e esforço que não podem ser medidos pelo número de artigos lidos ou de estátuas compradas na Amazon. Em vez disso, você descobrirá que essa é uma experiência para toda a vida e que continuará a se transformar à medida que percorre seu caminho.

> *Sugestão de pesquisa:* faça uma lista de inspirações e práticas que chamam sua atenção. Comece pela sua infância e percorra o seu caminho até os dias atuais. Há fios conectando esses interesses? Você consegue identificar como se interessou por essas coisas? Marque aquelas que mais se destacam particularmente, priorize-as de acordo com a intensidade de seu interesse, junte ideias sobre o que já sabe sobre elas e comece a investigar como aprender mais.

TEMPO: ORGANIZAÇÃO, PRÁTICA E LOCAL

O local de onde vem e o que você inspira são aspectos importantes a serem avaliadas na formulação do seu caminho, mas muitas pessoas deixam de considerar a próxima coluna vital na construção desse caminho: a agenda. Crescemos com nossas rotinas sendo determinadas por nossos pais e familiares, professores e educadores, religião e governo, empregos e responsabilidades, transporte, e talvez até mesmo por parceiros e filhos. Ficamos tão acostumados a ter os nossos itinerários traçados para nós que muitas vezes nos desconectamos do mundo ao nosso redor e até mesmo de nossos próprios corpos. A partir daí, podemos sofrer de diversos problemas físicos, emocionais e até espirituais causados pela falta de descanso e sono adequados, uma dieta pouco saudável e outros fatores relacionados ao estresse. É fácil se sentir na obrigação de fazer tudo e de satisfazer as necessidades de todo mundo. O tempo todo, negligenciamos as nossas próprias necessidades, até que todo o sistema trava, como um disco rígido superaquecido.

É vital promovermos ativamente uma prática diária e anual que seja significativa para nós. Quando começo a guiar as pessoas pelos primeiros passos do RITOS, frequentemente elas se sentem sobrecarregadas ou reagem com desculpas como "não tenho tempo para fazer isso direito" ou "talvez depois, quando eu terminar de fazer _____." Seguir o caminho da Bruxaria é permitir-se assumir o controle da sua própria agenda. O tempo é muito mais fluido do que pensamos, assim como a prática da Bruxaria. Você não está disputando uma corrida para se tornar a bruxa perfeita, nem jogando um *videogame* onde precisa encontrar todos os tesouros antes que o tempo acabe. Você realmente pode seguir no seu próprio ritmo – basta se permitir descobrir o que isso significa para você.

Para ajudar você a realizar essa tarefa, vamos analisar várias facetas diferentes da sua agenda:

- A agenda social (escola, trabalho, família, amigos)
- O relógio biológico
- O ciclo lunar

- As estações solares
- Calendário de dias festivos (memória, celebrações, aniversários)

Reserve um tempo para refletir sobre como esses aspectos podem se manifestar em sua vida e em sua prática. Ao estabelecer uma prática, é necessário considerar sua disponibilidade, seus padrões de sono, as estações do ano e o que tem significado pessoal para você. A combinação dessas áreas pode ser bastante única, portanto, é essencial descobrir como isso funciona melhor para você. Considere o que faz você se sentir parte de um padrão e o que ajuda a reconhecer a passagem do tempo. O que você observa deve ser integrado à sua prática porque isso ressoa com você, não porque sente obrigação de seguir um sistema produzido por outra pessoa.

Sua agenda social

Se você estuda, tem uma carreira, está constituindo uma família ou tem obrigações familiares, e ainda realiza atividades com os seus amigos, todas essas coisas são expectativas que afetam sua agenda diária. Às vezes, esses diversos fatores fluem facilmente para a prática da Bruxaria, em outras ocasiões, parecem estar em oposição ou se tornar um obstáculo à sua intenção. Independentemente disso, todos esses fatores afetam como seus dias e noites são programados. Quando você trabalha? Quando você se diverte? Observe uma semana comum e analise, em média, quantas horas são dedicadas a cada atividade ou pessoa. O motivo de organizar sua agenda social é para que você possa visualizar concretamente quanto do seu tempo está comprometido com algo ou alguém, além de entender como e por que isso acontece.

Outra coisa a considerar é que o seu trabalho pode estar diretamente relacionado à sua prática de Bruxaria, mesmo que seu título oficial não seja o de "bruxa-supervisora". Conheço muitas pessoas da área da saúde, incluindo médicos, enfermeiros, farmacêuticos, terapeutas, cientistas e funcionários de clínicas que conseguem perceber que o que fazem está correlacionado com sua Arte. Essas pessoas curam, administram tratamentos e cuidam de todos os aspectos do ciclo de vida através dos olhos de uma Bruxa. Há Bruxas que são advogadas, professoras, mães que ficam em casa e administradoras de empresas – todas organizando as coisas com um toque de magia. Músicos, artistas, atores, escritores e dançarinas também costumam perceber que tecem a Bruxaria como parte de arte. Essa manifestação da Bruxaria por meio da sua profissão pode não se encaixar na imagem clássica de uma Bruxa, mas isso não invalida o seu trabalho de forma alguma. Você pode já estar "fazendo o trabalho" sem nem mesmo perceber.

> *Sugestão de pesquisa:* faça um mapeamento de uma semana comum. Quanto tempo, em média, é dedicado diariamente ao seu trabalho, à família, aos estudos, ao lazer, aos amigos, etc.? Quanto de tempo livre você tem?

Seu relógio biológico

Embora muitas pessoas não estejam conscientemente cientes disso, todo corpo tem uma preferência sobre como e quando funciona melhor. Seu corpo tem seu próprio relógio interno. Meu companheiro é uma pessoa matinal. Ele consegue sair da cama em um horário extremamente cedo (entre 5 e 6 horas da manhã) e fazer a maior parte de seu trabalho antes do meio-dia, independentemente do clima ou da estação. Então, ele começa a se desligar por volta das 21 horas. O meu corpo prefere se levantar algumas horas depois (entre 8 e 9 horas da manhã), e consegue fazer isso mais facilmente quando o sol está visível. Eu rendo melhor no meu trabalho a partir do meio do dia, com um segundo pico de energia ocasional a mais depois do jantar. Eu começo a me desligar por volta das 23 horas e geralmente vou para a cama à meia-noite, então não sou exatamente uma pessoa noturna. Essas pessoas funcionam melhor nas últimas horas da noite e preferem dormir até tarde durante o dia.

Por que entender o seu horário biológico é importante para a Bruxaria? Saber quando você funciona melhor ajuda a direcionar sua agenda para esses momentos. Se você é uma pessoa matinal, reservar um tempo pela manhã para dar uma caminhada ao ar livre ou se comunicar com seu altar pode ajudá-la a criar uma prática diária significativa que aprofunda sua conexão com tudo ao seu redor. Só porque existe um estereótipo de Bruxas que trabalham até tarde da noite não significa que você é um fracasso por dormir às 22 horas. Ouça o seu corpo.

A agenda social tem um forte impacto no seu relógio biológico também. Na melhor das hipóteses, ela deve estar alinhada com o que funciona melhor para você. Isso faz com que gaste menos tempo lutando contra o fluxo natural do seu corpo. Quando a agenda social entra em oposição ao seu corpo, tende a causar um grande prejuízo ao seu bem-estar geral. Estar ciente disso, significa que você pode tentar tomar medidas extras para cuidar do seu corpo.

> *Sugestão de pesquisa:* examine o planejamento que você fez para a sua agenda social. Como isso se alinha com o sono, a alimentação e o descanso/relaxamento geral? O que você está fazendo para manter o seu corpo e a sua saúde geral em equilíbrio?

O ciclo lunar

Quando você começa a prestar atenção à rotina diária do seu corpo, acaba percebendo um padrão que ocorre aproximadamente a cada mês e que está relacionado à lua. A posição da lua em órbita ao redor da Terra e a posição da Terra em sua órbita ao redor do sol determinam o quanto da lua estará nas sombras e o quanto estará iluminado, formando as fases da lua. Aproximadamente a cada vinte e oito dias, a lua entra em sua fase nova, cresce até ficar cheia e depois míngua até retornar à fase nova, formando o mês lunar, que é ligeiramente mais curto que o mês do nosso calendário, e está sempre em movimento – não coincidindo com o início e o fim de cada mês do calendário.

A lua tem um efeito sobre os oceanos e outros grandes corpos d'água, criando as mudanças nas marés altas e baixas. Os pontos de maré mais extremos acontecem durante a lua cheia. Nossos corpos, sendo compostos principalmente por água, são igualmente afetados pelos ciclos da lua. Tendemos a experimentar um aumento de atividade durante a lua cheia, daí a palavra "lunático" – do francês antigo *lunatique*, do latim tardio *lunaticus* ("afetado pela lua"), derivado de *luna* ("lua"). Dizem que lobisomens e outras bestas sobrenaturais passam por transformações sob a luz da lua cheia. Muitas pessoas relatam ter mais dificuldade para adormecer e permanecer dormindo durante a lua cheia, além de se sentirem inquietas, independentemente de a luz da lua iluminar ou não seus quartos de dormir. Algumas pessoas sentem isso como um aumento de energia, enquanto outras se sentem mais ansiosas, o que às vezes as leva a agir de forma irracional. Até mesmo os policiais estão cientes desse fenômeno e aumentam o turno durante a lua cheia.

Em contraste, muitas pessoas se sentem lentas por volta da lua nova, que tende a ser um período de introspecção. Para algumas pessoas, isso significa um período de preparação, onde elas desaceleram confortavelmente e começam a gerar novas ideias. Para outras, pode significar uma espiral de depressão, sensação de estagnação ou um aumento de pensamentos negativos maior que o normal.

A Bruxaria há muito tempo tem sido associada à lua e aos seus poderes e efeitos. No folclore, dizem que as Bruxas se reúnem sob a luz da lua cheia. Grande parte da prática moderna seguiu esse exemplo. Embora a lua cheia possa definitivamente se alinhar com o aumento de energia que muitas pessoas sentem, a correlação mais lógica é que, se você estiver se reunindo ao ar livre à noite, a lua cheia estará realmente brilhante (desde que não esteja muito nublado) – o que é conveniente para enxergar o caminho no escuro e economizar velas ou baterias. Mas não se preocupe, não estou aqui para arruinar todo o mistério e a diversão da Bruxaria. Eu realmente acredito na teoria de que as fases lunares podem nos afetar emocionalmente, espiritualmente, mentalmente e fisicamente. Portanto, definitivamente há aplicações para rituais e propósitos metafísicos em relação às fases da lua, e é sobre isso que vamos falar no próximo capítulo.

O principal ponto ao mencionar o ciclo lunar no contexto do tempo é refletir sobre como seu corpo reage às fases da lua. Você não *precisa* realizar um ritual só porque a lua está cheia, nova ou em qualquer outro estágio intermediário. Um ritual lunar mensal não é uma obrigação, a menos, é claro, que você tenha determinado isso para si mesma ou feito algum tipo de acordo. Talvez você se sinta atraída a fazer algo específico em determinado estágio da lua crescente ou da lua nova, devido à forma como isso a faz sentir, ou talvez simplesmente não sinta essa necessidade de marcar uma conexão lunar e tudo bem.

> *Sugestão de pesquisa:* consulte um calendário lunar e marque o ciclo ao longo do próximo mês em um diário, agenda ou bloco de notas. Duas vezes ao dia – ao acordar e antes de dormir –, escreva uma palavra ou frase que descreva como você está se sentindo (calma, ansiosa, estressada, deprimida, animada, etc.). Quando chegar ao final do primeiro mês, consulte as anotações e veja se percebe alguma correlação entre a fase da lua e como você se sentiu nesse período. Pode levar vários meses até começar a perceber um padrão maior.

As estações solares

Saindo da programação do seu corpo e das exigências diárias de trabalho, amigos e família e dos efeitos do mês lunar, chegamos às estações solares. A estação solar, como o nome sugere, é determinada diretamente pela proximidade da órbita elíptica da Terra com o sol ao longo do ano. Para os locais ao norte e ao sul do equador, os solstícios marcam os dias/noites mais longos e curtos (quando a Terra está mais próxima e mais distante do sol), e os equinócios entre eles marcam quando o dia e a noite são iguais. Devido à inclinação do eixo da Terra, enquanto as pessoas no Hemisfério Norte observam o Solstício de Inverno, as do Hemisfério Sul estão celebrando o Solstício de Verão.

A humanidade primitiva reconheceu a correlação entre o movimento aparente do Sol e de outros corpos celestes com a mudança das estações. Muitos monólitos antigos, montes de terra feitos pelo homem e outras estruturas marcam com precisão os solstícios e os equinócios. Festivais em todo o Planeta foram programados de acordo com essas ocorrências solares por milhares de anos.

Como a mudança das estações se repete em um ciclo relativamente confiável[13], com "raios" definitivos, a estação solar pode ser imaginada como uma roda. O termo "Roda do Ano" é prevalente no Paganismo

---

13. Com exceção das anormalidades ocorrendo com mais frequencia por causa do aquecimento global.

moderno para descrever um ciclo repetitivo de Sabbats, ou celebrações. A Roda do Ano passou a ser uma programação amplamente aceita nas últimas décadas, mas dificilmente é considerada antiga ou aplicável a todas as regiões e práticas da Bruxaria. Então, de onde veio este conceito? Alguns apontam para o final da década de 1950, quando dois senhores britânicos estavam conversando em seu clube naturista (nudista), comparando notas sobre seus caminhos espirituais em ascensão. Entre seus estudos, perceberam que havia uma programação de Sabbats, ou festivais, distantes uns dos outros – tudo o que precisavam fazer era aprimorar ou recriar algumas práticas e teriam uma roda de oito raios de dias sagrados. Brilhante! Esses dois homens eram Gerald Gardner (o pai da Wicca Moderna) e Ross Nichols (o fundador da Ordem dos Bardos, Ovates e Druidas, ou OBOD).

A Roda do Ano foi amplamente aceita logo de início por várias razões. Primeiro que a maioria das pessoas tinha a impressão de que a Wicca, o Druidismo e caminhos semelhantes eram de origem antiga, em vez de práticas recentemente criadas (com boas intenções). Em segundo lugar, as pessoas adoram um festival, e oito festivais certamente superam os dois principais do cristianismo: a Páscoa (o domingo seguinte à primeira lua cheia que ocorre após o Equinócio da Primavera no Hemisfério Norte) e o Natal (próximo ao Solstício de Inverno no Hemisfério Norte). E, que sorte! Os Sabbats puderam realmente se sobrepor a esses eventos, permitindo que todos celebrem algo juntos.

A Roda do Ano é composta pelos quatro solstícios e equinócios e pelos quatro dias de origem celta intercalados entre eles, trimestralmente. Como mencionei anteriormente, a celebração e a marcação dos solstícios podem ser encontradas ao redor do mundo, tanto em tempos antigos quanto modernos. A Roda do Ano inclui o Solstício de Inverno (ou Yule), Imbolc (ou Candlemas), o Equinócio da Primavera (ou Ostara), Beltane (ou Walpurgisnacht), o Solstício de Verão (ou Litha), Lughnasadh (ou Lammas), o Equinócio de Outono (ou Mabon) e Samhain (ou Halloween). Os nomes desses dias vêm de uma variedade de fontes, misturando influências celtas, cristãs, germânicas, nórdicas e de outros sistemas.

Nos últimos anos, as pessoas começaram a questionar: "Ei, espera aí. De onde veio esse nome e como isso se correlaciona com a minha prática?" Os Sabbats tendem a ser associados a celebrações agrícolas, então, dependendo de onde você mora e de como as estações ocorrem nesse local (se é que elas ocorrem), eles podem parecer desconectados para você. Os nomes celtas, germânicos ou cristãos para essas datas também podem não fazer sentido se você vier de uma tradição diferente. Além disso, como as estações no Hemisfério Norte e no Hemisfério Sul são opostas, a Roda do Ano não pode ser observada de forma universal, como o calendário anual padrão. Por último, o foco nos raios tende a direcionar as pessoas a celebrar um único dia, em vez de observar o panorama geral de uma estação. Desconsiderando os momentos astronomicamente precisos dos solstícios e equinócios (que podem ocorrer entre os dias 19 e 23 de seus respectivos meses de junho e dezembro, março e setembro), os pontos em qualquer roda solar estão mais relacionados a estabelecer o espaço *entre* os raios. Na realidade, a Roda do Ano não é uma ideia ruim, mas acho que ela funciona melhor como uma ferramenta inspiracional.

Outras complicações relacionadas ao seguir a Roda do Ano surgem se você simplesmente não se encontrar em um sistema baseado na agricultura ou não se sente pertencente devido aos temas recorrentes sobre fertilidade, muitas vezes heterossexuais. Tenha em mente, que nem tudo precisa focar na fertilidade das plantas, animais ou na continuidade física da humanidade. Se você tem dificuldade em sentir conexão com os Sabbats, tente uma perspectiva diferente. Em vez de se preocupar com as colheitas no campo ou a fertilidade no seu sentido literal, reflita sobre o que o Sabbat representa em sua vida ou práticas: o que é mais importante trazer à tona para você? O que você deseja cultivar em sua casa, comunidade ou país? Quem apoia aquilo que você acredita e quem recebe seu apoio? Como você mudaria a situação em que está agora? O que deseja deixar para trás? O que traria nova inspiração e revigoraria sua vida? O Sabbat representa purificação, limpeza, cultivo, colheita, equilíbrio, etc.? Relacione isso à sua própria vida e necessidades, e talvez você descubra um novo significado.

Sugestão de pesquisa: começando pelos equinócios e solstícios, considere como esses eventos solares impactam a sua vida de forma sazonal, espiritual, mental, etc. Depois, observe os dias intercalados trimestralmente e outros festivais relacionados ao Sol. Você sente que eles têm um lugar na sua prática? Por quê?

O calendário de dias festivos

Nem todas as ocasiões especiais têm a ver com a marcação das estações ou o reconhecimento de eventos solares. Aniversários, falecimentos e casamentos, por exemplo, honram certas datas que têm significado em nossas vidas. Um dia festivo pode ser em celebração ou memória de alguém em sua vida ou família, ou pode celebrar alguém que você admira, respeita ou tem como inspiração. (Se essas pessoas forem falecidas, muitas vezes são referidas como "Poderosos Mortos".) Talvez você tenha uma data histórica específica reservada no calendário para a divindade ou espírito com quem trabalha. Esses diferentes tipos de celebrações tendem a se concentrar em um dia específico, destacando uma data ou um momento significativo na história, frequentemente envolvendo algum tipo de ação em reconhecimento. O tratamento ritual pode ser tão simples quanto montar um altar especial (se não tiver um permanente) e acender uma vela, ou tão complexo quanto uma grande reunião, com banquete e rituais elaborados.

Às vezes, um determinado dia tem uma infinidade de ocorrências sobrepostas, criando um efeito interessante de significado em camadas. Por exemplo, eu compartilho o meu aniversário com Gerald Gardner, o que me fez desenvolver uma relação interessante com seu trabalho e sua memória. Esse também é o dia de Santo Antônio, o padroeiro das coisas perdidas. Vindo de uma origem católica siciliana/italiana, tenho uma grande admiração por ele e, curiosamente, bastante talento para localizar itens perdidos para as pessoas. Outros dias especiais para mim incluem meu aniversário de casamento e os aniversários de meus avós maternos, ambos já falecidos.

Um evento notável, significativo ou incomum na sua vida pode originar um novo dia de devoção. Vamos supor que alguém enfrentando uma doença, como o câncer, por exemplo, peça ajuda a um espírito ou uma divindade. No dia em que receber a notícia de que está livre da doença, ela pode decidir que todos os anos, naquela data, realizará um ritual de agradecimento. Ou talvez queira oferecer um dia de festividade para uma determinada divindade com quem trabalha, mas não encontrou registro histórico para isso. Você pode usar um sistema de adivinhação para determinar qual data funciona melhor e criar a partir disso. Ou pode se lembrar do mês ou da data exata em que a encontrou pela primeira vez e fazer disso o dia festivo para a sua prática.

Outra maneira de considerar celebrações significativas é observando ao seu redor. O lugar onde você vive pode celebrar determinados dias com eventos e festivais. Como você verá na seção "Ambiente: O Mundo ao Seu Redor", mais adiante neste capítulo, o local onde mora influencia fortemente a sua prática. Do Mardi Gras em Nova Orleans ao Mummers Parade na Filadélfia e ao Okra Strut Festival em Irmo, Carolina do Sul, pessoas em cidades e vilarejos ao redor do mundo adoram uma celebração. Muitos desses eventos têm raízes mais profundas que valem a pena explorar.

> *Sugestão de pesquisa:* considere quais datas, pessoas, eventos, espíritos e/ou divindades são importantes na sua vida. Se sentir a necessidade de honrá-los de alguma forma, escreva-os em uma lista, anotando datas e qual forma de celebração acredita ser mais apropriada. Não deixe de buscar inspiração também na sua cidade natal.

GIRANDO A SUA RODA DO ANO

Sempre incentivo as pessoas a criarem sua própria Roda do Ano. A estrutura tradicional pode agradar você, mas talvez alguns ou muitos dias não façam sentido na sua realidade. Se no lugar onde mora a marcação das estações do ano se resumem a duas ou três, faz mais sentido celebrar essas épocas do que seguir o modelo com quatro estações. Agora, se os solstícios e equinócios tiverem um significado simbólico para você, eles podem se tornar essenciais na sua prática.

Pesquisar suas raízes talvez ajude a descobrir nomes ou variações que representem melhor as estações do ano para você do que os termos usados atualmente. Existe alguma época do ano que tenha mais significado? Caso o outono seja especialmente marcante para você, por exemplo, celebrar essa estação pode fazer mais sentido. Além disso, vale buscar formas especiais de vivenciar esse período ao longo de toda a estação, em vez de apenas em uma data específica. Um aspecto pouco mencionado é que nem tudo precisa ter o mesmo peso ou importância. Se não tiver certeza sobre um ponto específico da Roda, experimente. Teste métodos tradicionais e registre suas impressões durante e depois de cada prática. Não hesite em ajustar, acrescentar ou retirar elementos conforme sua prática evolui. Com o tempo, ou se estiver em outro lugar, sua conexão com as estações pode mudar bastante, e isso é perfeitamente natural.

Se não souber por onde começar, usar a Roda do Ano como inspiração pode ser uma boa ideia. Trace uma linha do tempo e avalie os Sabbats, seus significados, sua relevância e como eles poderiam ser celebrados. Compare-os com o ciclo sazonal real do lugar onde vive. Eles fazem sentido? Em suas pesquisas, explore celebrações que despertem seu interesse e reflita sobre como podem se alinhar às suas raízes. Ao observar o panorama completo, o fluxo resultante atende às suas necessidades e está em harmonia com o que ocorre ao seu redor?

Como exemplo, vou usar a minha Roda do Ano como ela está atualmente. As rodas não têm um início e um fim definitivos, então, eu não tenho marcadores de início ou fim para o meu ano. Além do calendário tradicional, não há um momento específico que eu reconheça como meu "ano novo". Geralmente, não realizo nenhum tipo de ritual para observar uma mudança específica de estação, a menos que me sinta atraída para isso.

Solstício de Inverno: a transição da noite mais longa do ano para o início do retorno da luz é psicologicamente muito poderosa para mim. Como muitas vezes estamos em casa nessa época (diferente do restante do ano, quando costumamos viajar), sem dúvida esse é um momento de convivência, reconexão, encontros, celebrações com amigos e decoração com luzes. Eu me concentro em tornar nossa casa acolhedora e aromática, com panelas fervendo no fogão.[14]

Imbolc ou Caçada Selvagem: a partir do Solstício de Inverno, concentro-me em eliminar o excesso, tanto físico quanto metafísico. A saúde e o bem-estar emocional recebem atenção especial. Essa limpeza e preparação me ajudam a focar no que desejo que crie raízes e floresça na primavera.

Equinócio de Primavera até Beltane: não costumo celebrar o dia exato do Equinócio de Primavera, prefiro usar essa época do ano para iniciar novos projetos e trabalhar ao ar livre, preparando os jardins conforme as condições climáticas permitem.

Beltane / Walpurgisnacht até o Solstício de Verão: tenho uma tradição de longa data que é celebrar o Primeiro de Maio de maneira particular. Sem dúvida, há uma energia especial nesse período, excelente para trabalhos rituais e adivinhação. O impulso energético dessa época é voltado para manifestação e crescimento progressivo. Não me concentro muito no Solstício de Verão, porque meu subconsciente sabe que os dias começarão a ficar gradualmente mais escuros. Procuro absorver ao máximo a luz do dia.

Do verão até o Equinócio de Outono: mantenho cautela em agosto e economizo energia. A combinação do calor com a lenta diminuição dos dias tende a causar um aumento na imprudência, violência e desastres naturais.

Outono até Samhain: o outono é uma época especial para mim. Sinto uma segunda onda de despertar e revitalização. Costumo participar de rituais e encontros organizados por outras pessoas, além de me dedicar ainda mais aos jardins, preparando-os para o inverno.

De Samhain até o Solstício de Inverno: para mim, este é um período para lembrar e honrar os mortos, além de trabalhar com a energia das

---

14. Ver páginas 224-226 de *The Witch's Cauldron* para receitas.

raízes e o que está abaixo da superfície. Costumo tanto liderar quanto participar de rituais que facilitam mudanças.

Festividade: Noite de Hécate (16 de novembro): nesse dia, realizo um ritual pessoal para homenagear Hécate.

ORIENTAÇÃO: O MUNDO AO SEU REDOR

Outro aspecto igualmente importante para moldar o seu caminho é estar ambientado/orientado[15] de acordo com o local onde você mora. Muitas pessoas dão mais importância às terras de onde veio o seu sangue, negligenciando o lugar onde realmente vivem agora. Esse descuido gera uma profunda sensação de desconexão, que é a antítese da Bruxaria. Insistir em dar prioridade à origem é como tentar encaixar a clássica peça quadrada em um buraco redondo. O ambiente é um caldeirão onde se misturam os ingredientes das raízes, inspiração e tempo, dando forma à sua prática e proporcionando um lugar para ela existir.

Nasci e cresci no Vale do Delaware, na Filadélfia, e morei em Columbia, Carolina do Sul; Providence, Rhode Island; na Área da Baía de São Francisco, na Califórnia e em Seattle, Washington. Na última década, viajei extensivamente pelos Estados Unidos, Inglaterra, Alemanha, Grécia, República Tcheca, Hong Kong, China, Indonésia, Filipinas, México e Costa Rica (principalmente a trabalho). Cada lugar que visitei tinha uma energia única. Há a própria terra, os corpos d'água que podem cercá-la, os padrões climáticos que moldam o solo, a flora e a fauna, além do que é construído sobre a terra e quem faz dela seu lar. Em poucos quilômetros, a natureza e a sensação de um lugar podem mudar drasticamente.

Esse espírito ou personalidade da terra é frequentemente chamado de *genius loci*. Na mitologia e no folclore de diversas culturas há outros nomes para essa mesma ideia. Independentemente de você reconhecer

15. No original em inglês, aqui seria "ambiente". Adaptamos o acrônimo para a nossa língua, portanto aqui vamos intercambiar o texto com a palavra "Orientação". (N.T.)

o *genius loci* como um espírito individual de um lugar ou como uma noção mais ampla e indefinida da energia presente na terra ao seu redor, sua influência pode ser profundamente impactante na sua prática. Há também as coordenadas de latitude e longitude que ajudam a definir o clima. A localização determina como as estações solares afetarão a terra e seus habitantes – incluindo você. As temperaturas e mudanças sazonais, por sua vez, afetam a flora e a fauna, que são diretamente influenciadas pela paisagem e também a influenciam. Cada paisagem tem características únicas: os tipos de solo e rochas que formam seus ossos, além das plantas e animais que vivem sobre e dentro dela, formando sua pele e seu sangue.

Como o seu ambiente orienta sua prática? A temperatura e a umidade podem determinar a realização de rituais e outros trabalhos dentro ou fora de casa. Se você trabalha com plantas (seja cultivando as suas ou coletando na natureza), o que pode crescer ou ser encontrado em uma praia ou num deserto será muito diferente do que é possível reunir em uma floresta tropical ou num prado alpino.

Da mesma forma, os tipos de animais e insetos que você encontra na cidade provavelmente serão muito diferentes daqueles que habitam florestas densas a apenas trinta quilômetros de distância. Na cidade, há monólitos e estruturas criados pelo ser humano que conferem uma característica distinta à energia do lugar, de uma maneira bem diferente das rochas deixadas para trás por geleiras.

Observe onde você mora. Qual é a sua localização física? Como é a terra ao seu redor? É plana, montanhosa ou uma mistura dos dois? Quais são os corpos d'água mais importantes próximos de você (riachos, rios, lagos, mares, oceanos, etc.)? Qual é o habitat e a natureza da vida vegetal e animal ao seu redor (deserto, tropical, planícies abertas, pântanos, temperado, praia, selva, floresta alpina, etc.)? Você está na cidade, nos subúrbios ou longe da civilização? Não há nada mais poderoso e envolvente do que se conectar com a terra onde você realmente vive. Mesmo a selva de concreto tem seu próprio espírito e energia. Reserve um tempo para se conectar com ela, identificar o fluxo das estações, as plantas, os animais e as pessoas. É muito mais fácil estar em sintonia com o ritmo da terra onde você mora. Isso significa que, se você se mudar para outros lugares, sua prática mudará de acordo para refletir a natureza do novo ambiente, mas os lugares onde você viveu anteriormente continuarão a orientá-la na forma de ferramentas e inspiração.

> *Sugestão de pesquisa:* avalie sua paisagem local, identificando marcos naturais e artificiais. Quais são as principais características geológicas ao seu redor (Norte, Sul, Leste, Oeste, Centro)? Familiarize-se com a flora e fauna locais, bem como com as mudanças climáticas e seus efeitos.

SABEDORIA: ILUMINANDO O SEU CAMINHO

O quinto elemento do nosso acrônimo RITOS é a sabedoria[16]. Já reunimos as RAÍZES, a INSPIRAÇÃO e o TEMPO no Caldeirão que é o princípio ORIENTADOR que revigora nossa poção de SABEDORIA e transforma tudo em um caminho funcional para Bruxaria. A sabedoria pode ser vista como um guia que levará você a compreender e formar o seu código de ética. Não se preocupe, não vou impor nenhum tipo de doutrina assustadora sobre como você deve ou não se comportar. Meu melhor conselho nessa área é: seja responsável – e lembre-se das três chaves do capítulo 1: conhece-te a ti mesma, mantenha o equilíbrio e aceite a responsabilidade. Na Bruxaria Tradicional Moderna, não há nenhuma "rede" ou código central de moralidade ou ética. Em vez disso, temos uma compreensão de que todas as nossas ações geram uma multiplicidade de reações, com interpretações tanto positivas quanto negativas, dependendo da perspectiva de quem observa.

Devemos considerar as nossas palavras e ações, assim como os efeitos que elas podem ter, para depois agir, aceitando tanto a responsabilidade pelo que conseguimos enxergar quanto por aquilo que não fomos capazes de ver. O equilíbrio está sempre em movimento. Às vezes, exige ações extremas; em outras, ajustes mínimos e delicados.

---

16. No original em inglês, aqui seria "estrela". Adaptamos o acrônimo para a nossa língua, portanto aqui vamos adaptar também o texto com a palavra "sabedoria". (N.T.)

A questão é que a sabedoria não é uma influência externa, algum espírito orientador sentado no seu ombro. Ela é *você*: o seu sistema de orientação interno. O conhecimento é o motor que mantém sua prática em movimento, então cabe a você fazer a manutenção e resolver os problemas. Não há ninguém mais para culpar, isso significa que vai precisar ser muito honesta consigo mesma se quiser seguir o caminho da Bruxa. É preciso considerar seus pontos fortes e fracos. A busca é para ser uma praticante que avança por conta própria, ou prefere ser uma espectadora que segue o fluxo? Sobre quem ou o que você está buscando ter poder?

Ser Bruxa significa ser realista sobre quem você é, quem foi até aqui e para onde deseja ir. É preciso reconhecer tanto seus talentos quanto suas falhas, além de estar sempre disposta a aprender mais. Encare a Bruxaria como parte de tudo o que você faz, não como um acessório à parte, um passatempo ou uma tentativa de fugir da realidade. Esse caminho nunca foi o mais fácil e rejeita comodidade. A Bruxaria exige honestidade consigo mesma, com sua prática e com seu chamado.

Outro ponto importante que reflete em sua sabedoria é lembrar que somos elemento de mudança, esse é o pulso da Bruxaria. Busque sempre refletir, ponderar, fluir e esteja em constante crescimento. Pense fora da caixa, além dos livros. Exercite o pensamento crítico. A Bruxa não supõe; a Bruxa sabe. Avalie regularmente seu caminho e suas ideias. Coisas em que acreditamos em determinado momento da vida podem deixar de funcionar pouco tempo depois, e o contrário também é verdadeiro. Descarte o que não é necessário e fortaleça o que funciona para você. Se for flexível o suficiente para responder ao mundo ao seu redor, irá praticar e trabalhar ativamente. Às vezes, somos a rocha; outras, somos a água que a envolve – e, muitas vezes, somos os dois.

O MANIFESTO DA BRUXA

Tive algumas dúvidas com o título desta seção. "Manifesto" seria mesmo a palavra certa? Como chamar uma coleção de metas e aspirações para um caminho pessoal, com a esperança de influenciar e guiar a cultura mais ampla? Quem sou eu para criar uma lista de mandamentos ou regras? Não é essa a minha intenção. Confesso que sempre associei um "manifesto" a jovens fervorosos distribuindo suas visões xerocadas em clubes góticos. Mas "manifestar", no verdadeiro sentido da palavra, não é tornar algo conhecido, dar-lhe forma, trazê-lo à existência?

Olho para o caldeirão fervilhante e borbulhante que é o mundo atualmente com uma mistura de pensamentos e sentimentos contraditórios. Não consigo me livrar da sensação de que estamos à beira de uma ruptura, um colapso cultural massivo. No entanto, também sinto que há imensas possibilidades reservadas para uma nova Época de Emergência – com maior compreensão, compaixão e uma visão iluminada. Tenho muita esperança, mas também vejo que a humanidade participa desse jogo há séculos. Já fizemos pior e já fizemos melhor. Um recomeço não garante sucesso.

Então me recordo de que estamos aqui agora. Este é o tempo para o qual fomos feitas. Há um ressurgimento da Bruxaria em meio a todo esse caos. Estamos aqui para ajudar na transformação, na mudança e na reformulação da realidade. Por isso compartilho esta lista de possibilidades e ideias propícias para manifestação. Isso tudo deveria ser aplicado a todas as pessoas, mas acredito que as Bruxas estão se preparando para liderar o caminho. Talvez como facilitadoras desse caminho de sabedoria.

Todos os corpos são autônomos. Se desejamos ser respeitadas, precisamos respeitar tanto a nós mesmas quanto aos outros primeiro, independentemente de cor, gênero, idade, habilidade, orientação sexual, ou qualquer outra coisa. Respeitar inclui reconhecer o direito de cada pessoa de viver sua vida e fazer suas escolhas. E isso não inclui violar os direitos dos outros por meio de nossas ações ou palavras.

O outro somos nós. Somos todos "outros" para alguém. Temos nossas tribos, e devemos respeitar aquelas que estão fora delas. Reconhecer que o espelho reflete em ambos os sentidos é uma ponte para compreender que, no fundo, não somos tão diferentes assim.

Todas as ações são uma troca de energia. Tudo o que fazemos envolve movimento de alguma forma. Podemos trocar energia de maneira recíproca (dando a quem nos dá), ou transmitir a energia em uma corrente contínua (recebendo e passando adiante). O ciclo da vida (nascimento, vida, morte e renascimento) é uma troca constante de energia.

Ninguém tem direito a nada. O mundo não nos deve nada, independentemente de quem somos, de onde viemos ou do que fizemos.

Estamos conectados ao mundo. Não estamos separados da terra, do meio ambiente, do Planeta, do Universo. Fazemos parte de cada um deles; mas eles não nos pertencem. Somos feitos das mesmas partículas. Precisamos conservar e proteger nossos recursos naturais. Devemos participar do ciclo da vida e da morte de uma forma consciente e honrosa, respeitando plantas, animais e todas as coisas – consumindo e descartando com reverência.

Somos responsáveis pelo nosso poder pessoal. Nosso poder vem de dentro e é reconhecido por nós mesmas. A partir disso, é nosso dever aprender, orientar, observar, ouvir, agir e fazer o que for possível para ajudar outras pessoas também.

A vida é uma coleção de momentos, e não um marco definitivo. Parte do ser humano é cometer erros, aprender com eles e permitir mudanças. Se envergonhamos ou punimos sem oferecer uma chance de transformação e redirecionamento, então falhamos em respeitar a nós mesmas e às outras.

Você é a síntese de suas palavras e ações. Quem você é se define exatamente por aquilo que faz e diz e pela forma como faz. Agindo com integridade e graça, você sempre agirá com o verdadeiro poder.

ESCOLHENDO SEUS FIOS

Agora que abordamos os RITOS, vamos explorar algumas áreas importantes que costumam gerar confusão. Talvez você esteja se perguntando quais ferramentas pode ou não precisar, se deve trabalhar sozinha ou em grupo e se é necessário realizar um Rito de Iniciação ou Dedicação. Falaremos novamente sobre a importância do mito e como ele pode nos guiar. Essas áreas são como escolher a cor e a textura dos fios antes de se sentar diante do tear. Depois de alinhar esses fios corretamente, você estará pronta para começar a tecê-los no padrão que forma a Arte da Bruxa.

Reavaliando ferramentas e suportes

Frequentemente, as pessoas tendem a pensar: "Certo, quero ser uma Bruxa. Quais ferramentas preciso comprar para praticar a Bruxaria?" Como você está lendo este livro, vou presumir que é uma pessoa viva e encarnada fisicamente, o que significa que já possui todas as ferramentas de que precisa (sim, mesmo que esteja lendo este livro completamente nua). Sua mente, sua respiração, seu coração, suas mãos, seus pés – tudo o que faz parte do seu corpo constitui suas ferramentas essenciais. Tecnicamente, você não precisa comprar ou reunir absolutamente nada para praticar magia, realizar um ritual ou se conectar com divindades e espíritos.

Dito isso, precisamos admitir: a verdade é que adoramos objetos. As Bruxas, em particular, parecem ter uma afinidade especial por coisas brilhantes e por colecionar itens, assim como nossos amigos da família dos corvídeos: corvos, gralhas, pegas, gralhas-de-bico-vermelho, gaios. De maneira semelhante, esses pássaros também utilizam ferramentas e estratégias para alcançar seus objetivos. As ferramentas podem ser auxiliares incríveis para nos ajudar a realizar determinadas tarefas, mas elas não definem necessariamente a Bruxa (ou o pássaro). Então, se alguém disser que você *precisa* ter uma varinha, um athame ou até mesmo um caldeirão para ser uma "Bruxa de verdade", sinta-se à vontade para revirar os olhos para essa pessoa (não que você precise da minha permissão para isso).

As ferramentas são feitas para nos auxiliar. A habilidade de usá-las vem de dentro de nós, não delas. Uma varinha pode ajudar a direcionar energia, mas não é nela que o poder reside. Uma lâmina ritual artesanal pode ser algo muito bonito, mas investir em uma boa faca de cozinha é uma escolha mais sensata se cozinhar for a melhor forma de realizar o seu trabalho. Uma panela de macarrão ou uma caçarola pode não ter o visual tradicional, mas pode funcionar perfeitamente como um caldeirão. Um bastão bifurcado é algo verdadeiramente magnífico e impressionante, mas se você mora e trabalha no meio de uma cidade de concreto, talvez não tenha muitas oportunidades para usá-lo. Um livro gigante com capa de couro é um grimório visualmente fantástico, mas pode não ser a melhor opção para levar a campo e fazer anotações. Se a maior parte do seu trabalho envolve plantas, um bom par de luvas e uma espátula confiável terá mais valor do que cristais brilhantes. Aquela pedra lisa com um buraco que você encontrou na praia e encaixa perfeitamente nas suas mãos terá mais significado do que qualquer uma que você possa comprar.

Independentemente de como são adquiridas, suas ferramentas não precisam corresponder aos livros ilustrados. No entanto, elas *precisam* se adequar à forma e à função de suas necessidades! A maioria das ferramentas sofisticadas que são apresentadas em livros sobre Bruxaria e Wicca tende a ter um caráter mais simbólico ou ritualístico, baseando-se em tradições de magia cerimonial e teatral. Elas não foram concebidas para serem usadas grosseiramente na cozinha, no jardim ou no estúdio. Não estou dizendo que você não deve tê-las ou que não possa usá-las ocasionalmente. Eu adoro colecionar ferramentas e parafernálias rituais bonitas, mas, no fundo, elas são mais objetos de arte do que qualquer outra coisa.

Isso também se aplica aos métodos não tradicionais que ajudam a se concentrar e realizar o trabalho. Embora exista uma variedade de práticas da Nova Era frequentemente associadas à Bruxaria, você não precisa ser uma iogue ou mestre de reiki, além de uma Bruxa (a menos que essas coisas interessem a você). Para algumas pessoas, basta uma xícara de chá ou café quente para se prepararem, enquanto para outras, um banho pela manhã ou depois do trabalho é o suficiente. Algumas pessoas entram no clima ouvindo *heavy metal*, enquanto outras energizam seus corpos com algum tipo de dança. Esses confortos ajudam a nos conectar com nossos corpos. Você sabe o que funciona melhor para si mesma, confie! Ou, se não souber, siga a sua inspiração e explore métodos que despertem o seu interesse.

Considere quais ferramentas e auxílios "não convencionais" você utiliza para realizar suas tarefas. Talvez você tenha uma caneta favorita para escrever ou desenhar, uma faca de cozinha indispensável, ou um almofariz com pilão para triturar ervas ou ainda aquele tambor surrado que pode levar a qualquer lugar e que sempre produz um ótimo som. Talvez haja um colar ou uma pulseira que você coloque antes de sair de casa ou começar um trabalho. Pense no que guia e informa você, fazendo-a se sentir confiante e conectada. Isso faz parte do seu ritual diário ou tem um significado especial para você? Fazer essas perguntas a si mesma ajudará a entender quais ferramentas precisa – ou, mais provavelmente, quais você já tem.

PRATICAR SOZINHA OU TRABALHAR EM GRUPO

Ocasionalmente, há um estigma implícito sugerindo que uma Bruxa que pratica sozinha não é tão eficiente quanto aquela que faz parte de um Coven. Esse estigma, por vezes, é autoimposto pela praticante que não conseguiu se juntar a um grupo (geralmente devido a algum tipo de isolamento) e sente que, de alguma maneira, deve ser inadequada. Na verdade, tudo se resume à pessoa. Conheci Bruxas incrivelmente poderosas que praticam principalmente sozinhas, assim como encontrei algumas realmente incompetentes que são membros de Covens há anos. Não estou convencida de que o Coven seja a organização natural da Bruxa. Para entender o que isso significa, e o que pode ser mais adequado para você, vamos explorar um pouco a natureza da Bruxa.

As primeiras Bruxas eram aquelas escolhidas para trabalhar diretamente com o reino dos espíritos. Considerando as possibilidades sugeridas pelas pinturas rupestres ao redor do mundo, pode-se dizer que estamos aqui há muito, muito tempo. Seja por instinto, seja pela influência de romances sobre a humanidade pré-histórica que li, tenho a sensação de que, mesmo vivendo em tribos e em espaços limitados, a Bruxa provavelmente ocupava seu próprio canto, no fundo da caverna ou na floresta.

Por que isso? Bem, trabalhar com espíritos e divindades nos altera – ou, como alguns diriam, talvez estejamos conectadas de forma diferente desde o início, o que explica o que fazemos. Embora possamos realizar muitos trabalhos para o bem da comunidade, isso não significa necessariamente que somos criaturas sociáveis por natureza. Já temos muita companhia, mesmo que elas não possam ser vistas. Adicionar mais pessoas a essa dinâmica pode tornar-se cansativo muito rapidamente. Espaço, distância e solitude oferecem um santuário mental e espiritual. Mas o afastamento comunitário não beneficia apenas a Bruxa – a maioria das pessoas não se sente confortável com o conceito do Oculto, de espíritos, divindades, visões e espaços liminares. Elas podem respeitar, admirar ou até reverenciar isso, mas no fundo, estão totalmente de acordo que fique lá – bem junto da Bruxa.

Isso me faz retornar ao tema complicado dos Covens e à sensação de que eles têm uma natureza um tanto antinatural. Antes que alguém tenha um ataque de nervos e entorne cera em seu manto, quero deixar claro que entendo que a estrutura do Coven funciona para muitas pessoas. E, como sempre, se isso funciona para você, ótimo. No entanto, vou explicar por que, em um contexto histórico a longo prazo, os Covens não fazem sentido para mim.

Em toda sociedade, há certa ordem que se repete em padrões observáveis há milhares de anos ao redor do mundo. Existem aquelas que trabalham diretamente com o sagrado/espiritual (sacerdotes, clérigos, Xamãs, Bruxas, etc.), e o restante da comunidade, que, em diferentes graus, segue as crenças e regras do divino enquanto cuida de seus próprios afazeres. Elas reconhecem o divino por meio de vários protocolos, festivais e rituais delineados pelo clero, enquanto estes lidam diretamente com o reino espiritual – sozinhos, em templos, santuários e outros lugares afastados do restante da sociedade.

Em várias teorias sobre "cultos de Bruxas", a ideia é que as crenças pré-cristãs precisaram se ocultar para sobreviver, e os Covens eram uma forma de manter vivos os antigos deuses. Outras teorias e sistemas acreditam que o cristianismo foi apenas sobreposto às práticas mais antigas e continuou a ser praticado em Covens ou famílias. Ambas as teorias podem fazer sentido (e há diferentes graus de evidências que apoiam ambas, dependendo de quem for questionado), mas o que me parece um pouco estranho é a ideia de que todos no Coven eram um tipo de Bruxa / Sacerdote / Sacerdotisa. São muitos cozinheiros para um só caldeirão (em um sentido comum e cotidiano).

Se considerarmos a Bruxa em um sentido profissional, é altamente improvável que houvesse uma grande quantidade delas em uma mesma área – assim como não haveria seis sapateiros em um vilarejo com duzentas pessoas, ou nove ferreiros. Acrescente a isso a realidade de profissionais de todos os tipos têm maneiras muito específicas de realizar seu trabalho cada um à sua maneira. Eles raramente combinam suas forças, a não ser que a população ou o espaço exijam isso.

O que consigo imaginar acontecendo é uma reunião de Bruxas – ou, em termos mais modernos, uma "convenção" – onde elas viajariam para um determinado local anualmente ou de tempos em tempos para conversar sobre a Arte, trocar sabedoria e, talvez, lidar com alguns grandes problemas trabalhando juntas. (Duvido que elas tivessem crachás e fitas, mas talvez tivessem convidados de honra, e tenho certeza de que festas noturnas privadas provavelmente faziam parte do pacote. Fico imaginando se cobriam as despesas de viagem.)

E então, retornavam para onde moravam, provavelmente sozinhas, na periferia da comunidade (ou, como alguns dizem, à margem). Lá, continuariam servindo às necessidades de sua região, trabalhando com o Oculto em seus próprios termos – independentemente de suas práticas se adequarem ao contexto espiritual da comunidade aceitável pela sociedade na época. Mesmo que o povoado não venerasse abertamente ou afirmasse acreditar no Oculto, ainda o respeitavam – e, em muitos casos, temiam o desconhecido e o invisível. Se houver algo que tenha garantido a continuidade das Bruxas ao longo do tempo, é este o fator principal: somos as solucionadoras de problemas. Quando a humanidade era menos instruída ou mais oprimida, frustrada por forças maiores, a Bruxa estava lá. Curamos, encantamos, purificamos e lidamos com o lado mais sombrio das coisas também. Nós resolvemos a questão (o que muitas vezes é um problema para aqueles em posições de autoridade).

Nós, Bruxas, gostamos das nossas sebes, dos nossos cantinhos no fundo das cavernas, das nossas cabanas à beira da floresta e à margem da civilização. Valorizamos nossa paz e tranquilidade, e nossa autonomia. Mas sabemos (ou pelo menos deveríamos saber) quando é hora de unir forças, de nos reunir, de levantar energia juntas; de deixar de lado diferenças e alterações pelo bem maior. Mesmo que cada uma de nós esteja fazendo isso de seu próprio cantinho, isso pode ter um impacto. Pois, às vezes, as arestas são feitas de lâminas, e essas lâminas são suficientemente afiadas para atravessar os tempos mais difíceis – isso, é claro, se dermos a nós mesmas o poder de usá-las.

Resumidamente, as Bruxas podem trabalhar em grupo ou sozinhas. Se você optar por trabalhar em grupo, recomendo encontrar pessoas que compartilhem uma mentalidade semelhante à sua, com um temperamento que complemente o seu. O respeito mútuo é uma necessidade absoluta. Caso se trate de um grupo misto de praticantes solitárias trabalhando juntas ocasionalmente, então todas devem estar no mesmo nível. Se você estiver iniciando na Arte com uma mentoria que vai lhe ensinar algo sobre alguma Tradição, ainda assim deve existir uma noção de respeito mútuo. O que se espera é que, no mínimo, você siga as regras até alcançar sua "graduação".

VOCÊ PRECISA DE UM MESTRE?

Certa vez eu estava apresentando o meu workshop "A Bruxa Autêntica: Criando uma Tradição de Trabalho" no Dia do Orgulho Pagão na minha região, e, felizmente, tivemos tempo para uma sessão de perguntas. Uma das perguntas foi: "Eu realmente preciso encontrar um mestre na Arte?". Parte do que eu adoro sobre essa pergunta é que ela veio de um adulto maduro que estava fazendo várias anotações. Por que isso é importante? Esse workshop em particular sempre atrai uma grande variedade de pessoas: desde jovens principiantes a pessoas mais velhas que podem estar chegando só agora a este caminho, ou que talvez tenham passado anos em outros sistemas e ainda não tenham encontrado exatamente o que procuram. O que percebi dessa pessoa é que ela estava há algum tempo tentando descobrir a resposta.

Há duas maneiras de olhar para essa pergunta. Uma delas é perguntar: você está procurando seguir uma Tradição específica? Então, sim, seria conveniente encontrar um mestre dessa Tradição com quem estudar. Isso também se aplica ao aprendizado de habilidades e ofícios técnicos. Por exemplo, você quer ser um herbalista? Então, precisa estudar com um herbalista (ou, idealmente, com vários herbalistas, ao longo do tempo). Ler sobre o assunto em um livro não lhe oferecerá a experiência prática necessária, e você vai precisar atualizar constantemente suas habilidades e conhecimentos ao longo dos anos também.

Outra forma de responder a essa pergunta é um pouco mais evasiva e menos óbvia e envolve abandonar a ideia acadêmica formal da relação professor-aluno – para adotar a perspectiva de uma Bruxa. Um ponto de vista que defendo é que o mundo todo é nosso professor se estivermos prestando atenção o suficiente. Às vezes, entramos em acordos formais, e, no restante do tempo, estamos nos chocando contra tudo, como águas-vivas. O melhor tipo de aprendizado não é um ditado unidirecional ou escrever e repetir, mas, sim, uma experiência imersiva.

Tenho dificuldade em ver a Bruxaria como algo que se aprende em um período de tempo determinado: um ano e um dia, três anos e três dias, por meio de um curso de certificação, etc. Penso que isso também seja válido para a dança e a arte. Você pode concluir um curso, mas isso significa realmente que sabe o que está fazendo? O curso oferece orientação e talvez uma recompensa em forma de certificado, mas isso não coloca uma pessoa acima ou abaixo de alguém que escolhe uma abordagem diferente. Dança, pintura, Bruxaria – todas essas coisas exigem uma experiência viva para serem compreendidas, para se tornar verdadeiramente hábil e qualificada nelas. O formato de sala de aula pode, definitivamente, proporcionar um senso de ordem e validação, mas é apenas uma maneira de aprender.

Ao redor deste tema, lembro-me de dois conselhos que recebi quase vinte anos atrás, de fontes muito diferentes:

1. "É claro que você pode fazer pós-graduação, mas o mundo é uma sala de aula maior." Recebi esse conhecimento de dois professores que tive na faculdade – os quais ainda estão presentes na minha vida atualmente, muito depois da relação inicial de aluno-professor. Um ensinava arte e design, e o outro, história e linguagem, com uma abordagem esotérica. Até hoje não me arrependo de não ter feito pós-graduação, e consigo ver a importância da experiência de vida que fundamentou a minha Arte e a minha prática. Se eu quiser aprender outra forma de arte, uma técnica qualquer, posso

estudar essa técnica especificamente, mas há uma variedade de opções que posso escolher: estágio, cursos para adultos, programas especiais, etc.

2. "Você sempre pode aprender algo com cada dançarina. Às vezes o que fazer, outras vezes o que *não* fazer." Recebi esse conselho não solicitado em um estacionamento do lado de fora de um restaurante. Tinha acabado de ver duas dançarinas do ventre se apresentando ao vivo pela primeira vez e perguntaram a minha opinião sobre elas. Como eu estava tendo aulas de dança há apenas alguns meses, fiquei hipnotizada pela beleza das duas dançarinas – como se moviam, o brilho reluzente de seus figurinos, a forma como elas dominavam o ambiente. Eu estava apaixonada! Mal podia esperar para ser como elas.

   Esse conselho foi dado por um dançarino mais consagrado, que não era nem meu colega nem meu professor – e que também não era conhecido por sua delicadeza, eu descobriria posteriormente. Suas palavras foram um choque para o meu devaneio naquele momento, mas, com o passar do tempo, eu entenderia o que elas significam. O conselho se aplicaria muito além da dança. Podemos aprender algo de cada pessoa que encontramos, observando o que funciona ou o que não funciona, e escolhendo o que é melhor para o nosso próprio caminho.

Em retrospectiva, havia mais naquele momento do que apenas aquelas palavras. Não há nada de errado em se apaixonar por algo. Claro, não vamos enxergar os defeitos logo de cara, mas isso captura nossa atenção e nos oferece um novo foco. Também não é nossa função estragar o entusiasmo de alguém só porque já percebemos suas imperfeições. Cada uma de nós descobre as coisas no próprio tempo, e, às vezes, aprendemos do jeito mais difícil. Temos necessidades diferentes e maneiras distintas de aprender.

O Universo tem muitas maneiras de nos ensinar. O oceano, por exemplo, no fluxo e no puxar de suas ondas, ensina sobre os perigos de superestimar seu poder e nossa própria estabilidade, revelando como a água pode facilmente dar e tirar. Há também as lições das árvores:

os ciclos de florescimento, encobrimento e queda, a paciência do crescimento lento e a interconectividade de suas raízes e seus galhos com outros seres ao seu redor. E o fogo, que oferece luz e calor, mas também é devorador e se extingue sem o ar. Há o sussurro dos espíritos e dos ancestrais em nossos sonhos e em nossos ossos. E, por fim, há as pessoas em nossas vidas – aquelas de quem nascemos, aquelas que escolhemos e aquelas com quem fluímos e contra as quais nos movemos.

Então, se você se sente confortável com uma abordagem acadêmica, não há nada de errado nisso. No entanto, perceba que essa é apenas uma abordagem e que, para se aprofundar mais, você vai precisar ir "a campo", além disso. Na verdade, você nunca vai parar de aprender – contanto que esteja disposta a enxergar que tudo é uma oportunidade de aprendizado, crescimento e autodesafio.

Então, você precisa de um mestre na Arte? Sim, você precisa. De muitos, na verdade. Mas não precisa necessariamente estudar com uma Bruxa certificada para se tornar uma. Abra os seus olhos e coração – os mestres estão à sua volta.

INICIAÇÃO E DEDICAÇÃO

Você precisa ser iniciada para se tornar uma Bruxa? Pode se iniciar ou se dedicar ao seu caminho sozinha? Como mencionei na seção anterior e no capítulo 2, se você está buscando se tornar parte de uma Tradição específica e estabelecida, então sim, geralmente haverá algum tipo de iniciação formal. Mas o que é uma Iniciação? Tecnicamente, é a admissão ou aceitação formal em um grupo, rito ou cerimônia de admissão. Simbolicamente, a Iniciação confere um título ou marca, identificando a pessoa como parte do grupo. No entanto, em qualquer grupo, ser Iniciado ou Iniciada não é o que faz de você um Bruxo/Bruxa – é o caminho de estudo e o trabalho em sua prática que dá esse crédito. A Iniciação é o processo de reconhecimento de que você procurou ativamente esse caminho e se esforçou para alcançá-lo com sucesso

Há também a iniciação pelo espírito, mais semelhante a abrir um portal ou fonte de conhecimento do que a ingressar em um grupo.

Esse tipo de Iniciação acontece em sonhos ou em um estado de transe. Diferentemente da Iniciação formal de uma Tradição, a Iniciação pelo espírito pode não ser aquilo que a pessoa estava procurando. Você pode estar trabalhando sozinha e, de repente, começar a ter sonhos com sua tia favorita já falecida, passando pequenas informações que você vai se lembrar ao acordar. De repente, você sabe e entende coisas que não sabia antes e tem um tipo diferente de visão. Essa experiência é um exemplo de Iniciação pelo espírito – muitas vezes espontânea e ocorrendo no reino do liminal. O espírito poderia ser sua tia, de fato, ou uma divindade ou outro espírito assumindo essa forma. Essa é uma experiência muito pessoal, que pode ser difícil de explicar, por mais especial que seja. Alguns poderiam dizer que a Iniciação formal em um grupo é como estar matriculado em uma escola particular, enquanto a Iniciação pelo espírito é como estudar em casa. Mas sinceramente, se ambas levam a Bruxa ao lugar onde ela precisa estar em sua prática, então são igualmente válidas.

E mesmo que você não esteja buscando ingressar em um grupo, muitas vezes há o desejo de se sentir reconhecida ou validada de alguma forma que pareça formalizada. O que é algo muito humano e muito natural de se fazer. Eu poderia dizer para você "engolir isso" e assumir de vez que é uma Bruxa por si mesma, mas isso não seria muito útil, certo?

Em vez disso, vou sugerir algumas coisas que podem ser feitas para ajudar você a sentir que as coisas estão realmente caminhando. Uma opção é criar um "Ritual de Dedicação", uma declaração formal que sinaliza sua devoção completa e de todo o coração ao caminho da Bruxa. Outra opção a considerar é que, se você estiver lendo este livro com outras pessoas, pode fazer um "Ritual de Iniciação" no qual testemunham a intenção umas das outras de seguir o próprio caminho.

Ao criar um Rito de Iniciação ou Dedicação, considere o que você está buscando alcançar. Existe algum símbolo ou objeto que pareça importante ou mais relevante para o que você deseja fazer? A maioria das pessoas escolhe realizar algum tipo de ritual para sentir que está marcando um novo momento em suas vidas. Uma Iniciação é uma promessa de desbloquear os mistérios dentro de você, de modo que possa estar mais conectada e em sintonia com o mundo ao seu redor. Esse rito pode envolver acender uma vela branca nova, ungir um óleo especial sobre o corpo e/ou abençoar nova peça de joalheria. Uma Dedicação pode envolver a formação de um acordo com ancestrais, espíritos ou divindades, a fim de seguir um determinado caminho, trocando trabalho e foco por sabedoria e orientação. Se você estiver focada em herbalismo, o ritual pode incluir a consagração de ferramentas especiais de trabalho, como um boline, em honra ao acordo. Siga sua intuição. Falaremos mais sobre rituais no próximo capítulo.

A VERDADE DO MITO

Grande parte do processo do RITOS pede que você considere o mito e o folclore. Costumamos pensar no mito como algo que foi inventado há muito tempo – e que permaneceu estático ao longo das eras. No entanto, os mitos são fluidos, eles mudam e são constantemente criados e recriados de acordo com as culturas que os contam. Nossos ancestrais editaram e alteraram mitos conforme suas experiências. Eles eliminaram ou adicionaram personagens, fortalecendo ou minimizando certos aspectos, mudando, adicionando ou apagando detalhes para se adequar à sua narrativa contemporânea.

De forma semelhante, algumas pessoas podem equiparar mitos com ficção, mas todos os mitos têm uma raiz na realidade. Eles explicam nossa relação com o Universo, tanto com o mundo natural quanto com o mundo não natural ao nosso redor – desde a criação e as nuances da vida até os mistérios da morte. A mitologia nos transmite história, moral, ética, protocolo e pontos de vista.

Os mitos são forjados no coração da narrativa, na mente e no corpo da cultura em definição e na formação e no espírito da imaginação. São histórias não apenas dos deuses, como "A Viagem de Perséfone ao Submundo" ou "O Coiote Traz o Fogo para o Povo", mas também da ascensão e queda de religiões, culturas, governos e simples seres humanos. Veja alguns exemplos de mitos:

- A jornada de seu tataravô para o Novo Mundo e a construção de um novo legado para seus descendentes em Pittsburgh.
- A fundação da Wicca por Gerald Gardner (ou a história de origem e o legado resultante de qualquer ocultista proeminente).
- Sua interação com aquela pessoa rude no supermercado ontem, a qual recebeu aplausos dos outros compradores e você postou nas redes sociais.
- O encontro surpreendente e edificante que sua amiga teve com alguém no metrô, e que ela ligou para te contar

Todos esses exemplos combinam elementos de verdade e experiências reais, reunidos em algo que é transmitido verbalmente ou de forma impressa. Assimilamos detalhes por meio de todos os nossos sentidos, e nossas mentes, inconscientemente, formam versões do que vivenciamos. Isso significa que a pessoa sentada ao nosso lado poderia ver a mesma cena se desenrolar e se lembrar dela de uma maneira completamente diferente. Outros manipulam os mitos de forma intencional para recriar experiências em suas próprias memórias. Às vezes, isso é feito com a melhor das intenções, mas outras vezes é forjado sob um véu da manipulação.

É vital que estejamos constantemente investigando e reconsiderando não apenas os mitos dos tempos antigos, mas também os da geração à nossa frente e daquelas antes de nós. A história de Perséfone pode, de fato, mudar de significado e relevância dependendo de como nossa própria vida se desenrola. A forma como viu o mito quando tinha 8 anos deve ser diferente aos 16, 32, 48 ou 70 anos – devido às suas próprias experiências.

Da mesma forma, à medida que a história revela novos fatos e outras variações dos mitos, devemos nos permitir ser flexíveis o suficiente para acompanhar o mito, para ver e aceitar (ou rejeitar) novas versões dele. Devemos questionar o que pensamos e no que acreditamos – e porque pensamos e acreditamos dessa maneira.

Por exemplo, muitas informações vieram à tona sobre como a Wicca surgiu como religião (e continua a evoluir, por meio do trabalho de Ronald Hutton, das cartas de Doreen Valiente, das conjecturas sobre as obras de Margaret Murray, etc.) e caminhos similares que começam com a letra "P"[17], alegando linhagens antigas e associações fantásticas com celebridades ocultistas – ainda assim, algumas pessoas permanecem apegadas à ideia de que se trata dos "caminhos antigos", apesar das evidências ou da lógica. Nas últimas décadas, essa conexão com os tempos pré-cristãos trouxe uma sensação de validação e história para um movimento emergente.

No entanto, sabemos que a idade não confere validade a um caminho – a prática, sim. Não importa quão recentemente o seu caminho espiritual foi iniciado ou como ele se compara com ao de outra pessoa; o que importa é que ele funcione para você. Pergunte a si mesma: o que o mito faz por mim? O que eu perco ao liberá-lo? E quais são os mitos com os quais a sociedade está me alimentando agora?

Mito não se trata da representação precisa de eventos reais respaldados por fontes originais. A mitologia é projetada para alimentar nossa imaginação, para nos inspirar, explicar o mundo em metáforas, ensinar novas ideias e conceitos e nos entreter; na raiz de todo mito está a semente da verdade. Mas verdade nem sempre significa "fato". A verdade é subjetiva; é uma perspectiva dada de uma ideia. Ela toca a realidade por um breve momento e depois se afasta de lá.

Devemos saber e entender que os mitos são impregnados de metáforas. A idade relativa ou a novidade não estão relacionadas ao poder de um mito. Considere *Deuses Americanos*, de Neil Gaiman, *Juniper*, de Monica Furlong, *Moonheart*, de Charles de Lint, ou *O Perfume de Jitterbug*, de Tom Robbins, livros modernos puramente fictícios que eloquentemente fornecem uma visão sobre o divino, a magia e as nossas relações com eles. (Leituras recomendadas.)

O objetivo do mito é nos inspirar a descobrir nossas próprias verdades, criar histórias únicas, construir mitos e práticas pessoais, além de oferecer princípios que sirvam como guia.

17. "P" = pagão, politeísta, panteísta, etc.

IDADE, EXPERIÊNCIA, SEGREDOS E O MEDO DE FICAR DE FORA

Nesta seção, vou abordar alguns problemas comuns enfrentados pelos buscadores no início de seus caminhos. Entre eles estão a questão da idade, a experiência relativa, a progressão natural do aprendizado, o fascínio por segredos e mistérios, e o medo de perder algo incrível. Todas essas situações são comuns, mas podem dar a impressão de que você está sozinha ao vivenciá-las. A combinação delas pode gerar uma pressão que leva a decisões mais confusas do que esclarecedoras. Meu objetivo aqui é ajudar a acalmar sua mente e prepará-la melhor.

Quando eu era muito mais jovem e estava descobrindo o meu caminho, sentia que certamente havia segredos a serem descobertos, protegidos pelos iniciados e transmitidos aos dignos; e que se eu encontrasse o mistério, a tradição ou o guardião certo, todo o conhecimento seria revelado.

Agora? Acredito que não existem segredos, apenas revelações. Isso não quer dizer que não haja mistérios ou que todas as respostas estejam lá, à vista de todos. Na verdade, aprendemos as coisas à medida que estamos prontas para recebê-las, e nenhuma pessoa ou caminho tem todas as respostas.

Enquanto crescemos, tendemos a achar que nossos pais são infalíveis e que devem saber de tudo. Mas à medida que nos tornamos adultos, percebemos que eles são humanos, assim como nós. Isso significa que eles podem estar tão errados quanto certos, dependendo de suas experiências e escolhas. Isso também acontece com os elders[18] de qualquer caminho ou Tradição. Eles não são oniscientes nem estão sempre certos. No entanto, é importante – tanto com os nossos pais quanto com os elders – respeitar o que é merecido. Um verdadeiro

18. A palavra *elder* significa "ancião". Na Bruxaria Moderna, os elders são praticantes experientes, respeitados por sua sabedoria, prática consistente e contribuição à comunidade. Em algumas Tradições, pode ser considerado um título ou posição de liderança, reconhecido pela comunidade por seu papel como guia e preservador do conhecimento. (N.T.)

elder (assim como bons pais) promove relações que permitem que o respeito flua em ambas as direções. Mas o que isso significa e como isso se manifesta?

Tanto nas aulas de dança quanto nas de Bruxaria, frequentemente falo sobre as fases de crescimento que observei:

- *Neófitos/Iniciantes*: ansiosos para aprender tudo, admitem livremente que não sabem nada.
- *Acólitos/Iniciantes medianos*: dedicam-se com convicção ao que estão aprendendo, são repletos de fervor por sua paixão recém-descoberta e bastante expressivos sobre tudo e todos estarem errados.
- *Praticante/Intermediário*: um pêndulo oscilante de confiança e insegurança, tentando provar que sabe das coisas, enquanto secretamente se preocupa em ser descoberto por não saber.
- *Elder/Avançado:* esqueceu-se de mais coisas do que consegue contar, continua a ser um aprendiz ávido e aberto a novas ideias e não tem medo de dizer que não sabe.

Tive a bênção de trabalhar com vários mentores incríveis ao longo do meu caminho até este momento, e o que diferencia essas pessoas de outros potenciais professores é o fato de elas estarem tão dispostas a pedir conselhos a mim quanto eu a elas. Embora sejam mestres reconhecidos em suas respectivas áreas e exercerem suas atividades há décadas, não estão fechados a ouvir sobre outras experiências e perspectivas. Essas pessoas percebem que seus caminhos se tornam mais significativos quando buscam respostas além de si mesmas e do que já conhecem. O maior segredo, que *não* é segredo algum, é que, quanto mais aprendemos, mais expandimos nossa mente para crescer e compartilhar, o que nos permite compreender o que nos cria, conecta e expande. E esse poder não vem de esconder, controlar ou tirar dos outros, mas de dominar a nós mesmos – espiritualmente, mentalmente e fisicamente.

Qualquer pessoa que lhe diga que é detentora dos segredos e que você deve se submeter a ela para descobri-los – bem, na verdade, essa pessoa está lhe dizendo que não sabe segredo algum. Alguém que se enaltece dizendo: "Você sabe quem eu sou?", em detrimento dos demais, não atingiu o nível de Elder. Ele está mais preocupado com o que sabe e com o poder que consegue ter sobre os outros. Algumas práticas mágicas modernas recorrem a um modelo de escassez centrado em uma mentalidade de clube exclusivo. Implicam que há coisas ocultas, quase perdidas, que você só pode descobrir por meio de portais muito específicos. Isso está mais relacionado com a preservação do poder e uma noção de hierarquia do que com a sabedoria e a proteção do conhecimento.

É da natureza humana se preocupar com o que estamos perdendo. Mesmo que as coisas estejam funcionando bem e seguindo uma progressão razoável, talvez, em algum lugar, de alguma forma, outra pessoa tenha um conhecimento secreto de uma sabedoria oculta que nos escapa – principalmente ao nos dizer que tem uma grande e deliciosa torta secreta, limitada apenas aos escolhidos, à elite, aos especiais. Talvez essas pessoas queiram vender algo que elas nem têm.

A todos os aspirantes eu digo: as respostas estão esperando dentro de você, prontas para serem reveladas no momento e local certos. Não vai acontecer tudo de uma vez, tampouco de uma única fonte, mas se você buscar, encontrará. Às vezes, as melhores revelações não são aquelas que você pensa estar procurando. Veja sua jornada como algo ininterrupto: à medida que avança no seu caminho, encontrará ferramentas que vão ajudá-la a descobrir mais pistas, mapas secretos e possibilidades. Este é essencialmente um daqueles livros de "escolha sua própria aventura", com infinitas possibilidades – todas exclusivas para *você*!

A Bruxa sábia sabe que, para desvendar os segredos internos, ela deve ser capaz de ouvir, ser gentil e ser ousada. O Universo inteiro é uma cozinha e um *buffet* de sabedoria livres para todos. Há inúmeras tortas por aí, feitas por todo tipo de pessoas. Tudo o que você precisa fazer é escolher com sabedoria, comer sua parte e fazer um pouco de trabalho na cozinha também.

Os Perigos da Bruxaria

Está na moda falar sobre o quanto a Bruxaria é "perigosa". As razões para essa tendência são diversas. Algumas pessoas destacam que estão resgatando elementos mais tradicionais da Bruxaria, enquanto outras se dedicam a explorar e trabalhar com o Reino do Oculto. Isso inclui práticas como lidar com sangue, terra, ossos, urina, unhas, plantas venenosas, voo e espinhos, além de questões como a equação das probabilidades, o acesso a poderes sombrios, alianças de juramentos e selos, leis e acordos. Eu entendo. Entendo mesmo. Mas essa não é, de fato, a razão pela qual considero a Bruxaria perigosa.

Uma vez li um trecho de uma entrevista com Doreen Valiente em que, ao ser questionada se "a Bruxaria é perigosa", ela respondeu mais ou menos assim: "Claro que é, mas atravessar a rua também é" (#verdade). Basicamente, ela quis dizer: "sim, todas essas coisas podem ser perigosas, mas o que realmente é o perigo? Perigoso para quem? No fim, o que importa é viver a vida."

Acho que precisamos nos aprofundar mais na história e em nós mesmos para entender o perigo – e, acima de tudo, aprender a utilizá-lo. A Bruxa é selvagem, sim, mas ela também faz parte da ordem secreta que permeia todas as coisas. Essa visão conecta a Bruxa à corrente subjacente do conhecimento oculto, um saber que resistiu à morte das linhagens, à perda de líderes e guias, às marés de perseguição e tortura, e às forças opressoras de governos e religiões.

A Bruxaria é perigosa porque nos faz pensar de forma crítica. Ela nos convida a considerar todos os ângulos, a desafiar e dissipar ilusões – ou mesmo criá-las. É o acesso ao poder interior, a manipulação do poder exterior, o triunfo da vontade pessoal e a celebração da nossa essência.

Esse perigo também reside no fato de a Bruxaria ser uma ferramenta dos subversivos, dos oprimidos, dos desiludidos e dos marginalizados. Ela dá voz àqueles que foram silenciados, visão aos cegos, som àqueles cujos ouvidos foram tapados, mãos e pernas àqueles que não podiam se mover. Sim, ela pode ser vista como um meio de reforma social, mas a Bruxaria começa primeiro com a Bruxa. Uma mudança pode surgir de um único ponto de origem – de uma ideia que a Bruxa colocou em ação.

Eles lhe dirão que a multidão é poderosa e não pode ser mudada, que a vontade da sociedade é maior do que a sua. Dirão para deixar passar, aceitar, não pensar, parar de ser Bruxa, jogar o jogo e se conformar.

Dizem isso porque sabem a verdade: que até mesmo uma Bruxa sozinha tem poder; até mesmo uma só Bruxa pode trazer mudanças e virar o jogo. Basta uma Bruxa para acender o fogo do caldeirão e purificar a bebida.

Uma Bruxa sozinha é o suficiente para fazer a diferença; é por isso que a Bruxaria é perigosa. Ela é a rachadura no muro dos falsos castelos, a ferrugem na armadura das antigas ideias, a voz da verdade e da dissidência contra o coro daqueles que não querem que você pense, lute ou até mesmo exista.

Mas você não está sozinha.

4

A Arte da Bruxa

No tear: desenrole o fio do seu coração, da sua mente e do seu espírito. Prepare-se para assumir a sua posição como tecelã.

Mente liminal: quando ouvimos e confiamos no silêncio do espaço intermediário, conseguimos ver e sentir o caminho diante de nós com mais clareza.

Tenho uma bênção, ou um dom, que também pode ser visto como uma espécie de maldição, dependendo de como se encara isso. Minha capacidade de manter a calma em meio ao caos realmente é um presente. Esse "caos" pode ser visto tanto de forma negativa quanto positiva. Quando todos estão muito animados com algo, eu permaneço calma, assimilando a situação. A coisa saiu do controle? Lá estou eu, analisando a situação, coletando informações, formulando planos. Pode ser uma maldição, pois, às vezes, isso me coloca em apuros com os outros, que esperam reações mais intensas da minha parte. Mas posso garantir pelo meu nome, que, quando chega a hora de falar ou agir, faço isso com toda a força, sem medir esforços.

Essa capacidade de observar atentamente o que está acontecendo, calcular sistemas de equilíbrio e possíveis desfechos e, em seguida, agir com autoridade, é essencial para a Arte da Bruxa. Grande parte do que poderia ser considerado "sobrenatural" ou "extraordinário" em relação às Bruxas se resume, na verdade, a aprimorar as habilidades de percepção e cultivar a intuição. A maioria das pessoas simplesmente não presta atenção ao mundo ao redor. Quando você se dedica a considerar probabilidades, causas e efeitos, e percebe detalhes que os outros deixam passar, consegue enxergar os padrões com clareza. Essa visão ajuda a prever e orientar esses padrões. Para este capítulo sobre a Arte da Bruxa, vamos começar focando nessas habilidades. Em seguida, exploraremos a magia, a metafísica, a feitiçaria, o ritual, o espaço sagrado e a adivinhação. A ideia aqui não é oferecer uma lista de feitiços ou guias básicos, mas estimular processos de pensamento que aprimorem suas capacidades e façam de você uma Bruxa eficaz.

Segredos da Bruxa Incomum

Cresci ouvindo o meu pai dizer: "O senso comum não é comum". Quando criança, essa frase era intrigante. Com o tempo, comecei a entender seu significado. Minha criação me desafiou a pensar de forma crítica, refletir profundamente e resolver problemas de maneira criativa. Descobri que o que parecia ser uma verdade óbvia e implícita para mim, não era uma regra. No espelho da sociedade, meu senso de "normal" é, na verdade, um pouco anormal para os outros, mas tive uma vida inteira para me acostumar com isso.

Percebi que a máxima do meu pai se aplica perfeitamente à prática da Bruxaria. Algumas características e habilidades que mais valorizo e admiro são frequentemente ignoradas pela maioria, em favor de outras consideradas mais "atraentes". As pessoas tendem a gravitar em torno do que se destaca como prova de sua "Bruxaria" – exibindo excentricidades para que todos vejam. O mesmo acontece em muitas artes performáticas, onde dançarinos ou músicos recorrem a truques chamativos para se destacar, mas isso frequentemente se revela mais artifício do que arte. Truques rendem flashes e chamam atenção, mas oferecem pouco conteúdo duradouro. Quando alguém é peculiar (um tecedor do destino) de dentro para fora, acredito que a sensação de saber ou ser visto por quem realmente é se torna naturalmente evidente, com pouquíssimo esforço.

Quais são, então, essas joias negligenciadas que podem ajudar você a dominar a Bruxaria? Algum segredo oculto, alguma lei ou runa misteriosa? Nada disso. São apenas seis palavras – três pares de verbos imperativos que possuem uma natureza fascinantemente dualista: Observar e Ocultar, Ouvir e Falar, Mudar e Repousar. Os pares são essenciais, pois cada um equilibra o outro.

Assim como no pensamento dicotômico, é fácil perder o equilíbrio quando se acredita que um lado prevalece sobre o outro. Essas palavras podem parecer simples à primeira vista, mas carregam aptidões, habilidades e talentos que considero essenciais para a prática da Bruxaria.

Alguns podem descartá-las como sendo óbvias, mas às vezes o que está à vista de todos é o mais difícil de compreender e alcançar. O objeto menos reluzente pode conter a joia mais valiosa em seu interior.

Observar e Ocultar

Bruxas observam. Percebemos sinais, símbolos e indícios na natureza, nas pessoas, nos animais e nos espaços liminais. Por meio dessas observações, revelamos, interpretamos e fazemos escolhas criteriosas. Trazemos conhecimento e sabedoria à luz, mas, ao mesmo tempo, reconhecemos o valor de ocultar, esconder, criar ilusões. Conhecemos a segurança encontrada na escuridão e aquilo que permanece em silêncio sob camadas de veludos.

Como observar: desacelere, afaste-se das telas piscantes e falantes da sua vida por alguns momentos e preste atenção de verdade ao que está acontecendo ao seu redor. Se estiver em um ambiente fechado, como ele é? Quem ou o que está ali com você? Quais móveis ou outros objetos estão na sala? Onde fica a saída? Há janelas? Qual é a temperatura? Como é a acústica do ambiente? Se estiver ao ar livre, como está o céu? E o clima externo? De onde vem o vento? O que os pássaros e os outros animais estão fazendo? Quantos são? O que está florescendo e o que está murchando?

Como ocultar: reconheça que nem tudo precisa ser tornado público para que todos vejam. Você não precisa revelar tudo sobre si mesma nem mesmo para quem perguntar. Não é necessário explicar tudo. Além disso, parte do encanto está em destacar o que *você* deseja que receba atenção, ao mesmo tempo em que sabe o que prefere minimizar.

Ouvir e Falar

Bruxas ouvem. Isso faz parte da habilidade de observar. No entanto, não ouvimos apenas para responder ou para saber quando falar. Ouvimos para compreender, refletir e contemplar. Captamos a informação verbal de forma física, mas também absorvemos o contexto emocional, espiritual e metafísico.

Quando falamos, não é para ouvir nossa própria voz. Não desperdiçamos palavras. Falamos para orientar e instruir, para fazer a diferença quando estiver ao nosso alcance. Sabemos que nossas palavras têm poder. Não as usamos para ameaças vazias ou bravatas arrogantes, mas podemos empregá-las como facas para cortar e purificar, assim como um bálsamo para curar e proteger.

Como ouvir: a maioria das pessoas afirma saber ouvir, mas na prática, elas são multitarefas – ou estão processando visualmente outras informações, como falar ao celular ou dirigir, por exemplo, ou aguardam ansiosamente sua vez de falar, ouvindo apenas para interromper, em vez de ouvirem e processarem o que está sendo dito. Quando estiver conversando diretamente com alguém, observe sua linguagem corporal e mantenha contato visual com a pessoa. Perceba como ela está se sentindo e o que está dizendo – não apenas com as palavras, mas também com o corpo. Em vez de pensar imediatamente em como o que está sendo dito se relaciona com você ou em como deve responder, dedique um tempo para reconhecer o que está sendo compartilhado. Faça perguntas de forma respeitosa e repita as informações que precisar confirmar ou que lhe gerem dúvidas. Você ficará surpresa com o quanto conseguirá lembrar e com as informações adicionais que irá captar.

Mesmo que você esteja sozinha em algum lugar, quais sons consegue ouvir? Qual é o ruído local? Reflita sobre como esse ruído contribui para a atmosfera geral do espaço. Se estiver ao ar livre, quais são os sons que consegue decifrar? Os pássaros ficaram em silêncio ou os corvos estão fazendo barulho de novo?

Como falar: claro, todos nós sabemos nos comunicar (com a boca e/ou com as mãos), mas se expressar é algo muito diferente. Quando sentir que tem algo importante a dizer, reserve um momento para respirar. Imagine que está se expressando a partir do peito/coração/pulmões, em vez de apenas com a cabeça. Esse redirecionamento não apenas ajuda a manter a calma, como confere uma aura de autoridade às suas palavras. Além disso, volume não equivale necessariamente a poder – as pessoas tendem a ignorar ruídos altos repetitivos. Falar mais baixo muitas vezes faz com que as pessoas prestem mais atenção, a fim de que possam ouvir o que você está dizendo.

Mudar e Repousar

Uma das minhas definições favoritas para a raiz da palavra "bruxa" é: "aquela que dobra ou muda". Bruxas promovem mudanças: físicas, metafísicas, emocionais, espirituais, mentais – todas as possibilidades estão ao nosso alcance.

Podemos influenciar o microcosmo para afetar o macrocosmo. Podemos mudar a nós mesmas e transformar nosso ambiente. Mas existe também o outro lado da mudança, que é saber quando descansar, permanecer quieta, não agir. Às vezes, é preciso simplesmente deixar as coisas como estão, outras vezes, pode não ser seu papel ou sua função intervir. Admito que a habilidade de repousar tem sido a mais difícil para eu conseguir dominar. Sou viciada em trabalho e penso demais. Quero ajudar, fazer, criar, construir. Mas para o meu próprio bem e o das outras pessoas, às vezes, é melhor recuar e deixar os campos descansarem por um tempo.

Como mudar: mudar exige reconhecer seu poder e não ter medo de usá-lo. Esteja aberta a oportunidades, fique atenta aos caminhos que se abrem e mantenha sua posição sobre aquilo em que acredita.

Às vezes, a mudança acontece não porque *você* se move, mas porque se recusou a ser movida. Outras vezes, percebemos que as nossas próprias ideias estão nos impedindo de avançar. Se as coisas não parecem fluir como esperado, isso geralmente é um sinal de que precisamos examinar nossa posição e reavaliar. Em certos momentos, é fundamental aceitar as mudanças em nós mesmas para que tudo volte a se movimentar.

Como repousar: é perfeitamente aceitável dizer "não", especialmente se isso significa cuidar de si mesma. Repousar significa fazer uma pausa nas inúmeras tarefas, reduzir o excesso de estímulos e apenas ficar quieta por um tempo. Às vezes, repousar é se perder em uma história, assistir a um filme ou tirar um cochilo com os gatos. Vá caminhar no parque, na floresta ou perto da água. Sente-se, sinta o aroma do ar, conte os pássaros e observe as nuvens e as pessoas passarem. Não é preguiça, é recarregar as energias.

Aprimorar nossa habilidade de mudar e repousar é uma prática diária e uma jornada para toda a vida. E não é só isso, essas habilidades também estão na base das coisas mais "vibrantes" que muitas vezes atraem as pessoas quando começam a se interessar pela Bruxaria. Quer lançar feitiços? É melhor saber observar o mundo ao seu redor e considerar como a mudança acontecerá. Quer prever o futuro? Vai precisar aprender a ouvir e saber o momento certo de falar. Quer ser poderosa? Aprenda como descansar e quando permanecer em silêncio.

MEDO, INTUIÇÃO E INSTINTO

Em um dos meus workshops, uma participante perguntou: "Como saber a diferença entre o medo da mudança e o perigo real? Por exemplo, quando saber se uma nova divindade quer trabalhar com você, em contraste com algo que não tem boas intenções?" Pensei por um momento, preocupada em relação a como a resposta soaria. Mas respondi mesmo assim: "Você deve sentir a diferença pelo seu instinto". Então, acrescentei: "Se você ainda não aprendeu a confiar o suficiente em si mesma, tome precauções extras para se proteger".

Parece tão simples e básico, não é? Confiar no próprio instinto e saber interpretá-lo corretamente. Essa habilidade é incrivelmente importante, valiosa e essencial para ser uma Bruxa eficaz. No entanto, arriscaria dizer que esta é uma das habilidades mais difíceis para as Bruxas modernas desenvolverem.

Aqui estão algumas das muitas razões pelas quais confiar na sua voz interior é tão desafiador:

- Medo de errar, ser criticada ou parecer tola.
- Bombardeio constante de informações inúteis.
- Dinâmicas familiares que não promovem a proatividade, a autoestima ou a autoconfiança.
- Sistemas educacionais que não apoiam habilidades de pensamento crítico ou independência.
- Estruturas que desvalorizam ou menosprezam a intuição por ser "invisível".
- Não é uma habilidade que se pode simplesmente absorver de um livro ou desenvolver da noite para o dia.

Muitas vezes, exigimos demais de nós mesmas. Interpretamos como as outras pessoas fazem as coisas e, em vez de pensar: "Essa é uma maneira boa de olhar para isso", acabamos nos perguntando se o nosso jeito está errado, mesmo que esteja funcionando perfeitamente e trazendo ótimos resultados. Mas aí surge a dúvida: será que há algo que não sabemos? Confiar em nós mesmas pode ser incrivelmente desafiador. Isso exige que escutemos nossos próprios corpos e pensamentos, refletindo sobre eles com atenção.

Vamos reconsiderar a pergunta original daquele workshop que mencionei. Vimos que existe uma diferença entre o medo da mudança e o medo pela segurança. Compreender essa diferença se resume à leitura de seu próprio corpo. Por exemplo, há momentos em que sei que algo será bom para mim, como sair para passar tempo com amigas, mas o desejo de ficar em casa é forte. Esse desejo pode estar relacionado ao meu conforto físico, porque está escuro e frio lá fora, ou pode estar mais ligado emocionalmente à ansiedade social, já que o passeio envolve conhecer pessoas novas ou ir a um lugar desconhecido. Cada uma dessas razões gera uma sensação física e mental distinta. Não tenho medo de sair de casa por causa de possíveis perigos físicos ou emocionais, mas o desejo de permanecer confortável e/ou a ansiedade em lidar com pessoas ou lugares novos parece algo limitante. A sensação é como encontrar uma pequena barreira que sei que posso facilmente superar, mas será que eu realmente *quero*? Ao mesmo tempo, sei que, se eu sair, terei uma boa experiência da qual não me arrependerei.

O medo pela segurança tem uma sensação completamente diferente. É como saber que há algo mortalmente perigoso ali – algo que você pode sentir ou ouvir, mas não consegue ver. Em vez de uma pequena barreira, uma enorme muralha surge à sua frente, como um pesado portão fechado. Ou talvez possa parecer um braço estacando em frente ao seu peito – como o gesto instintivo de uma mãe quando precisa frear o carro de repente, mesmo sabendo que você está de cinto de segurança. Claro, você pode escalar a muralha com um pouco de esforço, abrir o portão ou empurrar o braço, mas há uma sensação de pressentimento mais profundo que a mantém no lugar.

Todas essas situações envolvem sensações e processos de pensamento muito reais no corpo. Você sente uma resposta sutil, mas física, diante de determinada situação. Pode ser uma sensação repentina de euforia, como se uma luz acendesse para indicar um novo caminho, ou uma sensação avassaladora de calma ao considerar uma entre duas opções. Talvez sinta um pico de adrenalina, com o coração acelerado ou uma sensação de formigamento nas axilas. A impressão é que o estômago despencou até os joelhos. Essas respostas físicas é um alerta: fique atenta, proteja-se, tome essa decisão, siga por aquele caminho, pare, defenda-se, insista, lute, corra. Quando conectamos esses instintos com o nosso pensamento crítico e a nossa mente espiritual, podemos alcançar resultados incríveis em nosso trabalho.

Dar a essa sensação o nome de "instinto intestinal" não é uma má ideia. O que nosso sistema digestivo faz? Ele absorve todos os líquidos e sólidos que ingerimos e os transforma em elementos que nos permitem viver, descartando o que não é necessário. Sua intuição faz o mesmo: ela absorve todas as informações que você está vivenciando ou já vivenciou (físicas, metafísicas, espirituais, etc.) e as processa para oferecer a resposta adequada.

Para cultivar sua intuição e fortalecer seu instinto, recomendo que, ao se deparar com uma decisão (principalmente quando tiver não mais que um instante para reagir), tire um segundo para se conectar consigo mesma. Como você se sente fisicamente em relação a isso? Quais são os prós e contras? Qual a urgência ou intensidade da situação? Quais são os possíveis resultados? Se você removesse as opiniões externas ou outras forças tentando influenciá-la, qual seria, em sua percepção, a melhor solução?

Você pode querer manter um diário, documentando certas situações e respondendo às perguntas anteriores. Escreva sobre coisas que aconteceram e tente lembrar como se sentiu antes de fazer ou dizer algo. Sentiu aquela sensação de alerta, mas fez algo mesmo assim? O que aconteceu? Cedeu à pressão externa e acabou se arrependendo? Como foi isso? Esse tipo de reflexão e registro pode ajudar a desenvolver mais autoconfiança no seu caminho como Bruxa.

Considere estas palavras do livro *Cosmic Religion*, do lendário gênio Albert Einstein: "A imaginação é mais importante do que o conhecimento. Pois o conhecimento é limitado, enquanto a imaginação abrange o mundo inteiro, estimulando o progresso, dando origem à evolução. Esse é, estritamente falando, um fator real na pesquisa científica".

Com essas palavras em mente, vamos seguir para o reino da magia e da feitiçaria.

A REALIDADE DA MAGIA

Quando o mundo pensa em uma Bruxa, geralmente associa a palavra a feitiços acompanhados de um caldeirão borbulhante cheio de ingredientes misteriosos e resultados fantásticos. Perto disso, quase sempre aparece um enorme e antigo livro de feitiços – um grimório repleto de segredos e encantamentos. Mas se removermos as fantasias e os efeitos especiais, o que sobra é alguém com aparência comum preparando uma refeição especial na cozinha, talvez seguindo a receita da avó, com alguns toques pessoais aqui e ali. A magia não é tão incomum nem cheia de efeitos especiais, como veremos.

Quando falo sobre *magicka*[19], estou tentando nomear a força ou ação que é essencial para mudança, combinada com o espírito da

19. Em inglês, a palavra "magia" também pode ser grafada como "*magick*" em vez de "*magic*". Quando comecei formalmente o meu caminho, era popular usar o "K" para diferenciar entre o tipo de atividades metafísicas que fazemos e o ilusionismo, os truques de mágica, etc. A tendência de acrescentar o "K" vai e vem, mas pessoalmente eu sou bastante ambivalente em relação a isso – os hábitos antigos custam a desaparecer.

influência. Para mim, a palavra magia não captura plenamente esse conceito, mas, até que eu ou alguém descubra um termo melhor que permita um entendimento mútuo, vamos usá-la. Magia é como o espaço entre os neurônios *e* a mensagem que é transmitida por ele. Você pode vê-la como o atrito dos fios sendo tecidos enquanto se cruzam e o padrão que criam juntos. É a aplicação metafísica do pensamento, do foco e da vontade para gerar uma mudança desejada. A transformação que você busca pode estar em você mesma, no ambiente, em outras pessoas, em objetos ou em algo que deseja manipular.

Como isso é possível? Matéria e energia potencial existem ao nosso redor – tudo, seja vivo ou inanimado, é composto de átomos. O assento no qual está sentada agora, o tablet ou o livro que segura neste momento, e qualquer fonte de luz que possa estar usando são todos compostos de partículas vibratórias. Certamente você pode exercer força física para interagir com esses objetos ao seu redor com bastante facilidade. Pode ligar e desligar uma lâmpada, reposicionar a cadeira, rolar a tela do tablet ou virar as páginas do livro para alterá-las. Esse é um tipo de manipulação de energia. Sentimentos, pensamentos e reações químicas, como os feromônios, também podem causar mudanças sutis, mas significativas, em nossos corpos e ambientes, apesar de não costumarmos dar muito crédito para essas coisas "invisíveis". Contudo, não é preciso muita ciência para reconhecer que nossos amados animais de estimação percebem quando estamos tristes. Na verdade, alguns animais são especialmente treinados para coisas difíceis de detectar, como ansiedade e sinais de alerta para convulsões. Existem até histórias de gatos que vivem em casas de repouso e conseguem sentir quem está próximo da morte.

Não devemos nos esquecer de que também somos animais e temos sentidos semelhantes. Se alguém entra em uma sala furioso ou com um estado de espírito negativo, isso afeta imediatamente todos ao redor, deixando-os tensos. Inversamente, se alguém nos surpreende com uma risada ou um sorriso, isso pode ser contagiante – ficamos mais leves e mais felizes. Quando nos estressamos com algo, podemos manifestar sintomas físicos muito reais, como dor de estômago, irritações na pele ou até queda de cabelo. Como nos sentimos em relação ao mundo e às pessoas ao nosso redor influencia diretamente nossa saúde física, bem-estar, relacionamentos, comunicações e todos os espaços que ocupamos. Podemos canalizar essa vitalidade e esforço metafísico para exercer influência e promover mudanças em muitas dessas áreas. Por meio da magia, somos capazes de transformar a nós mesmas e o mundo, de maneira semelhante a um fio se interconectando com outros fios na tecelagem.

AS CORES E NÍVEIS DA MAGIA

Ao abordar os aspectos mais detalhados da magia, inevitavelmente alguém me pergunta sobre magia negra (implicando algo ruim) e magia branca (implicando algo bom). Para deixar bem claro, a magia não tem cor.[20] Magia, como força e realidade, é essencialmente – mais uma vez, na falta de uma palavra melhor – neutra.

Era moda entre meados e final do século XX, declarar-se uma "Bruxa branca" para indicar que não havia intenção de causar mal, que era uma "Bruxa boa". Esse uso do termo acaba se confundindo com a ideia de "sujo" versus "limpo", carregando uma série de conotações racistas, classistas, de gênero e culturais.[21] A ideia de magia branca ou negra é uma forma inadequada de descrever quase qualquer coisa, desde como a magia funciona até as pessoas que a praticam. O uso de preto e branco para categorizar magia é uma prática que precisa ser abandonada imediatamente.

Muitos sites e livros ainda tendem a categorizar a magia da seguinte forma:

- *Magia branca*: usada para o bem, cura e proteção das pessoas; vibrações positivas e elevação de energia/luz branca; movida pelo amor; usada por Wiccanianos / Pagãos; magia natural; caminho da mão direita.

---

20. Isso não quer dizer que as cores em si não tenham correspondências metafísicas. Elas de fato têm, e em várias culturas. O que estou expressando aqui é a falácia de definir a magia como boa/branca e má/negra.

21. Veja a minha publicação "The Fallacy of Black or White Magick", http://www.patheos.com/blogs/tempest/2018/03/fallacy-black-white-magick.html.

- *Magia negra:* usada para propósitos malignos; para ferir ou atacar pessoas; práticas maldosas como sacrifícios de animais; movida pelo medo; associada a adoradores do diabo/satanistas; utilizada para fins egoístas; caótica; energia negativa/escura/de consumo; considerada antinatural; caminho da mão esquerda.

Há tanta complexidade nessa comparação que fico até um pouco enjoada só de listá-la aqui. As pessoas tentam atribuir intenções boas ou más para definir uma suposta "cor" à magia, mas isso é uma lógica completamente falha.

Pela perspectiva da minha definição de magia, imagine um martelo. Se você usar esse martelo para construir algo positivo, como uma casa, por exemplo, pode dizer que essa é uma ferramenta "branca". Mas se você o utilizar para bater na cabeça de alguém, pode-se dizer que essa é uma ferramenta "negra". Podemos dizer que a sua intenção é o que define se ele é bom ou ruim, branco ou negro.

Mas e se essa casa que você estiver construindo – com a melhor das intenções – obstruir a vista do seu vizinho ou destruir um *habitat* natural apenas por existir? E se esse martelo que pode esmagar um crânio afastar um assassino e salvar a vida de uma família inteira? Como diz o ditado: "De boas intenções o inferno está cheio." Você pode ter as melhores intenções e, mesmo assim, causar muitos danos. Inversamente, em um momento de destruição, você pode salvar e proteger vidas. Pode considerar a intenção inicial o quanto quiser, mas, no fim das contas, haverá uma série de resultados "positivos" e "negativos" para qualquer ação, e como a situação será vista dependerá do reflexo do espelho da sociedade naquele momento específico.

Podemos dividir tudo como positivo e negativo, tanto pela intenção quanto pelos resultados, mas grande parte disso é subjetiva, dependendo da perspectiva ou ponto de vista. Um feitiço de cura pode matar bactérias ou células cancerígenas – esse é um feitiço bem-intencionado que pode ter consequências negativas para algumas das entidades envolvidas, mas geralmente o consideramos um trabalho positivo para o indivíduo curado. Um feitiço de amarração pode ser visto como um trabalho negativo por algumas pessoas, mas e se seu objetivo for proteger? Todo feitiço terá uma variedade de reações – intencionais e não intencionais, positivas e negativas, dependendo da perspectiva de cada um. Não tem como definir a magia apenas pela intenção ou pelos resultados.

Outra área conflituosa e que causa confusão é separar a magia em "alta" e "baixa". A "alta magia" costuma ser associada a rituais altamente cerimoniais, com muitas associações e componentes cuidadosamente coordenados. Por outro lado, a "baixa magia" tende a operar com pouca teatralidade ou ostentação, uma espécie de Bruxaria do tipo "faça o que precisa com o que tem". Ambas geralmente correspondem a personalidades e opiniões muito diferentes sobre magia, mas, no fundo, são apenas abordagens e soluções distintas para o mesmo problema. Uma não é mais poderosa ou eficaz que a outra – é simplesmente uma questão de preferência pessoal.

MAGIA E MORALIDADE

Como mencionei na seção sobre a Sabedoria do acrônimo RITOS, cabe a você determinar qual é o seu código de ética pessoal ou senso de moralidade. Algumas pessoas seguem os princípios de "sem a ninguém prejudicar, faça o que desejar", e da lei tríplice do retorno. Pessoalmente, considero os conceitos de dano e desejo muito subjetivos e abertos a interpretações. Também não acredito em um guardião cósmico anotando pontos e distribuindo bênçãos ou punições em conjuntos de três. Não faço as coisas porque espero recompensas cósmicas – nem evito fazê-las por medo de punição. Faço o que acredito, de forma lógica e intuitiva, ser o melhor curso de ação para todas as partes envolvidas.

Como mencionei na seção anterior, qualquer ação pode gerar reações tanto negativas quanto positivas, independentemente da intenção original, embora seja lógico que, se você chutar ninhos de marimbondos, eventualmente será picada. Também gosto do antigo provérbio que diz: "Você atrai mais moscas com mel do que com vinagre." Não acredito que seja mais fácil ser gentil do que cruel. Na verdade, posso pensar em algumas situações nas quais foi uma luta pessoal me lembrar de ser gentil. No entanto, o esforço valeu a pena e trouxe o resultado desejado de forma muito mais rápida e efetiva do que agir de forma rude teria conseguido (mesmo que a tentação fosse grande e provavelmente tivesse me trazido uma satisfação momentânea!).

Acredito que é fundamental usar o bom senso ao trabalhar com magia, empregando o poder da reflexão e da intuição antes de agir. Faça um esforço para considerar possíveis resultados e consequências, definindo claramente o que deseja alcançar e evitar. Às vezes, é útil ter uma lista de verificação para seguir. Nathaniel, meu companheiro, apresentou-me suas "três regras para viver" há muitos anos, e elas se tornaram um padrão em nossa casa. Essas regras podem ser aplicadas a todos os aspectos da vida – e isso certamente inclui a prática da magia.

1. *Cuide de si mesmo.* Se você não atender às suas próprias necessidades e não se respeitar, será difícil encontrar alguém que o faça. Ser "egoísta" nem sempre é algo ruim, especialmente quando as demandas de outras pessoas esgotam você.
2. *Cuide dos outros.* Quando possível, ajude quem precisa. Seja cura, proteção, amor, inspiração ou prosperidade, uma pequena ajuda pode fazer uma grande diferença. Cuidar umas das outras fortalece o tecido que tecemos.
3. *Não seja babaca.* Seja gentil, compassiva e forte. Ouça as pessoas, aprenda a aceitar *feedback* e respeite os desejos alheios. Embora tecnicamente seja possível cuidar de si mesmo e dos outros e ainda assim agir como uma péssima pessoa, evite causar danos intencionais aos outros.

Sempre considero essas regras antes de agir, ou pelo menos quase o tempo todo, e elas sempre trouxeram bons resultados para mim (e para os outros). Se você estiver se perguntando como pode aplicar essas regras à magia, transforme cada uma delas em uma pergunta antes de realizar um trabalho mágico:

4. *Estou cuidando de mim mesma?* O que estou planejando fazer é algo bom para mim, especialmente a longo prazo? Isso me auxilia espiritualmente de alguma forma? Contribui para minha saúde, bem-estar e estabilidade emocional e mental? Ou estaria impedindo meu crescimento, causando desgaste ou me sobrecarregando por

causa de outra pessoa – especialmente alguém que precisa assumir suas próprias responsabilidades?

5. *Estou cuidando dos outros?* O trabalho que estou fazendo é, de forma geral, benéfico para outras pessoas? Estou protegendo, orientando, auxiliando, curando ou ajudando alguém de alguma maneira?
6. *Estou sendo babaca?* Estou sendo irracional? O que estou considerando fazer é, principalmente, uma forma de satisfazer meu ego? Estou agindo puramente a partir de um lugar de raiva, ciúme, mágoa, insegurança, ódio ou paranoia? Se eu esperasse alguns dias, veria essa situação de maneira diferente?

Como você verá mais adiante, acredito que práticas como lançar maldições, pragas e outras formas de magia "nociva" podem ser extremamente úteis. Vou apresentar uma abordagem sobre amarração e banimento mostrando como eles podem produzir resultados efetivos. Nas questões levantadas anteriormente, não estou julgando o fato de agir a partir de emoções como raiva, frustração ou outras consideradas "negativas". Quando se trata de trabalhos focados em proteção e justiça, esses estados emocionais podem ser bastante úteis. Contudo, às vezes ficamos irritadas por causa de um mal-entendido ou de um incômodo temporário. Recuar da situação para obter clareza e dar a si mesma um tempo é uma atitude sábia.

SURFANDO NAS ONDAS DA MAGIA

Vou apresentar agora outra maneira que me fez compreender e refletir sobre a magia. Aprendi a surfar usando uma prancha de verdade aos seis anos – com uma monoquilha de fibra de vidro de 1,50 metro de comprimento que pertencia ao meu irmão. Essa prancha, ainda presente na família, exibe uma estrela cadente multicolorida com um rastro de arco-íris. Na primeira vez que consegui me equilibrar de pé, surfei triunfante a onda inteira, das arrebentações até a areia.

Conforme fui crescendo, continuei surfando com a prancha da estrela, mas passei a investir e usar com mais frequência pranchas Morey Bodyboards. A prancha de surf continuava incrível, mas o *bodyboard* era mais leve para eu carregar e me permitia aproveitar as ondas com mais frequência, sem precisar esperar por aquelas grandes o suficiente para surfar com a prancha de fibra de vidro.

Então, no final da minha adolescência, comecei a praticar cada vez mais o *bodysurf*, deixando as pranchas na areia. Caso não esteja familiarizada com isso, o *bodysurf* consiste em usar o próprio corpo para surfar a onda, posicionando-se para ser impulsionada em direção à praia enquanto é sustentada pela curva e pelo impacto da onda – seu corpo se torna a prancha.

Devido a minha infância, desenvolvi uma conexão profunda com o Oceano Atlântico e percebo muita magia dentro e ao redor de corpos d'água. Isso, por sua vez, reflete minhas conexões e percepções sobre viver como uma Bruxa e como enxergo a magia. Nos meus melhores dias de prática pessoal, sinto-me conectada ao Universo, como se estivesse fluindo com ele e sobre ele – não muito diferente de praticar *bodysurf* nas ondas do oceano. Estou sujeita ao fluxo do Universo, mas posso escolher quais ondas desejo surfar e posso mudar minha posição dentro desse fluxo. Quando trabalho magia de forma consciente, sou apenas eu e as forças que existem – nada mais há entre nós.

Então, ao observar a forma como alguém exerce sua magia, você pode usar o surfe como uma metáfora para descrever a abordagem e a interação. E a prancha de fibra de vidro? Bem, essa é uma ferramenta grande e cara que apresenta um certo perigo. É preciso ter muita energia para carregá-la e usá-la, além de precisar de manutenção e limpeza regulares. Você precisa estar muito consciente de quem está ao seu redor ao usá-la, pois pode machucar seriamente alguém se colidir com a prancha. Além disso, quando cair, deve ter cuidado para que a prancha não volte e acerte você (o que pode exigir pontos – meus irmãos são prova disso). Dominar seu uso exige habilidade e dedicação, mas o nível de risco nunca diminui completamente. Quando as ondas estão difíceis de encontrar, pode ser necessário ir muito fundo na água, onde seus pés não alcançam mais o chão e você talvez esteja sujeita a tubarões e outras formas de vida marinha. No entanto, quando tudo está a seu favor, você surfa no topo do mundo, e todos podem ver isso também. Você não faz exatamente parte da onda, porque há essa grande prancha entre vocês, mas está com ela e acima de tudo. Para mim, isso resume as formas cerimoniais e semelhantes de ritual e "alta" magia: exigem muito esforço, há diversos fatores a serem considerados e envolvem um certo grau de risco, mas podem gerar resultados incríveis.

O *bodyboard* representa a feitiçaria típica e as formas simpáticas de magia. Exige algum investimento, mas é muito mais prático e pode ser usado com mais frequência. Assim como a prancha de surfe, é necessário prestar atenção ao caminho, mas o dano causado ao atingir alguém (ou a si mesma) não é tão grave – embora ainda possa machucar! Com um pouco de prática, você consegue prolongar as ondas e manobrar com mais liberdade, mas os requisitos são bem básicos: você, a prancha e uma onda. Como e quando você pega a onda influenciará o tipo de manobra que fará. Em termos da feitiçaria, é você, algumas ervas, uma vela, um boneco, entre outros elementos, concentrando sua intenção. Você está surfando a onda, ainda com uma prancha, mas mais próxima da ação da onda, com menos espetáculo visual.

Para concluir, o *bodysurf* equivale à magia sem ferramentas ou evidências físicas de um trabalho – é apenas você e a onda. Diferentemente da prancha de surfe ou do *bodyboard*, você não está em cima da onda, mas dentro dela. Para obter a melhor manobra possível, antes de começar, verifique se o caminho à frente está livre, abaixe a cabeça e se lança. Claro, você poderia tentar manter a cabeça erguida para ver para onde está indo, mas isso atrapalharia a posição do seu corpo e impactaria a qualidade da sua experiência na onda. O *bodysurf* não se trata de como possa parecer para os outros, porque é muito difícil alguém ver quem está surfando a onda, assim como para quem está na onda é difícil ver qualquer outra coisa. Provavelmente, ninguém verá você ou saberá o que fez. O ideal é fechar os olhos e se tornar parte da onda, sentir seu movimento ajustando-se ao seu corpo e mente de forma instintiva. Às vezes, você acaba cheia de areia e arranhada por conchas na praia, ou tentando modestamente reajustar seu maiô nas pequenas arrebentações, mas chegou lá de qualquer forma. Essa é a maneira mais imediata e imersiva de surfar uma onda. À primeira vista, o *bodysurf* pode parecer o mais simples dos três esportes, já que não exige nenhum investimento, mas demanda habilidade e prática.

É preciso treinar corpo e mente para se mover da forma certa, manter-se em forma e, acima de tudo, aprender a ler a água para escolher a melhor onda.

No final, os três métodos são perfeitamente válidos para surfar as ondas até a praia – cada um sendo apenas um pouco diferente que o outro, oferecendo perspectivas e experiências distintas. Tudo depende de você e do que escolher em determinado momento; o fato de ter feito de um jeito antes não significa que não possa experimentar de outras maneiras depois.

A ARTE DA FEITIÇARIA

Feitiçaria é a aplicação da magia por meio de uma fórmula. Uma ideia se transforma em pensamento, que se torna uma ação – intencional e consciente, mas também profundamente ligada ao subconsciente, ativando a mudança. A maioria das formas de feitiçaria envolve organizar o físico para influenciar o metafísico. Como seres humanos, respondemos bem a experiências táteis e físicas para satisfazer as partes do nosso cérebro que precisam registrar o progresso. Podemos estimular nossos sentidos queimando velas coloridas, triturando ervas, ungindo com óleos, queimando incensos, preparando poções, desenhando sigilos, tocando um instrumento, movimentando nossos corpos ou recitando, entoando ou cantando palavras. Todos esses estímulos físicos se conectam a símbolos que respondemos internamente e se alinham com os objetivos de nossas intenções.

Para as Bruxas, lançar feitiços pode ser considerado um equivalente à oração. No entanto, uma grande diferença é que a oração geralmente envolve pedir a uma força externa que conceda algo, enquanto a feitiçaria é mais frequentemente vista como assumir o controle com suas próprias mãos. Algumas formas de feitiçaria incluem invocar divindades, espíritos e outras entidades, para ajudar, guiar ou emprestar energia ao trabalho, mas a Bruxa continua sendo a iniciadora do poder.

Existem muitos tipos de feitiços, que podem variar de muito simples a extremamente elaborados. Um feitiço pode ser realizado dentro de um círculo ou outro espaço sagrado cuidadosamente planejado para um dia e hora específicos, ou pode acontecer de improviso, enquanto você dirige pela estrada.

Complexidade não equivale a mais sucesso ou poder. Alguns dos trabalhos mais eficazes que vivenciei não envolveram nenhum ingrediente ou ritual. A maneira como você aborda a feitiçaria depende principalmente de você, de suas preferências pessoais e de sua bagagem cultural e espiritual.

A forma de feitiçaria com a qual a maioria das pessoas está familiarizada se enquadra na categoria da magia simpática, que funciona de acordo com o conceito de que o microcosmo pode influenciar o macrocosmo, ou a parte pode afetar ou influenciar o todo. Esse tipo de trabalho mágico envolve o uso de itens que imitam uma pessoa, um lugar, uma ação ou objeto e/ou que correspondem a algo por meio de uma relação, conexão física ou outra semelhança capaz de induzir mudanças.

Feitiços que utilizam ingredientes como ervas, óleos, velas, objetos pessoais, cores, cordões, sigilos, bonecos, frascos, bolsinhas e talismãs geralmente funcionam com base na relação parte/todo ou na correspondência simbólica.

A feitiçaria é apenas uma pequena parte de ser uma Bruxa. Incluo esta seção porque muitas vezes é um dos tópicos sobre os quais as pessoas mais querem saber. Meu objetivo é esclarecer alguns equívocos e oferecer uma base sólida, mas lembre-se: o propósito deste livro não é ser uma coleção de feitiços, mas, sim, oferecer orientação e inspiração. Há uma bibliografia no final do livro para você considerar em suas pesquisas adicionais. A seguir, defini alguns dos tipos mais comuns de feitiçaria que você pode encontrar com base em como eu os enxergo na minha própria prática. Também incluí um exemplo para cada tipo.

Amarração: previne uma ação ou comportamento; restringe ou contém um problema; faz controle de danos ou auxilia na proteção.

> *Exemplo:* uma adolescente que luta contra o hábito de automutilação faz um pequeno boneco representando a si mesma. Dentro do boneco são colocadas ervas e pedras de cura e força. Em uma fita branca larga, ela escreve: "Eu sou digna. Eu posso e vou parar

de me machucar. Eu sou bonita. Eu sou amada. Eu sou forte." A fita é enrolada ao redor do boneco, com as palavras voltadas para dentro. Depois, o boneco é guardado em um lugar seguro.

Banimento: realizado para mandar embora uma pessoa ou qualquer outra coisa, para que ela não interfira mais em uma situação específica.

Exemplo: a foto de um ex abusivo é queimada com arruda, verbena e espinhos de rosa. As cinzas são levadas para fora da cidade e espalhadas em um lixão.

Bênção: para aceitar, reconhecer ou conceder energia positiva a uma pessoa, um lugar ou uma coisa (uma bênção da casa, um casamento, etc.).

Exemplo: um casal é unido em um ritual de *handfasting*. O ritual em si é uma bênção para o relacionamento, mas eles também estão se mudando para uma nova casa. Uma das fitas usadas na cerimônia é enrolada e enterrada em um pequeno vaso de cerâmica, sob uma pequena planta de alecrim colocada perto da porta de entrada. A fita simboliza a parceria e o amor deles, e o fato de estar enterrada na entrada conecta o casal ao lar, ajudando a protegê-lo. A planta de alecrim representa a memória e pode ser colhida, de modo que o que está sob suas raízes continuará promovendo o crescimento.

Conjuração: tradicionalmente significa chamar algo à existência ou presença, geralmente aplicado a espíritos. Mais recentemente usado também em práticas de Hoodoo.

Exemplo: um mago cerimonial pode desenhar um determinado sigilo no chão para conjurar um espírito específico. No Hoodoo, uma ampla variedade de feitiços, enraizamentos e contatos espirituais podem ser chamados de "conjuração".

Cura: trabalho que restaura e equilibra o corpo, o espírito ou as emoções; pode envolver extração, purificação, banimento ou infusão de energia.

Exemplo: após uma integrante do Coven passar por um tratamento contra o câncer, o círculo se reuniu para realizar sessões de reiki, fornecer refeições reconfortantes e saudáveis e criar um cobertor especial infundido com sigilos voltados para a cura.

Desatamento: também chamado de "desbloqueio," é uma prática destinada a remover barreiras, bloqueios ou energias limitantes.

Exemplo: uma pessoa que deseja se libertar de um relacionamento passado pode entrar no espaço ritual usando um item que represente essa relação, como uma camisa antiga. Com a ajuda de amigos, a peça é cuidadosamente cortada em tiras e, em seguida, queimada.

Encantamentos/amuletos: frases, poemas, mantras, cânticos ou objetos que atraem ou invoca algo.

Exemplo: carregar um pé de coelho é considerado um amuleto da sorte (para quem o carrega, obviamente não para o coelho).

Enfeitiçamento: tende a ser associado no mundo moderno a práticas negativas, mas sua origem está na palavra alemã *hexe*, que significa simplesmente "feitiço" ou "enfeitiçar".

Exemplo: por toda a região holandesa da Pensilvânia, você encontrará imagens conhecidas como *hex signs* – padrões coloridos com animais e flores – usadas para afastar a negatividade e outras coisas indesejadas, atraindo coisas boas em seu lugar.

Feitiço de amor: Existem diversos tipos de feitiços de amor. Os mais eficazes são os que envolvem o amor-próprio e a atração de amor em geral, em vez daqueles que buscam atrair pessoas específicas.

Exemplo: fazer uma oferenda de rosas vermelhas a Afrodite para ajudar a encontrar o parceiro certo para um relacionamento amoroso e saudável pode ser considerado um feitiço de amor. Para que isso aconteça, espere que o trabalho comece em você primeiro.

Fertilidade: trabalhos para ajudar a promover e estimular a procriação bem-sucedida em pessoas, animais, plantas ou ideias.

Exemplo: dançar ao redor do mastro de maio é considerado um ritual de fertilidade. Carregar uma escultura de coelho em quartzo-rosa é um amuleto de fecundidade.

Glamour/Ilusionismo: magia que fascina, seduz, atrai, destaca ou disfarça com o objetivo de chamar a atenção ou cativar.

Exemplo: o ritual diário de se maquiar ou se vestir conscientemente enquanto se prepara para o trabalho pode ser visto como uma espécie de *glamour,* ou ilusionismo. Você não apenas modifica sua aparência física como também se prepara mentalmente para enfrentar o mundo. Isso aumenta sua confiança e pode alterar seu comportamento, influenciando os outros indiretamente.

Limpeza: limpar metafísica e espiritualmente uma pessoa, lugar ou objeto; remover aquilo que é indesejado ou inconveniente.

Exemplo: depois de limpar fisicamente uma casa, a praticante prepara uma mistura de sal marinho, sálvia e outras ervas para espalhar pelo chão. A mistura é então varrida para fora da casa em sentido anti-horário.

Localização: um encantamento, amuleto, feitiço ou método usado para ajudar a encontrar coisas, pessoas ou objetos perdidos.

Exemplo: uma haste de radiestesia é usada para localizar água subterrânea. Um exemplo de encantamento de localização é invocar Santo Antônio (padroeiro das coisas perdidas) com a oração: "Santo Antônio, venha ajudar. Algo está perdido e não consigo encontrar."

Magia com clima: feitiços, encantamentos ou rituais realizados para alterar, modificar ou controlar o clima.

Exemplo: um grupo de Bruxas em um festival busca alterar a rota de uma tempestade. Elas se reúnem em um círculo e visualizam a separação das nuvens e o deslocamento do vento.

Magia com santos: é um tipo de magia que trabalha diretamente com os santos, pedindo sua ajuda e muitas vezes barganhando com eles, oferecendo presentes a uma imagem ou cumprindo promessas quando o objetivo é alcançado, além de "punir" a imagem caso o pedido não seja atendido. Isso pode incluir virar a estátua ou foto para a parede, retirar velas e flores, ou enterrar ou esconder a estátua ou foto até que o pedido seja concedido.

Exemplo: uma prática comum em minha família é enterrar uma estátua de São José de cabeça para baixo, próximo à porta da frente da casa que precisa ser vendida. O santo é desenterrado e limpo após a conclusão bem-sucedida da venda.

Magia com velas: conecta a queima de uma vela ao efeito desejado. As velas podem ter cores ou formas exclusivas, ser esculpidas com palavras, sigilos ou símbolos, ungidas com óleos ou feitas sob medida para um propósito específico.

Exemplo: uma vela verde é esculpida com cifrões e ungida com óleo para atrair dinheiro. A vela é então queimada durante a lua crescente para atrair prosperidade financeira.

Magia de visualização: realizada exclusivamente na mente, sem o uso de ingredientes.

Exemplo: uma Bruxa concentra-se em uma situação desejada, visualizando-a com clareza em sua mente. Este tipo de magia é frequentemente usado para obter um item específico, como um livro raro ou um objeto incomum.

Magia para viagens: pode se referir tanto a práticas que promovem viagens seguras e rápidas como a estados de transe ou experiências fora do corpo.

Exemplo: colocar no painel do carro um altar decorado com amuletos de viagem e boa sorte para proteger você e seu veículo em qualquer lugar.

Maldição: uma prática maléfica; uma invocação ou manipulação da justiça para causar prejuízo.

Exemplo: uma maldição pode ser uma simples declaração, como: "Que a verdade grude em suas línguas com a tenacidade de um poste congelado". Na cultura romani, uma maldição pode ser um juramento com consequências caso você vá contra sua palavra, como: "Que eu morra de forma dolorosa se o que estou dizendo não for verdade."

Malefício: qualquer prática (um feitiço, um ritual ou uma substância) que possa ter efeitos considerados nocivos ou prejudiciais; mais comumente associado a plantas venenosas, com o entendimento de que, às vezes, existe uma linha tênue entre ajudar e prejudicar – ou ter o potencial de fazer ambos simultaneamente.

> *Exemplo:* a *Atropa belladonna* (beladona mortal) é considerada uma erva nociva – suas folhas e bagas são tóxicas. Está associada ao amor e à beleza devido ao seu uso histórico em cosméticos. Seus extratos são empregados tanto em unguentos de voo[22] quanto em medicamentos, mas, essencialmente, ainda é um veneno.

Mau-olhado: lançar um olhar que se acredita capaz de trazer má sorte a quem ou ao que for direcionado, às vezes intencionalmente, mas frequentemente de forma inconsciente; também se refere aos amuletos criados para desviar esse olhar prejudicial.

> *Exemplo*: cuspir no chão após receber um elogio é uma ação comum contra o mau-olhado em várias regiões do Mediterrâneo. O elogio pode ser interpretado como inveja, ciúme ou simplesmente como algo que atrai atenção indesejada. Sacrificar seu próprio fluido neutraliza a influência negativa.

Metamorfose: pode se referir à transformação real da forma física de um corpo, de humano para animal. Também pode indicar uma viagem visionária em que o espírito da Bruxa muda de forma em outros planos, enquanto o corpo físico permanece inalterado.

> *Exemplo*: durante uma celebração de Sabbat, uma Bruxa pode se vestir como um animal com o qual tem uma relação ou conexão espiritual e realizar uma dança extática, fundindo-se com a criatura no ritual.

Poder psíquico: prática realizada com o objetivo de aprimorar a visão interior; pode ter efeitos temporários ou ser projetada para desenvolver habilidades a longo prazo.

---

22. Unguentos de voo eram pomadas utilizadas em práticas de Bruxaria, geralmente feitas com ervas alucinógenas como beladona e mandrágora. Aplicadas na pele, induziam estados alterados de consciência, sonhos vívidos ou até sensações simbólicas de "voar". (N.T.)

Exemplo: uma infusão ou óleo feito de sálvia-esclareia pode ser usado para intensificar os sonhos por uma noite.

Poppet/Boneco: muitas vezes chamado de "boneco vodu", um *poppet* é uma pequena figura humanoide, geralmente feita de tecido ou cera, usada em magia simpática para influenciar a pessoa que ele representa (podendo conter algo da pessoa, como cabelo ou pedaço de roupa). Pode ser utilizado de forma positiva ou negativa.

Exemplo: um boneco de cura pode ser preenchido com ervas benéficas, enquanto um boneco de amarração pode conter pregos ou ser fisicamente amarrado.

Proteção: prática usada para proteger uma pessoa, lugar ou objeto, mantendo-os seguros e fora de perigo.

Exemplo: inscrever um sigilo de proteção com água salgada consagrada nas janelas e portas de sua casa.

Purificação: diferente da limpeza, a purificação geralmente é realizada como preparação para uma atividade sagrada, como um ritual ou prática oracular.

Exemplo: alguém que deseja se purificar para um trabalho importante pode alterar sua dieta, evitando certos alimentos ou consumindo aqueles associados a uma divindade específica durante uma semana, preparando-se e purificando-se internamente. Antes do evento, a pessoa toma um banho especial com sais e ervas para purificar o exterior do corpo.

Sigilos: símbolos cuidadosamente elaborados com propriedades mágicas, aplicados de diversas formas (desenhados, esculpidos, pintados, traçados, etc.) para alcançar o efeito desejado. Podem ser criados pela praticante ou transmitidos em determinadas tradições. Essencialmente, atuam como uma forma prática e condensada de qualquer feitiço que se deseje realizar.

Exemplo: uma Bruxa pode criar seu próprio sigilo de proteção para abençoar as janelas e portas de sua casa.

Sorte, dinheiro e prosperidade: esses tipos de trabalho são feitos para atrair uma boa energia financeira, agradar as divindades da sorte ou do destino e/ou banir a pobreza ou o azar.

Exemplo: para atrair fortuna, confeccione uma bolsinha de veludo vermelho e mantenha-a sempre com você. Dentro dela, inclua itens simbólicos, como uma moeda de ouro, uma pequena estátua do Deus hindu Ganesha (conhecido como removedor de obstáculos), um trevo-de-quatro-folhas e uma fava-do-mar da sorte.

ESCREVENDO SEUS PRÓPRIOS FEITIÇOS

Sempre me surpreendo ao ver que as pessoas hesitam em criar seus próprios feitiços e frequentemente preferem buscar algo em um livro. Até poderia supor que entendo, quando se trata de cozinhar, eu mesma costumo procurar ideias na internet e ler avaliações para descobrir quais ingredientes e métodos funcionam melhor. E, ainda assim, acabo adaptando o que encontrei ao meu estilo. Com a confeitaria, no entanto, costumo ser menos inclinada a fazer isso. Cozinhar para mim é parecido com Geometria: entendo como as formas funcionam e consigo ajustá-las para obter o resultado desejado. Legumes, carne, gordura e temperos estão todos dentro de seu estado natural ou próximos disso. A confeitaria, no entanto, é mais parecida com a Química: os ingredientes são mais misteriosos e muitas vezes processados, a margem para erros é potencialmente maior. Já vi minha mãe, uma confeiteira experiente por décadas, ter uma receita de biscoito ou bolo infalível dando errado sem explicação aparente. Prefiro apostar nas batatas.

Os objetos usados em feitiços têm o propósito de ressoar com as partes subconscientes do nosso cérebro. Em muitos casos, a relação que o seu cérebro reconhece nem tem a necessidade de ser totalmente precisa para desencadear o efeito desejado. Se você acredita que a erva X tem a propriedade Y porque foi isso que alguém lhe disse, há uma boa chance de que o poder do seu cérebro sobreponha quaisquer outras conexões ou interpretações possíveis – mesmo que depois você descubra que a informação era incorreta. É claro que não estou insinuando que as propriedades mágicas atribuídas a ervas, pedras, etc., são inventadas ou não têm influência. É evidente que todo objeto possui algum tipo de ressonância. O modo como as plantas são cultivadas, os aromas que liberam e os efeitos químicos de suas raízes, folhas e flores têm impactos muito reais em nossos corpos, dependendo de como são aplicados, consumidos, fumados ou observados. Cristais e metais são compostos por diferentes combinações de elementos, como ferro, cobre, enxofre e carbono, que conduzem energia e afetam o corpo de maneiras distintas.

Agora que já expliquei tudo isso, criar seus próprios feitiços pode parecer mais intimidador, mas lembre-se: você não está assando um bolo aqui. Mantenha as coisas simples – isso é mais como ferver água ou fritar um ovo. (Vou tentar não julgar se essas duas coisas assustam você... Não, mentira, vou julgar sim. Sério, você deveria saber fazer isso, mesmo que não seja uma Bruxa.) Habilidades básicas, pessoal! Ferver água basicamente consiste em escolher uma panela ou chaleira de tamanho adequado, despejar a água no recipiente e adicionar uma fonte de calor. Parece bem simples e direto, certo? Bem, ao trabalhar com a magia, *você* é a fonte de calor, a sua intenção é a água, e o feitiço é a chaleira. A chaleira ajuda a dar forma ao que você precisa para manter o foco e alcançar seu objetivo. No final das contas, não importa se você usa o equivalente mágico de uma chaleira sofisticada de última geração ou uma panela velha, desde que o feitiço cumpra sua função. Da mesma forma, você não precisa dançar para agradar os deuses ou cantar alto para fazer a água ferver, mas isso pode ajudar a passar o tempo ou pelo menos ser divertido enquanto espera.

À medida que você se familiariza ou se sente atraída por um tipo específico de feitiçaria, torna-se mais fácil expandir o que aprendeu. Na bibliografia deste livro, também incluí uma lista de obras que podem ser úteis se você quiser aprender mais sobre feitiços com ingredientes. Apenas lembre-se: os ingredientes não são necessários nem a principal fonte de poder para fazer algo acontecer – *você* é.

Basicamente, feitiçaria é uma forma de resolver problemas de maneira metafísica. A primeira parte é identificar o problema ou objetivo, considerar os possíveis resultados e decidir se você compreende e aceita a responsabilidade por eles. Faça a si mesma estas três perguntas:

1. O que eu desejo realizar?
2. Quais são as possíveis reações ao meu feitiço?
3. Estou disposta a aceitar a responsabilidade pelo que acontecer – tanto o que posso perceber quanto o que não posso?

A segunda parte é considerar o tipo de feitiço necessário, os materiais que precisa e como ou quando realizar o feitiço:

4. Qual tipo de feitiço funcionará melhor? (Estou curando, limpando, banindo, amarrando, construindo, etc.?)
5. Qual método ou abordagem da feitiçaria é mais adequado para esta situação?
6. O feitiço exige materiais ou um momento especial para ser mais eficaz para mim?

Lembre-se de manter seu feitiço o mais simples possível. Não posso deixar de enfatizar que não é necessário gastar muito dinheiro coletando os "ingredientes certos" (a menos que realmente queira, é claro). Desafio você a fazer parte do que chamo de "Escola MacGyver de Feitiçaria": você só tem uma caneta, um *post*-it e uma vela para *réchaud*? Então faça isso funcionar e se manifestar!

MAGIA NÃO É UM CURATIVO

Falar sobre feitiços é provavelmente uma das coisas que menos gosto de fazer quando discuto elementos da Bruxaria. Mesmo na adolescência, eu me interessava mais por livros sobre mitologia e folclore do que aqueles focados em feitiçaria. História, teoria, prática e cultura? O dia todo, por favor. Livros modernos sobre feitiços? De jeito nenhum.

Então, imagine a minha felicidade quando estava no programa de rádio *Coast to Coast AM*, em 2017, para promover o meu livro *The Witch's Cauldron* e o assunto continuava voltando para feitiços – o que me levou a falar sobre resolver problemas por meios cotidianos, sem soluções fáceis, e sobre a importância de fazer o trabalho por conta própria. Depois disso, minha caixa de entrada ficou lotada de e-mails pedindo feitiços. (Não, eu também não fiquei surpresa.)

Talvez seja irônico que, por mais que eu não goste de falar sobre feitiços, eu seja realmente boa em magia. Raramente faço feitiços com "ingredientes" (ou seja, magia simpática), mas tenho talento para recomendar o feitiço ou ritual certo para quem precisa – pessoas que estou orientando ou que conheço, não aquelas que buscam uma solução rápida ou fácil por e-mail. A maior parte da minha magia não envolve o que você pode considerar tradicionalmente como feitiços.

Sinto-me muito mais confortável criando pinturas mágicas e desenhando sigilos para outras pessoas. Existe uma ciência nisso que ressoa naturalmente comigo. A "ação" do feitiço não vem apenas dos meus desenhos ou pinturas, mas da interação que a pessoa final tem com ele. É uma ferramenta para elas ativarem. É como conectar circuitos – o poder acontece quando as pessoas entram em contato com isso. Minha arte não é um "feijão mágico" que concede milagres. Sinto que a maioria dos meus clientes entende isso. Todos entendem que são responsáveis por fazer a mudança acontecer.

Acho que minha aversão natural em falar sobre feitiços vem do fato de que a maioria das pessoas não entende o que eles são ou como funcionam. Elas procuram uma solução fácil para qualquer problema que estejam enfrentando. Acham que, se seguirem uma série de passos e usarem os ingredientes certos, será como uma receita de bolo. No entanto, como mencionei anteriormente, até mesmo assar um bolo pode não ser tão fácil. Há mais coisas envolvidas do que apenas seguir a receita. Precisa considerar a qualidade dos ingredientes, o tempo, a temperatura, a umidade, os recipientes, entre outros fatores. E se você estiver lidando com um forno quebrado ou farinha velha, as coisas não vão sair como esperado.

Isso também se aplica à magia e à natureza da metafísica. É verdade que você pode seguir a lista de ingredientes e obter o resultado desejado na sua primeira tentativa, mas isso não faz de você uma Bruxa, um Mago ou um confeiteiro. Magia não é apenas feitiçaria; é compreender o fluxo, reconhecer padrões e se envolver profundamente em todo o processo.

Não existe feitiço milagroso ou um aceno de varinha mágica que resolva seus problemas instantaneamente. Você não pode fazer um feitiço de prosperidade para conseguir um novo emprego e, depois, ficar sentada esperando, sem atualizar seu currículo ou fazer *networking*. Bem, você pode, mas provavelmente isso não vai funcionar. Magia não é uma força externa misticamente esperando para realizar suas vontades. Magia é a energia das coisas que você coloca em movimento – no seu ambiente e, principalmente, em si mesma. Um feitiço pode ajudar a dar foco, mas você precisa investir ativamente nas suas escolhas e necessidades, assumindo responsabilidades. Um ritual pode aliviar tensão, estresse e questões emocionais, mas isso ainda precisa ser tratado de forma prática.

Com isso em mente, a magia pode ser como um curativo que protege enquanto você se cura, ou como uma tala para ajudar a alinhar um osso quebrado. Ela pode guiar o caminho, mas se você continuar batendo nas pessoas com a mão machucada, ela não vai curar, independentemente de quão forte seja esse curativo. Também não vai evitar que você sofra novos machucados. Engessar ajuda, mas se continuar insistindo em chutar paredes de concreto, não vai sarar. Além disso, um curativo não pode ficar para sempre – a ferida precisa ser tratada, arejada, limpa e cuidada. Cabe a cada um manifestar sua vontade, dando seguimento a ações que apoiem o seu trabalho.

Antes de manifestar a magia que deseja ver no mundo, é preciso reconhecê-la primeiro dentro de si mesma.

O CERNE DA MALDIÇÃO

Quando perguntamos "O que é amaldiçoar?", a maioria das pessoas geralmente oferece uma das duas respostas a seguir:

1. Uso de linguagem vulgar ou mal-educada.
2. Lançar energia "negativa" sobre os outros e/ou usar magia simpática para manipular, especialmente na forma de bonecas, Garrafas de Bruxa ou sistemas semelhantes.

Nas circunstâncias certas, posso dizer que sou fã de ambas as respostas. As pessoas muitas vezes tiram suas ideias sobre "maldição" de contos de fadas e mitos, como uma fada raivosa de *A Bela Adormecida* ou os deuses gregos sendo mesquinhos e distribuindo punições, como as infligidas a Cassandra de Troia, Medusa, Psiquê ou praticamente qualquer herói ou heroína que você consiga lembrar dessas histórias.

Temos ainda a lendária Baba Yaga, uma das Bruxas mais icônicas do folclore. Se ela decide ajudar ou prejudicar você, sempre será uma aposta arriscada. Por quê? Porque ela personifica a própria natureza – e, dentro dessa verdade, encontra-se a essência da magia e da energia, que, por si só, é neutra, desalinhada – e o que é visto como uma bênção ou uma maldição muitas vezes depende da perspectiva pessoal, independentemente até mesmo da intenção inicial!

Uma das ideias mais comuns sobre maldições ao redor do mundo é o conceito do mau-olhado. Muitas culturas acreditam que, tanto no caso de quem lança quanto de quem recebe o mau-olhado, nenhum dos dois está consciente ou ciente de que ocorreu algum tipo de troca.

Há também aqueles que gostam de lançar supostas azarações, maldições ou "pragas" como se fossem moda ou como um meio de controle, fazendo ameaças e geralmente tentando parecer intimidantes e poderosos de alguma forma. Muitas vezes, estão tentando propagar uma fantasia de si mesmos para os outros. Alguém cometeu uma transgressão contra eles (na opinião deles), então vamos criar um grande alvoroço publicamente. Até mesmo um golpista pode usar a lenda de uma maldição para extorquir alguém, forçando-o a entregar dinheiro ou fazer o que deseja.

Nos contos de fadas, mitos e lendas, a suposta maldição serve como um artifício narrativo para impulsionar a história ou como uma tentativa de dar sentido a um mundo que raramente faz sentido. Coisas ruins acontecem a pessoas boas, atribuir uma razão para isso nos faz sentir melhor. Já no caso dos golpistas e dos "fanáticos por maldições", ambos exploram a natureza humana. Eles enxergam uma oportunidade de ganhar dinheiro ou executar seu plano, e, geralmente, são manipuladores habilidosos, sabem como plantar uma semente e fazê-la crescer na mente de uma pessoa. Não precisam acreditar na "maldição" – basta que o alvo acredite Se o alvo não acredita, eles não têm poder algum. Esse é um caso que a mente opera sobre a matéria, se você acredita no azar ou acha que está amaldiçoado, na prática, já está causando isso a si mesma, sem nenhuma ajuda adicional.

Quando olho para maldições, pragas e outros trabalhos maléficos, não parto de um lugar de ficção, contos de fadas, fraude ou egomania. Vejo o outro lado da mesma moeda – a mesma força de energia usada para curar, crescer e abençoar. Podemos podar plantas para que cresçam novamente, como também instalar cercas para proteger pessoas, animais e lugares. Marchamos, escrevemos e fazemos chamadas telefônicas para defender os direitos de outras pessoas que estão em perigo. Podemos espalhar ideias que levem as pessoas a refletir de forma mais profunda e aberta, promovendo equilíbrio e igualdade. O trabalho não precisa ser público, bruto ou extravagante. Não é necessário envolver sangue, urina ou imagens assustadoras para que a mudança aconteça (embora algumas pessoas argumentem que isso é mais divertido – cada um com sua mania!). Maldições, quando usadas de forma responsável, podem ser extremamente eficazes para promover mudanças positivas quando outros métodos não são viáveis.

TECENDO SEU PADRÃO COM CUIDADO

Quando se trata de feitiçaria, inevitavelmente surgem duas perguntas: "E se o feitiço não funcionar?" e "E se o feitiço funcionar bem demais?" Pessoalmente, não tive muita experiência com a primeira situação, mas definitivamente experimentei um pouco da segunda quando estava começando.

Antes de abordar essas questões específicas, quero destacar três verdades muito importantes e que você deve sempre ter em mente: "A magia segue o caminho de menor resistência", "Respeite os Destinos", e "As palavras têm poder." Lembra de quando eu disse que mitos e folclores muitas vezes contêm lições essenciais para absorvermos? Quando penso nas histórias sobre os *djinn*, nos perigos de encontrar Baba Yaga e em praticamente todos os mitos gregos, essas três frases aparecem como o subtexto destacado, sublinhado e em negrito escondido nessas narrativas. Vamos examinar mais de perto porque tudo isso é muito importante.

A magia segue o caminho de menor resistência

O que isso significa? Imagine que a magia é como um grande balde de água. Se você não tiver cuidado ao despejar a água, é muito provável que ela se espalhe e vá para todos os lados, exceto para onde você queria.

Claro, o balde esvaziou, mas você e tudo ao seu redor provavelmente ficaram molhados. Transferir a água cuidadosamente, aos poucos, de modo que ela vá para a direção desejada, é a melhor abordagem. Aplicando essa metáfora à magia, a melhor estratégia é ser o mais específica possível em determinadas situações. Um exemplo seria fazer um feitiço para evitar comparecer a um evento social obrigatório que você tem temido, sem especificar o motivo exato pelo qual não quer ir. Então, no dia do evento, você sofre um acidente de carro ou fica gripada. Nada agradável, certo? Mas de fato, você conseguiu evitar o evento!

Se você tem receio de ser muito específica – porque, sim, há momentos em que ser detalhista demais pode ser um problema –, ainda assim pode orientar bem sua magia. Por exemplo, se seu desejo é o de se apaixonar, não precisa especificar por quem. Porém, se estiver buscando um relacionamento amoroso de longo prazo, com respeito mútuo, compreensão, e paixão, mas com a pessoa certa, isso é um bom exemplo de algo *não tão específico, mas ainda específico o suficiente.* "Procurar por amor" é amplo demais. Pode até lhe render algumas noites incríveis de casos passageiros ou um cachorro que vai amar você incondicionalmente pelos próximos dezessete anos. Novamente, não há nada de errado com isso, mas talvez não fosse exatamente o que você queria ou precisava.

Respeite os Destinos

As moiras (Destino) são muitas vezes retratadas como tecelãs. Elas tecem nossos fios, cuidam deles, medem seu comprimento e os cortam quando a nossa vida atual chega ao fim. Independentemente de você enxergar as moiras como seres reais ou como metáforas para a vida, eu não acredito que tudo esteja predestinado até o último detalhe. Acho que temos bastante liberdade para decidir o que fazer com nossa vida.

Pense novamente na analogia do tear: podemos tecer nosso padrão de várias maneiras diferentes, mas ainda estamos conectadas ao mesmo tear, o que limita o quanto podemos nos mover e mudar as coisas. Com a dose certa de foco e planejamento, podemos expandir e ajustar o padrão sem sobrecarregar o tecido ou a nós mesmas. No entanto, se puxarmos com muita força ou nos recusarmos a fazer o trabalho necessário, acabaremos exatamente onde começamos.

Palavras têm poder

Essa verdade se refere à força de juramentos, declarações e coisas que repetimos para nós mesmas e para os outros. Se você está sempre inventando desculpas ou fazendo afirmações negativas sobre porque algo não pode acontecer (como "eu não consigo isso" ou "nunca tenho tempo/dinheiro suficiente"), acabará acreditando nelas e bloqueando a si mesma. Isso também se aplica a bênçãos e maldições, que podem parecer apenas palavras ditas por alguém, mas é certo que nos iluminamos quando somos elogiadas e tendemos a abrir espaço para o pior quando a negatividade é direcionada a nós. Damos poder às palavras quando as usamos, dizemos, ouvimos, repetimos, compartilhamos ou acreditamos nelas.

Em um ritual, usamos palavras para declarar nossa intenção, criar um espaço sagrado e reconhecer espíritos e divindades. A feitiçaria frequentemente envolve a pronúncia de palavras para conjurar um trabalho, seja em forma de rima, seja um salmo, seja uma simples prosa. Por trás dessas palavras, existem ideias: a culminação de história e experiência, a interação do sagrado e do espiritual. A formulação de ideias em palavras, que então se transformam em declarações, é seguida pela ação. A magia acontece não apenas porque dizemos as palavras certas, do jeito certo, sob as condições certas, mas porque por trás dessas palavras existe o desejo de provocar mudanças. E, se nossa vontade for forte o suficiente, seguimos com nossas afirmações fazendo a mudança acontecer – em nós mesmas e no mundo ao nosso redor.

Vamos voltar àquelas duas perguntas iniciais. Se o seu feitiço não funcionou, isso significa que você não viu absolutamente nenhum resultado ou mudança, ou simplesmente não aconteceu como você imaginava? O que você queria alcançar estava além do possível? Se ele funcionou bem demais, considere a abordagem que usou e reavalie o que fez. O que você acha que poderia ter feito de forma diferente? Você previu que esse problema poderia ocorrer, mas ignorou a possibilidade, ou simplesmente não estava prestando atenção? Um fracasso ou um sucesso mais entusiasmado do que você esperava não é algo ruim e não significa que você deva parar de fazer feitiços. Em vez disso, preste mais atenção, exercite o pensamento crítico e planeje com mais cuidado. A série de perguntas para escrever feitiços no início deste capítulo foi elaborada exatamente para isso. Sim, a magia realmente funciona, então seja inteligente ao usá-la.

Preciso de um grimório ou de um Livro das Sombras?

O termo "grimório" é frequentemente usado para descrever os antigos livros esotéricos europeus sobre magia e rituais, e deriva da mesma raiz da palavra "gramática". Ele evoca a imagem de um livro secreto e valioso de feitiços, transmitido de geração em geração. Outro nome comum para grimório é "Livro das Sombras".[23] Esse tipo de livro se destina a ser uma coleção de pensamentos, sonhos, insights, registros mágicos e rituais, feitiçaria, conhecimentos sobre ervas, tradições mitológicas e muito mais. Para criar o seu próprio livro, você não precisa começar com um caderno caro e elegante, encadernado em couro (a menos que queira). Recomendo comprar alguns cadernos resistentes, blocos de anotações ou até mesmo um fichário decorativo ao qual você possa adicionar folhas avulsas. Outra opção é encadernar o seu próprio livro à mão, o que pode ser uma atividade divertida e criativa.

O problema mais comum que a maioria das pessoas enfrenta ao começar com um livro sofisticado é o medo de errar. O objetivo de ter um livro é registrar o que, quando e como fez o feitiço ou ritual. Também é um espaço para coletar e guardar coisas que achar

23. Para mais informações sobre grimórios e Livros das Sombras, consulte *The Witch's Book of Shadows*, de Jason Mankey.

interessantes para referência futura. Se estiver preocupada em cometer erros no seu livro elegante, opte por algo mais simples. Você sempre pode transcrever as informações depois, caso tenha tempo ou interesse.

Algumas pessoas preferem manter tudo em um computador ou disco rígido portátil. Não há problema em digitar suas anotações no computador para que fiquem organizadas e limpas, mas certifique-se de imprimir tudo! É muito mais fácil consultar um livro do que ligar o computador toda vez que precisar verificar algo. Além disso, um livro pode ser passado para as próximas gerações da sua família, enquanto programas de computador e discos rígidos rapidamente se tornam obsoletos e são muito mais propensos a serem apagados ou danificados. Você pode usar o digital, mas sempre faça uma cópia física como *backup*.

CORRESPONDÊNCIAS LUNARES E SOLARES PARA FEITIÇOS E RITUAIS

Voltando à seção sobre o "tempo", no capítulo dos RITOS (capítulo 3), analisamos como o ciclo lunar pode afetar nosso corpo. Podemos aproveitar esse mesmo fluxo e refluxo da maré com a magia e os rituais. Durante um mês lunar, temos a lua nova, seguida pela lua crescente que se expande até se tornar a lua cheia. Depois vem a lua minguante diminuindo até que fique escura (nova) novamente. Se for muito de seu interesse, poderá se aprofundar nos termos astronômicos específicos para as diferentes fases de crescentes, mas para nós, Bruxas, focamos principalmente em quatro períodos distintos de energia.

A energia da lua crescente está associada ao crescimento e à expansão, sendo um bom momento para considerar feitiços e rituais que estejam alinhados com essa ideia de aumento e construção. A lua cheia representa o máximo de potencial e é considerada um momento muito poderoso para trabalhos mágicos de todos os tipos. A lua minguante traz uma sensação de liberação, de energia decrescente, sendo ideal para práticas que envolvem remoção, desapego, banimento e limpeza. A lua nova é propícia para trabalhos internos, conceber novos projetos e explorar os mistérios da escuridão.

Muitos calendários disponíveis atualmente indicam as fases da lua e, às vezes, os horários exatos de eventos astrológicos e outras ocorrências. Também existem aplicativos gratuitos ou acessíveis que você pode baixar no celular para referência rápida e fácil. É claro que você sempre pode olhar para o céu e ver como a lua está, embora isso possa ser difícil se você mora em um lugar frequentemente nublado. Não há mal nenhum em ter um calendário físico ou um dispositivo digital para orientação.

Costumo seguir a ideia de que existem três noites em torno da lua cheia apropriadas para rituais e outros trabalhos. Essas noites correspondem ao dia anterior, ao dia exato e ao dia seguinte ao momento da lua cheia, quando o corpo lunar aparenta estar completamente cheio a olho nu.

Também podemos buscar inspiração no sol para a feitiçaria, já que podemos nos concentrar no alongamento ou encurtamento dos dias e noites, ou nos pontos de equilíbrio entre eles. Na verdade, muitos rituais realizados para honrar os Sabbats tendem a reconhecer, por natureza, os padrões de energia solar. Enxergar o ano solar como crescente ou minguante pode ser útil para feitiços que precisam de um ciclo de construção lenta ou de um período correspondente ao caminho do Sol. Se você deseja alcançar algo mais rapidamente, talvez prefira usar o ciclo mais curto do mês lunar. É claro que, se um trabalho precisa ser feito imediatamente e as condições solares ou lunares parecem estar em conflito com o que você precisa, considere inverter a abordagem. Precisa atrair prosperidade, mas a lua está minguando? Banir a pobreza pode ser a solução, abrindo espaço para que a prosperidade chegue. Pensar como uma Bruxa significa ser criativa e olhar para os dois lados da equação para encontrar uma solução.

AS ARTES RITUAIS

No imaginário popular, quando as palavras Bruxa e ritual aparecem juntas, as pessoas tendem a imaginar figuras misteriosas encapuzadas em preto, reunidas sob o luar para desenhar pentáculos com sacrifícios de sangue, tudo para saciar o apetite de uma criatura diabólica e depravada com chifres. Parece divertido, mas a realidade é mais parecida com alguém de pijama acendendo uma vela no altar do quarto durante a lua cheia e derramando um pouco de vinho para honrar seus ancestrais ou deuses. (Ok, na verdade eu não uso pijama para dormir, a menos que esteja muito frio, mas você entendeu a ideia.) Como veremos em breve, o ritual pode parecer algo bastante simples. Fazemos um ritual mais para atender às nossas próprias necessidades do que qualquer outra coisa.

Ritual é uma prática frequentemente incompreendida, muitas vezes associada a cerimônias elaboradas e complicadas, que podem ser longas, intensas e até mesmo entediantes. E há um motivo para isso: existem muitos rituais mal projetados por aí. Infelizmente, muita gente confunde "teatralidade" com "quanto mais, melhor" e associa o resultado a algo "poderoso". Outro problema comum é usar o ritual como desculpa para atrair audiência. Por fim, os rituais ganham má reputação quando se tornam obrigatórios ou são realizados sem compreender os motivos ou o significado por trás deles. Na essência de qualquer ritual está o processo e o padrão, proporcionando aos participantes uma sensação de realização e/ou reconhecimento. Os seres humanos, por natureza, são ritualísticos (não muito diferentes dos gatos). Sem perceber, a maioria das nossas ações diárias são regulares, ou semirregular, encontramos conforto na repetição. Escovar os dentes, preparar a sua xícara de chá pela manhã, colocar seu colar favorito, praticar a meditação noturna, cozinhar a refeição preferida da sua família, verificar os e-mails de uma maneira específica – essas tarefas podem parecer simples ou mundanas, mas são pequenos rituais que ajudam a trazer significado e ordem ao nosso cotidiano.

Pense em como o dia parece quando você, por acaso, dorme até mais tarde e precisa pular parte da sua rotina matinal, ou esquece de fazer algo importante porque estava distraída. Tudo parece fora do lugar. Quando conseguimos retornar aos nossos hábitos diários, as coisas parecem voltar a se alinhar.

Há também os rituais sociais que marcam grandes eventos da nossa vida: aniversários, formaturas, ritos de passagem baseados na idade, casamentos, velórios e funerais, entre outros. Esses rituais celebram ou reconhecem mudanças no ciclo da vida e geralmente são testemunhados por familiares e amigos. Normalmente, muita atenção e energia são dedicadas a esses eventos, pois eles são considerados significativos. John K. Nelson, no capítulo 4 de seu livro *A Year in the Life of a Shinto Shrine*, oferece uma excelente explicação sobre o motivo de os rituais serem tão importantes para nós: "Acredita-se que a necessidade humana de algum tipo de reconhecimento formal, muitas vezes público, de eventos significativos é uma das forças fundamentais do nosso desenvolvimento como seres sociais. Ao mesmo tempo, o ritual nos permite transcender nossas individualidades para obter uma sensação de participação no ambiente mais amplo das forças que controlam os nossos destinos individuais e coletivos".

Os rituais costumam se enquadrar em uma dessas seis categorias:

- *Rituais Ancestrais*: honram os falecidos.
- *Rituais Eventuais*: concentram-se em transições pessoais, necessidades ou crises.
- *Rituais Devocionais*: giram em torno da homenagem a divindades ou espíritos.
- *Rituais Divinatórios*: realizados para obtenção de revelações ou práticas de adivinhação.
- *Rituais Protetores*: destinados a garantir saúde e segurança.
- *Rituais Sazonais*: celebram momentos específicos do ciclo anual.

A conclusão é que o ritual tem e cumpre um propósito, seja um evento cotidiano, seja uma ocasião muito especial. Um ritual eficaz se conecta com esse propósito e sinaliza para nossas mentes, corpos e espíritos que algo foi realizado. Se o ritual não provoca essa resposta consciente ou inconscientemente, ele não é bem-sucedido. Quando realizamos rituais complexos apenas por fazê-los, sem conectá-los a um propósito, eles frequentemente parecem vazios ou sem brilho.

Temos a tendência de buscar rituais já realizados antes. Há algo reconfortante nos rituais que criamos para nós mesmas, naquilo que nos é familiar. Um ritual transmitido por gerações pode trazer uma sensação de vibração, como uma agulha encaixando no sulco de um disco. Já rituais que descobrimos em livros ou contextos semelhantes, sem termos experimentado antes, despertam a esperança de conexão com essa mesma vibração. Às vezes, isso acontece. Em outras, o ritual perde seu contexto e significado ao longo do tempo – ou talvez nunca tenha tido um significado real. Só porque um ritual parece antigo no papel ou é apresentado como tal, não significa que seja realmente antigo ou eficaz. Lembre-se: todos os rituais foram novos em algum momento, então o tempo não é um critério confiável para determinar se um ritual terá efeito. Se uma prática não parecer adequada, considere criar a sua própria. Quando os elementos certos se alinham, até mesmo rituais recém-criados podem alcançar aquela ressonância especial.

Então, como criar um bom ritual? Algumas pessoas têm o dom de improvisar e transformar seus rituais em experiências profundas e significativas. Outras preferem planejar e ensaiar com cuidado para atingir o mesmo resultado. Isso faz sentido, pois cada pessoa aprende e vivencia as práticas de maneiras únicas – e nenhuma abordagem é superior à outra. A forma de conduzir um ritual depende muito da sua personalidade e do que você pretende alcançar com ele. Refletir sobre o que deseja (ou busca evitar) é uma estratégia bem mais eficaz do que tentar imitar algo de um livro ou seguir o exemplo de outra pessoa. Outro elemento importante é determinar qual tipo de energia ou foco é necessário para realizar o propósito do seu ritual. Um ritual de cura, por exemplo, terá uma dinâmica diferente de um ritual para honrar os ancestrais ou para ajudar a encerrar um relacionamento abusivo. Para esclarecer melhor o que quero dizer, aqui está uma lista abrangente dos diversos propósitos utilizados em rituais e práticas mágicas:

- Coletar / Reunir
- Equilibrar
- Transformar
- Limpar
- Construir
- Trocar
- Comunicar
- Proteger
- Curar
- Iniciar
- Finalizar

- Desvendar / Revelar
- Reconhecer
- Celebrar
- Lembrar / Honrar

Cada um desses propósitos provoca uma sensação diferente. Isso acontece porque, para transferir energia ou ideias, é necessário gerar ações e pensamentos específicos. Visualizar a raiz dessas ações ajuda a entender o que é essencial para o seu ritual.

Para planejar, preparar e realizar um excelente ritual, há sete pontos a considerar:

1. *Propósito:* qual é a razão do seu ritual? Em que categoria ele se encaixa? Ter um propósito é essencial – caso contrário, para que realizá-lo?
2. *Energia:* qual é a natureza do trabalho? Para onde o fluxo de energia deve ser direcionado? Será necessário elevar, banir, curar, limpar ou algo semelhante?
3. *Cronograma:* o que define o início, o meio e o fim do seu ritual? Como ele começará, o que será feito durante e como será finalizado?
4. *Pessoas:* quem estará envolvido no ritual – praticantes, requisitados ou participantes? Quem terá um papel ativo e qual será a função de eventuais espectadores "inativos"?
5. *Espaço:* onde o ritual será realizado? O espaço precisa ser limpo ou preparado de alguma forma?
6. *Preparações:* o que é necessário para o ritual em termos de materiais, iluminação, música, tempo, entre outros?
7. *Pós-ritual:* quais passos adicionais serão necessários após a conclusão do ritual? Existem cuidados ou ações posteriores que precisam ser realizados?

Depois de abordar essas questões, você deve estar pronta para criar e realizar o seu ritual. Sei que muitas pessoas se preocupam em fazer algo "errado", mas a probabilidade de algo terrível acontecer é muito pequena, desde que você use o bom senso e planeje com antecedência. Por exemplo, acender uma fogueira em um espaço interno, próximo a um detector de fumaça, provavelmente não terá um final muito agradável. Praticar nudez ritual no meio do inverno, com temperaturas abaixo de zero, também é uma má ideia. Você não será atingida por um raio porque desagradou os deuses, a menos que esteja sendo imprudente, dançando com um athame no meio de um campo durante uma tempestade de verão. Isso não é obra dos deuses; é ciência, é natureza. (Ok pode ter sido um pouquinho obra dos deuses... talvez o jeito deles dizerem: "Amiga, isso não foi muito inteligente. Não mesmo.") Fora esses tipos de situações, a melhor forma de aprender é pela experiência, por tentativa e erro. Anote o que funcionou e o que não funcionou – e, mais importante, ouça a sua intuição.

Aqui estão algumas dicas adicionais para construir rituais saudáveis:

- Não se leve tão a sério. Quem é realmente confiante não sente necessidade de dramatizar ou provar isso. Essa postura permite que você esteja mais aberta ao que acontece, seja mais expressiva e se comunique com mais liberdade.
- Não tenha medo de rir ou de cometer um erro. O mundo não vai acabar.
- Considere o que deseja alcançar e como isso pode afetar não apenas você, mas também outras pessoas, estejam elas envolvidas no ritual ou não.
- Lembre-se de que menos é mais. Não é preciso explicar tudo em excesso, e nem depender de acessórios para transmitir sua mensagem. Faça com que eles tenham importância, mas não sejam o foco. Além disso, não presuma que algo mais longo seja necessariamente melhor. Pergunte-se se tudo o que está incorporando é realmente necessário para alcançar seu objetivo.
- Para finalizar, não deixe de limpar o que criou, tanto física quanto metafisicamente.

Mantenha essas ideias simples em mente e você estará no caminho certo para criar rituais que funcionarão de maneiras que você nem poderia imaginar!

A MAGIA DO MOVIMENTO

Há algum tempo, fiz uma análise do desenvolvimento da cultura Neopagã/P-word nos últimos sessenta e poucos anos e das tendências recentes. Fiquei fascinada pela oscilação do pêndulo. No início do Neopaganismo, resgatar a exploração do corpo e da natureza tornou-se essencial. A ideia era criar uma reconexão interna, adotando a revolução sexual e uma consciência física renovada como alicerces. Isso envolvia a celebração do divino em suas formas feminina e masculina, além de práticas como a nudez ritual, a exploração química e a criação de novas estruturas familiares, sempre vendo o corpo como um templo.

Nos últimos anos, percebi uma mudança significativa, com maior ênfase em aspectos relacionados à mente, como estudos, debates, questões sociais e consciência espiritual, quase como se houvesse uma desconexão intencional do físico, do reino do corpo. Nenhum dos lados da oscilação está errado, mas há algo a ser dito sobre encontrar o ponto de equilíbrio no espaço entre eles. O equilíbrio não se trata de manter tudo exatamente igual, mas de saber conscientemente quando o meio é ideal e quando um extremo é mais bem utilizado.

É aqui que entra o entendimento da magia do movimento. Independentemente de ser deliberado e preciso, ou realizado em êxtase durante um transe, o movimento tem o poder de integrar corpo, mente e espírito. O movimento nos permite desbloquear partes de nós mesmas que palavras e imagens sozinhas não conseguem. A eletricidade que flui entre nossas células nervosas, conectando nosso cérebro ao restante do corpo, é a expressão máxima da liminalidade: a energia fluindo no espaço intermediário, tocando, mas não tocando. Ao levarmos o movimento para o ritual e utilizá-lo como forma de expressão além das palavras e símbolos do rito, ativamos todo o nosso ser – corpo, mente e espírito. Isso nos conecta de maneira mais profunda às nossas intenções, tornando o foco da vontade mais acessível, rápido e eficaz. Não é necessário ser uma dançarina treinada, possuir uma idade específica, pertencer a um gênero ou ter habilidades particulares para dominar o movimento e liberar seu poder.

A dança sagrada não é um conceito novo; é uma das artes mais antigas. Nos tempos modernos, perdemos grande parte da nossa apreciação pela dança e o que o movimento pode fazer por nós em termos de ritual e feitiçaria. O movimento tem essa capacidade: conectar-nos profundamente ao nosso eu e, ao mesmo tempo, unir-nos aos outros, integrando mente, corpo e espírito. Minha trajetória com a dança começou logo após eu formalizar meu caminho como Bruxa, quase duas décadas depois, continuo sendo surpreendida e inspirada pela força transformadora que o movimento pode proporcionar.

Não é realmente viável ensinar sobre movimento neste livro, então, em vez disso, vou recomendar que você olhe ao redor localmente para algo que você pode fazer que envolva o seu corpo. Não seria viável ensinar movimentos neste livro, então, recomendo que você busque algo em sua região que envolva o corpo. Escolha uma prática que respeite seus limites e sua mobilidade, como ioga, artes marciais, dança de salão, natação, exercícios na academia ou até mesmo meditação em movimento. Mesmo sentada em uma cadeira, você pode ter um bom alcance de movimento que pode ajudar a ativar seu corpo de novas maneiras. Verifique seu centro comunitário local, biblioteca, etc., pois frequentemente há aulas gratuitas ou baratas que você pode experimentar. Então, uma vez que começar a pegar o jeito, comece a brincar com o movimento em seu trabalho. Que tipos de movimento evocam os elementos? Como você pode mover seus braços ou pernas para reunir ou dispensar energia? Coloque uma música, desligue sua mente e brinque. Você vai se surpreender com a sensação, eu prometo.

CRIANDO UM ESPAÇO SAGRADO

Seres humanos são criaturas estranhas e particulares. Nós, como Bruxas, muitas vezes reconhecemos o mundo como sagrado enquanto construímos altares, templos e traçamos círculos com o objetivo de criar um "espaço sagrado" específico. Se tudo é sagrado, por que faríamos isso? Na verdade, existem várias razões muito boas para isso, e elas envolvem muito mais nuances do que a expressão "criar espaço sagrado" sugere.

O ESPÍRITO DO LUGAR

Se abordarmos o mundo de uma perspectiva animista, acreditando que objetos naturais, seres, lugares e o próprio Universo possuem uma alma, então o espírito está em tudo que nos rodeia. Sobreponha a essa percepção o *genius loci*, o espírito de um local específico, e o mundo começa a parecer um pouco abarrotado. Em todo o mundo, antes das religiões que pregavam que "Deus nos deu domínio sobre a Terra para fazermos o que quisermos", as pessoas reconheciam e respeitavam a presença de outros espíritos. Geralmente, antes de começar a erguer uma estrutura ou abrir uma estrada, realizava-se uma adivinhação, consultando os espíritos sobre a aceitabilidade da construção. Após a conclusão daquela obra, outras oferendas eram feitas para agradecer e apaziguar os espíritos. Práticas como essas ainda são encontradas atualmente na Islândia e em regiões eslavas, onde há um rico folclore relacionado a espíritos da terra e dos lares.

Deuses e espíritos há muito influenciam os lugares onde coisas podem ou não ser construídas. Em todo o mundo, encontramos templos, monólitos e santuários erguidos em locais específicos para honrar os pedidos de divindades e espíritos. O folclore da maioria dos povos nativos americanos, independentemente da tribo ou da região da América do Norte a que pertencem, contém avisos sobre lugares onde as pessoas são proibidas de ir, porque esses lugares pertencem aos espíritos. Há também lugares que acumulam camadas de sacralidade porque várias religiões os consideram especiais para suas crenças. Basicamente, é um jogo de "quem são as pessoas em sua espiritualidade?". Todo lugar é sagrado, mas os motivos podem variar consideravelmente.

Somam-se aos pedidos dos espíritos os anseios do nosso cérebro humano de compartimentalizar tudo. Temos a tendência de designar o que é "nosso", "deles" e "meu". Dentro dos próprios espaços de convivência, criamos divisões com finalidades específicas. Pode haver um local reservado para orações ou rituais – um templo ou santuário – e outro para guardar "tranqueiras" – o famoso quartinho da bagunça, espaço multiuso ou lavanderia. Embora os dois possam estar sob o mesmo teto, atribuímos um senso de importância sagrada a um e designamos o outro como mundano. Em nossas mentes, separamos as atividades de cada espaço e sentimos um propósito diferente ao entrar neles. Não podemos dizer que o espírito de um cômodo é diferente do outro, mas em nossas cabeças, eles claramente são energias distintas. No local de orações, o divino parece mais acessível, mais próximo de nós, do que na lavanderia.

ALTARES E SANTUÁRIOS

Nem todas as Bruxas têm salas reservadas para um santuário ou fazem círculos sagrados ao ar livre, mas a maioria de nós tem um altar (ou vários).[24] O altar é um lugar de foco, um espaço de trabalho ativo, onde rituais, oficinas e outros trabalhos podem ser centrados. Além disso, podemos ter santuários para honrar divindades, ancestrais e outros espíritos. O altar funciona como um ponto focal para nossa atenção e práticas, conectando-nos mais profundamente ao divino, sem distrações. Altares nos ajudam a nos comunicar com o mundo ao nosso redor, visível e invisível.

Tradições de Bruxaria costumam ter protocolos específicos sobre onde um altar deve ser localizado e o que deve ser colocado nele. Ao considerar os RITOS, você provavelmente já tem algumas ideias claras sobre o que deve estar no seu altar e como deseja usá-lo. Um altar deve ser fácil de acessar e usar, mas também deve estar em um local seguro onde não seja perturbado por outras pessoas. Se você pretende acender incenso, velas ou usar outras formas de fogo, certifique-se de que a superfície e as áreas ao redor permitam que faça isso de forma segura, com ventilação adequada. Coloque no seu altar coisas que tenham significado para você e para a sua prática, não porque leu em algum lugar que é isso que "deveria" ter. Seu altar deve inspirar você, mas também precisa ser prático e funcional. O mais importante é: siga sua intuição – ela é sempre a melhor direção a seguir.

---

24. Para mais informações sobre a arte do altar, consulte *The Witch's Altar*.

GEOMETRIA SAGRADA: TRAÇANDO CÍRCULOS, QUADRADOS E ESFERAS

As pessoas traçam círculos por muitos motivos e de diversas maneiras. Traçar um círculo pode criar um espaço sagrado temporário onde quer que você esteja, quase como ter um saco de dormir ou uma tenda psíquica. Se você não tem um lugar muito permanente para realizar seus trabalhos, traçar um círculo ajuda a transformar esse espaço temporário em algo funcional para suas necessidades. Muitas pessoas traçam um círculo para que ele atue como um contêiner de energia ou entidades, enquanto outras o desenham para manter energias indesejadas fora (e, às vezes, pelos dois motivos). Bruxas podem traçar círculos como uma forma de entrar no estado mental adequado para o que planejam fazer. Para algumas pessoas, traçar um círculo envolve grande pompa e circunstância, utilizando a magia cerimonial de forma elaborada para invocar direções, elementos e espíritos. No outro extremo, um círculo pode ser traçado apenas com a mente e a respiração, sem que uma palavra seja dita ou um pentagrama seja invocado. Alguns praticantes traçam círculos apenas quando trabalham em grupos, nunca quando estão sozinhos. O que você decide fazer depende de você e de sua prática, já que todas essas abordagens são perfeitamente válidas.

Na minha prática, se, e como eu traço um círculo, depende de onde estou, com quem estou e o que estou fazendo. Quando trabalho no meu estúdio, já estou em um espaço sagrado designado. Tudo que preciso é abrir a cortina da janela ou acender a luz, depois sentar à mesa e apreciar uma xícara de chá quente. Mas se estou realizando uma performance de dança, uso minha mente e meu corpo para acolher determinadas energias e definir meu espaço. Se o ritual for com várias pessoas, posso guiá-las em um processo breve, ajudando-as a usar a respiração, a mente e o corpo para acolher elementos e espíritos. Se sou convidada a facilitar um ritual de outra pessoa e ela está vocalizando suas evocações, consigo criar algo no momento que seja adequado à abordagem dela.

Como pode perceber, cada situação exige uma abordagem ligeiramente diferente – não estou sugerindo que você use o mesmo método para todas as circunstâncias. E falando em métodos, mencionei a geometria no subtítulo porque muitas pessoas costumam pensar em chamar as quatro direções: Norte, Sul, Leste, Oeste, geralmente correspondendo aos quatro elementos: Terra, Fogo Ar e Água, respectivamente. Esse formato cria um desenho de bússola ou uma forma quadrada. A razão pela qual visualizamos um círculo em vez de um quadrado é porque os círculos são melhores receptáculos de energia (tanto por dentro quanto por fora). Os cantos podem prender determinadas coisas, o que explica por que quadrados e triângulos podem ser usados para invocar certas entidades (em vez de um círculo). Se acrescentarmos os conceitos de espírito, ou acima/abaixo, passamos do bidimensional para o tridimensional, e nosso círculo se torna uma esfera.

Uma coisa a se considerar sobre as direções e os elementos é que, se você viajar o suficiente em qualquer direção, essencialmente acabará vindo da direção oposta. E embora os elementos possam estar associados a certas direções em um sentido ritualístico, eles são ideias que existem em todas as direções. As direções geralmente são usadas para nos situarmos onde estamos, estabelecendo raízes ou marcando território temporariamente, por assim dizer. Os elementos, por sua vez, ajudam a nos reconectar com nosso corpo e com os mundos ao redor. Se for usar o modelo da bússola, pergunte-se em qual direção deve traçar seu círculo. O movimento no sentido horário, conhecido como *deosil*, tende a ser popular, pois é visto como uma direção crescente. O movimento no sentido anti-horário, ou *widdershins*, é percebido como uma direção de diminuição ou banimento. Sempre vi o *widdershins* como uma marcação de partida de tempo e espaço normais, por isso tende a ser minha escolha padrão ao traçar um círculo por movimento. Por fim, ao traçar um círculo, a maioria das Tradições começa com o Norte ou o Leste como direção, e Terra ou Ar como elemento. Eu prefiro o Ar, porque respirar é a forma mais tátil e imediata de lembrar do próprio corpo.

Vidente: a Bruxa como um Oráculo

Poderes de adivinhação e profecia são frequentemente associados às Bruxas. Desde o Oráculo de Delfos, na Grécia antiga, até os médiuns espiritualistas nas casas vitorianas e as leituras de tarô nas salas de adivinhação da vizinhança, a humanidade tem uma obsessão muito antiga com a previsão do futuro. A palavra "adivinhação" vem do latim *divinare*, que significa "prever", "ser" inspirado por uma divindade". Essa conexão com os deuses e o reino do sobrenatural é, em grande parte, o motivo pelo qual essas habilidades estão associadas à Bruxaria. Acredita-se comumente que é necessário estar em sintonia com o divino e tocar o liminal para conseguir acessar esse tipo de informação. Algumas formas de adivinhação são realmente místicas, muitas vezes exigindo que a Bruxa entregue parte de sua mente e de seu corpo aos deuses ou espíritos. Uma figura envolta em véus, sentada em um banco ou cadeira, com incenso e fumaça ao seu redor enquanto entoa cânticos ou profere profecias e sabedorias é uma imagem clássica e inspiradora de um oráculo ou médium. Há também a Bruxa nua, que, após se ungir com unguento de voo, deixa seu corpo físico junto ao fogo da lareira enquanto seu espírito muda de forma para lebre ou corvo, ou talvez pegue carona até o Sabbat nas costas de um bode ou de uma vassoura. As partes mais selvagens de nossos corações Bruxas batem aceleradas só de pensar nisso! Esses exemplos icônicos podem ser experiências verdadeiramente incríveis e poderosas – além de perigosas.

No entanto, não precisamos necessariamente incorporar ninguém, tampouco inalar, ingerir ou entrar em contato com substâncias que alteram a mente para praticar a adivinhação ou a visão interior. Existem outros poderes de percepção ligados à habilidade de observar o mundo ao nosso redor com olhos atentos.

Acredito que grande parte da reputação da Bruxa de prever o futuro ou revelar verdades impressionantes está relacionada a estar conectada ao que acontece ao seu redor. As seis características da Bruxa incomum, discutidas anteriormente neste capítulo, são extremamente úteis para a prática da adivinhação. Nossas habilidades podem parecer surpreendentes para outras pessoas porque a maioria mal está em contato consigo mesma ou com o mundo ao seu redor. Em poucas palavras, elas não estão prestando atenção suficiente nem conectando os fios. Para enxergar o futuro, precisamos ter uma compreensão sólida do presente e do passado. Mais uma vez, retornamos à nossa metáfora da tecelagem. Como sabemos o que vem a seguir? Bem, observando onde estamos e onde estivemos, pois há pistas claras a serem encontradas aí.

Dito isso, considero a adivinhação extremamente útil – até mesmo essencial – na minha prática. Uso diversos métodos, mas meu favorito é o tarô. Como artista e criadora de mitos, conecto-me profundamente com o uso de imagens e histórias empregando metáforas para orientar o caminho. Eu e meu parceiro adoramos colecionar baralhos de tarô, cada um tem sua singularidade, além de serem lindos. Uma amiga querida prefere usar um pêndulo em seu trabalho de adivinhação. Ela gosta da simplicidade e objetividade do método, que oferece respostas claras como "sim", "não" e "talvez". Há também as muitas variedades de pedras, ossos e conchas, cujos padrões e marcas ajudam a revelar as respostas.

Literalmente, existem centenas de formas de adivinhação para escolher. (A página da Wikipédia sobre adivinhação é um verdadeiro banquete de métodos listados em ordem alfabética, caso queira perder algumas horas explorando todos eles.[25]) Por que existem tantos? Como disse, a humanidade é obcecada em tentar adivinhar o futuro. Isso acontece desde que compreendemos pela primeira vez o tempo de forma linear. De seguir o movimento de cobras a estudar formas de cera na água, folhas de chá e ossos, incontáveis técnicas foram desenvolvidas em diferentes partes do mundo.

Se estiver se sentindo sobrecarregada com tanta opção, sugiro voltar aos RITOS para verificar se há algum método associado às suas raízes. Ou visite uma feira psíquica para ver o que as pessoas estão usando, passeie por uma loja esotérica ou explore algumas aulas e veja o que chama sua atenção. Não tenha receio de experimentar diferentes métodos para descobrir qual mais lhe agrada. Como tudo

25. https://en.wikipedia.org/wiki/Methods_of_divination.

neste caminho, a adivinhação exige tempo para ser dominada. Depois de encontrar um método que interesse, ainda levará tempo para construir uma relação com essa ferramenta ou prática – você só irá melhorar com o tempo!

UMA ARTE SÓ SUA

Falamos até agora sobre magia, feitiçaria, ritual e adivinhação, práticas que podem desempenhar papéis diferentes na sua jornada. Porém, gostaria de enfatizar que essas não são as únicas formas de manifestar mudanças por meio da sua prática. Não existe uma lista de verificação ou um cartão de bingo que você precise preencher para "vencer" como Bruxa. Algumas Bruxas são incríveis no cultivo de plantas e na criação de misturas herbais, chás e tinturas. Outras se destacam na cura pela imposição das mãos, sendo capazes de acalmar a mente das pessoas ou ajudá-las a alcançar maior clareza. Outras Bruxas se dedicam ao trabalho social, à justiça, ao direito e à defesa de outras pessoas. Há muitas possibilidades para sua prática, então concentre-se no que a inspira e mantém em movimento.

Minha principal forma de trabalhar com magia é por meio das artes visuais, onde crio imagens de divindades e espíritos, elaboro sigilos e desenho feitiços. Obviamente, também escrevo e danço. O elo entre todas essas atividades é onde descubro como posso ajudar as pessoas e explorar o mundo ao meu redor. Então, mesmo que o que você faz de melhor não pareça inerentemente "bruxesco", convido você a olhar isso novamente por uma perspectiva diferente.

OUSAR FAZER O TRABALHO

A verdadeira mudança, a verdadeira Bruxaria, acontece pela raiz. O chamado não é sobre obter poder através dos outros, mas sobre despertar o poder que reside dentro de você; cultivá-lo e usá-lo para manifestar mudanças com sua vontade. Não fazemos orações pedindo às nossas divindades que nos concedam dádivas ou atendam nossos desejos usando o poder delas em vez do nosso. Nós nos levantamos, assumimos a responsabilidade por nossas ações e fazemos as mudanças acontecerem através de nós. Podemos pedir auxílio e orientação às divindades, mas somos nós que estamos no banco do motorista; somos nós que voamos na vassoura. O caminho que percorremos depende de nós.

Isso é realmente algo assustador – mais um dos aspectos perigosos da Bruxaria. Significa assumir a responsabilidade; reconhecer que você tem o poder. E não estamos falando apenas de metafísica. Aqui, nas raízes, precisamos cuidar de nós mesmas e também cuidar e zelar umas pelas outras. Precisamos nos firmar com determinação, compaixão e amor – de forma feroz e resoluta. Como Bruxas, devemos fortalecer nossos espíritos e mentes. Precisamos estender a mão àquelas ao nosso redor que enfrentam dificuldades, oferecendo apoio e orientação. Assim, seguimos juntas, fortalecendo nossos laços e expandindo nossos horizontes.

5

EXPLORANDO O LIMIAR E OS NUMES LUMINOSOS

No tear: o som dos fios se cruzando enquanto formam algo maior do que eles mesmos. O peso e a textura do tecido em nossas mãos. Sentimos com mais do que apenas os olhos.

Mente liminal: quando ultrapassamos os limites dos rótulos e expectativas, se não respeitamos e honramos a nós mesmas, a quem podemos servir ou honrar? Nossa compreensão dos numes precisa começar em nós.

Agora, vamos viajar do metafísico para algo ainda mais invisível ou incorpóreo. Sim, este é o momento de falar sobre divindades, espíritos, os mortos e, possivelmente, outros elementos que causam inquietação em sua mente. Exploraremos os reinos liminais e analisaremos conceitos essenciais dentro da matriz espiritual da Tradição Moderna. Ao discutir o divino, lembre-se de que estas são ideias para refletir e formar sua própria opinião, porque seu sistema de crenças pessoal é exatamente isso: *pessoal.* Ninguém pode lhe dizer no que acreditar. Você precisa encontrar o que funciona melhor para si mesma e descobrir seus próprios mistérios e respostas.

BRUXAS E A EXPLORAÇÃO DO LIMIAR

Pergunte a duas Bruxas o que é o limiar, e provavelmente receberá pelo menos cinco explicações. O limiar é um estado mental que ocorre em sonhos e em estados de transe, uma sensação de ter um pé neste mundo e o outro pé no Outromundo, um lugar onde é possível viajar para interagir com deuses, espíritos, ancestrais e outras entidades, uma bolha desdobrada de espaço e tempo acessível no mundo desperto para quem souber procurá-la, ou um portal entre mundos aberto por meio de rituais. O limiar, certamente, pode ser diferentes estados para diferentes Bruxas. Para cada uma de nós, o limiar é um meio de dar forma e palavras a algo que é intuitivo, pessoal e quase indescritível.

Neste capítulo, você vai ver como *eu* experimento e trabalho com o mundo invisível. Sim, já avançamos bastante neste livro, mas só agora vou realmente falar sobre deuses e espíritos. Em muitos livros, a primeira coisa que você encontra são os deuses e como adorá-los. Como explicarei em breve, eu não venero divindades, trabalho com elas. Elas fazem parte do meu caminho, mas não são a única razão para ele. Também não pretendo divagar poeticamente sobre unguentos para voar ou fazer viagens fora do corpo – a maior parte do trabalho que realizo exige minha presença no corpo físico. Reforço novamente que estas são *minhas* experiências, perspectivas e o que tem funcionado para mim ao longo de décadas. Outras pessoas acreditam e enxergam as coisas de maneira diferente, e isso é totalmente válido. Acredito que tentar encontrar falhas nas interpretações de outras pessoas sobre o invisível pode se tornar algo bastante fútil, embora existam algumas ideias por aí que, por meio de sua propagação, podem ser prejudiciais tanto para o praticante quanto para os alunos, então talvez você perceba um toque de ironia em algumas partes. Encorajo você a refletir por conta própria e tirar suas próprias conclusões.

O QUE É O LIMIAR?

Passei todos os verões da minha infância na costa. Uma das minhas primeiras lembranças é acordar com o nascer do sol, ficar de pé nas dunas em frente de casa e me maravilhar com o brilho do sol nas ondas, como se a água fosse feita de diamantes. Tirando algum madrugador ocasional caminhando, a praia sempre estava deserta, então parecia que apenas as gaivotas e eu testemunhávamos esse espetáculo deslumbrante. As ondas recuavam, revelando tesouros de conchas e criaturas, úmidas e frescas. O oceano da manhã estava cheio de promessas, antes que o mundo despertasse e invadisse a praia.

Igualmente incríveis eram as noites de lua cheia e céu limpo. Depois que os banhistas partiam, o único som era o das ondas quebrando na areia fresca. A lua brilhava sobre a água como um caminho cintilante, convidando-me, como uma sereia, a entrar no mar e descobrir onde a luz levaria. O oceano à noite entoava sua canção de ninar, enquanto as ondas e o vento apagavam as pegadas, eliminando os vestígios de quem havia estado ali durante o dia.

Esses dois eventos marcam um tempo especial de transição, um carregando a sensação de "antes", e o outro de "depois". Meu momento de transição favorito na praia é o crepúsculo, quando o sol começa a se pôr. Uma aura de penumbra domina o lugar onde a terra encontra a água. Tanto a água quanto a areia molhada assumem uma luminescência quase sobrenatural.

Caminhar pelas ondas espumantes e borbulhantes, com os pés afundando na areia, faz você sentir como se estivesse dentro de uma concha gigante feita de nácar. As bordas do céu, do oceano e da praia desaparecem, e o mundo fica um pouco mais silencioso, quase sussurrado. Você é transportada para um lugar que não é exatamente um lugar, fora do tempo, onde terra, água e ar se fundem em um só. Para mim, essa é a essência do limiar.

Como o restante do mundo define o limiar? O dicionário *Merriam-Webster* nos fornece esta bela descrição:

> O substantivo *limen* refere-se ao ponto em que um efeito fisiológico ou psicológico começa a ser produzido, e *liminal* é o adjetivo usado para descrever coisas associadas a esse ponto, ou "limiar", como também é chamado. Da mesma forma, a palavra intimamente relacionada "subliminar" significa "abaixo de um limiar"; podendo descrever algo inadequado para produzir uma sensação ou algo que opera abaixo de um limiar de consciência. Como o limiar sensorial é um ponto de transição onde as sensações estão apenas começando a se tornar perceptíveis, *liminal* adquiriu dois significados estendidos. Pode significar "pouco perceptível", e atualmente é

muito usado como algo "transitório" ou "intermediário", como na "zona liminal entre o sono e a vigília".

Grande parte da experiência de ser uma Bruxa e praticar a Arte é difícil de traduzir em palavras. Contudo, "liminal" é uma daquelas palavras que chega bem perto de descrever muito do que sentimos. É um bom adjetivo para capturar essa sensação de estar ali, mas não completamente, como uma percepção. Quando usado como substantivo, dá nome aos lugares de transição que percorremos como espíritos ainda conectados ao plano físico – enquanto trabalhamos com espíritos de outros reinos. O que chamamos de "reinos" tem muito a ver com a cultura à qual pertencemos, aos mitos nos quais acreditamos e à forma como enxergamos o invisível e o desconhecido. Mas todos eles encontram uma origem na palavra "limiar".

A sociedade moderna tende a se enxergar como a única realidade – a menos que queira se assustar e contar histórias de fantasmas. Porém, por milhares de anos, nossos ancestrais acreditaram firmemente que há mais no mundo do que aquilo que podemos ver. Na mitologia católica, há o Céu, o Purgatório, o Limbo e o Inferno para descrever os diferentes lugares e estados pelos quais uma alma pode vagar. Na mitologia grega, não só existe um Submundo como nele também existem pelo menos cinco regiões: Tártaro, Campos de Asfódelos, Campos Elísios e Ilhas dos Bem-Aventurados. Nas práticas do Vodou, Guinee é o mundo espiritual onde as almas dos mortos vivem após atravessar sete portões. Na religião xintoísta japonesa, a terra dos mortos (ou mundo das trevas) é chamada de *Yomi-no-kuni*, considerada fisicamente separada desta realidade. Nas escrituras hebraicas, a terra para onde vão todos os mortos é chamada de *She'ol*, descrita como um lugar de quietude e escuridão, separado da vida e de Deus. Na mitologia nórdica, há *Yggdrasil*, a Árvore do Mundo, que sustenta todos os nove reinos de existência em seus galhos e raízes. Os hindus dividem o mundo em três partes: *Svarga* (as regiões superiores), *Prithvi* (a Terra) e *Patala* (o Submundo). Nas crenças aborígenes, o Sonho (ou o Tempo dos Sonhos) abrange todos os aspectos da vida – sagrados e seculares, físicos e espirituais – permeando esta realidade em certos momentos. Na história de criação dos Navajo, existem três submundos, e acredita-se que vivemos no Quarto Mundo, também conhecido como o "Mundo Cintilante". Repetidamente, vemos que nossos ancestrais acreditavam em diferentes reinos de existência além do óbvio mundo físico com o qual interagimos diariamente. Além disso, não apenas existem camadas ou locais separados de existência, como também inúmeras histórias e nomes para os seres que os habitam: anjos, demônios, fantasmas, *djinn* (gênios), fadas, elfos, ninfas, moiras, duendes, gnomos e tantos outros.

Das criaturas não mortas aos *otherkin*[26], todas as culturas possuem nomes, mitos, tradições e protocolos para seres que são semelhantes a nós, mas não são como nós – e que não pertencem completamente ao nosso mundo.

Obviamente, a humanidade vem dedicando mais pensamentos aos mundos do que podemos enxergar.

Claro, poderíamos descartar algumas coisas que já foram explicadas pela ciência, como os mitos que usamos para justificar fenômenos naturais ao nosso redor, por exemplo. Sabemos que as estações do ano são causadas pela inclinação do eixo do nosso Planeta esférico girando em sua órbita elíptica ao redor do sol, e não pela deusa Deméter lamentando a perda de sua filha Perséfone e revivendo o mundo quando ela retorna a cada primavera. Contudo, há muito que a ciência ainda não consegue explicar, e o método científico nem sempre está preparado para medir ocorrências liminais. O método científico foi criado para testar fenômenos que ocorrem em ambientes controlados e fisicamente delimitados. Qualquer bom cientista dirá que há muitas coisas que simplesmente não podem ser medidas ou testadas usando esse método, porque as condições em torno desses fenômenos são quase impossíveis de controlar de forma consistente. Tente fazer com que uma divindade ou um espírito realize qualquer coisa sob comando. (Certo, magos cerimoniais, acalmem-se – e o que vocês estão fazendo lendo este livro, afinal?). Há muito que podemos provar neste mundo, mas também existem coisas invisíveis, cuja evidência se manifesta através de gerações de fascinação humana. Às vezes, é necessário deixar de

26. *Otherkin* é um termo que descreve pessoas que acreditam possuir uma identidade além da humana, associando-se a animais, criaturas mitológicas ou entidades espirituais, com interpretações espirituais, metafísicas ou psicológicas. (N.T.)

lado frascos e livros, fechar os olhos e enxergar o divino dentro de nós. Além disso, há algo a ser dito sobre a profundidade emocional e poética dos mitos, que se perde ao reduzir tudo à ciência. A beleza da imaginação, da intuição e da arte está no fato de que, através delas, podemos vivenciar o mundo de maneira mais profunda e significativa.

A SOBREPOSIÇÃO ESPIRAL: A FORMA DE TUDO E O PORTAL PARA O DIVINO

Não posso dizer que já refleti de verdade sobre onde os deuses e espíritos existem em relação ao lugar onde estamos. Nunca fiz isso. Sempre senti que eles fazem parte deste mundo, assim como fazemos parte do deles. Embora existam muitos modelos fascinantes por aí, com níveis e hierarquias de seres tentando mapear tudo, nunca senti uma conexão com nenhum deles em particular. Se tivesse que escolher uma forma para descrever como percebo a composição do Universo, escolheria a espiral. Desde a dupla hélice do DNA, os números de Fibonacci e os fractais, até o formato das samambaias, flores, conchas de caracóis e o redemoinho de uma galáxia, a espiral parece estar presente de maneira infinita na estrutura do Universo. A espiral se move para dentro e para fora simultaneamente, conectando pontos enquanto cria espaço entre eles. Acredito que o Outromundo, onde residem divindades, espíritos e ancestrais, é, inerentemente, parte deste reino, e não algo separado de nós ou do mundo que conhecemos. Juntas, todas as camadas de consciência formam tudo o que conhecemos. Algo que podemos imaginar como uma concha de náutilo, com suas sucessivas câmaras espiralando para dentro e para fora, interconectadas e se sustentando mutuamente em um sistema cuidadosamente equilibrado. Talvez você possa imaginar um modelo do Universo em que cada nível de existência ou consciência seja uma espiral de cor diferente, girando em torno de um eixo ou polo unificador, com as cores se misturando à medida que cada espiral encontra sua vizinha. Ou, em vez de um único polo, como a Yggdrasil, a Árvore do Mundo, considere a estrutura do DNA: uma escada em espiral flexível. Visualize cada realidade como um trilho de escada atravessando um par de colunas espirais – permitindo que tempo e espaço sejam flexíveis, curvando-se ocasionalmente sobre si mesmos, capazes de se orientar em qualquer direção, mas mantidos juntos pela estrutura principal. Se eu tivesse que apostar em um design que expressa a natureza das coisas, escolheria este último. Se você desenrolar e estender uma cadeia de DNA, de repente a estrutura de um tear surge diante de você, contendo as informações de todos os padrões do mundo. Todas as coisas no mundo – seres humanos, plantas, animais, montanhas, moléculas, divindades, ancestrais, torradeiras – são simultaneamente os fios do padrão e os tecelões que produzem o padrão.

QUESTÕES DO ESPÍRITO

Então, quem ou o que é o espírito? Se olharmos o mundo através de uma perspectiva panteísta e animista, tudo possui um espírito. Porém, a forma física, como a conhecemos, não é um requisito. Sempre gostei da seguinte máxima: "Nós não somos seres humanos tendo uma experiência espiritual. Somos seres espirituais tendo uma experiência humana." Dentro dessa afirmação, está a sugestão de que somos espíritos que passam temporariamente pelo plano físico. Uma vez que nos separamos do nosso corpo pela morte, é muito provável que continuemos existindo. Isso significa que há espíritos que não estão atualmente encapsulados em incríveis "trajes de carne". Se acreditarmos que plantas, animais e lugares possuem uma energia espiritual única, podemos concluir que existem muitos tipos de espíritos. Além disso, é provável que haja uma diversidade ainda maior de espíritos além daqueles vinculados ao plano físico que conseguimos compreender e perceber.

De repente, conseguimos enxergar explicações para fantasmas, visitas ancestrais, divindades, anjos, demônios, fadas e várias outras entidades espirituais.

A seguir, veja alguns tipos de espíritos com os quais eu mais trabalho e reconheço: divindades, o eu divino e seres humanos falecidos, nas categorias dos Poderosos Mortos, ancestrais e fantasmas. Explicarei cada um deles com base no melhor do meu conhecimento e experiência atuais e falarei sobre algumas formas de trabalhar com esses espíritos.

NUMES LUMINOSOS: DEUSES

Um "nume" é uma força divina, espírito ou divindade particularmente associada a um lugar específico, imanente ou que preside nas proximidades (em inglês *numen*; plural *numina*). Existem muitas maneiras de entender as formas que o poder divino pode assumir e como os numes podem se relacionar conosco, mesmo dentro do contexto da espiritualidade pagã.

Politeístas geralmente acreditam que as divindades são entidades específicas e completas, cada uma com sua própria personalidade, revelada por meio de mitos e interações pessoais. Aqueles que têm uma visão mais animista e panteísta veem os deuses como espíritos de ancestrais, entidades elementais ou a animação de um lugar ou objeto. Monoteístas podem reconhecer um único nume, considerando as divindades como arquétipos, representações do divino com as quais podemos nos conectar, ou como mitos que ganham vida.

Algumas pessoas acreditam que as divindades são sustentadas por aqueles que as veneram. Outras entendem os deuses como uma faceta da fonte divina em qualquer forma que escolham assumir, sendo imparciais ou independentes de adoração e reconhecimento. As opiniões sobre a realidade dos deuses podem se tornar tão específicas que chegam ao ponto de gerar discussões acaloradas. Acredito que essa é uma perspectiva tão pessoal e reveladora, que o melhor que podemos fazer é compartilhar como enxergamos os deuses e respeitar as perspectivas dos outros, independentemente de concordarem conosco ou não.

Na minha prática pessoal, reconheço o divino como uma energia que pulsa através do Universo presente no mundo ao meu redor, inclusive em mim mesma. Além disso, tenho experiências pessoais e muito concretas com divindades, o que me leva a acreditar que elas podem, sim, ter personalidades e formas distintas. Também reconheço que arquétipos são uma maneira extremamente útil de ajudar a mente humana a se conectar com o mito e o espírito. Uma divindade pode se encaixar em um arquétipo, mas isso não significa que ela seja bidimensional, como uma figura de papelão, nem que todas as divindades dentro desse arquétipo sejam iguais. Por exemplo, você pode me classificar como artista, mas isso não quer dizer que eu faça o mesmo tipo de arte que outros artistas ou que eu me dedique exclusivamente à arte.

OS DEUSES NOS CRIARAM / NÓS CRIAMOS OS DEUSES

Então, o que são os deuses e de onde eles vieram? Bem, os deuses podem ter nos criado, mas nós também os criamos. Ambas as afirmações são verdadeiras. Esse é o meu exemplo favorito do dilema do ovo e da galinha. Algum tipo de energia nos trouxe à existência, e talvez alguns dos deuses tenham sido os primeiros tecelões, moldando essa energia em padrões que formaram o mundo. Eles se revelaram a nós de diversas maneiras, e nós continuamente interpretamos essas visões para compreender a essência do divino.

Olhando para trás na história, podemos perceber mitos paralelos, com deuses surgindo, fundindo-se e desaparecendo. A popularidade de determinadas divindades têm variado muito, com deuses em ascensão e queda com as civilizações e as religiões. Uma força divina única pode explicar como *tudo* surgiu de alguma forma (incluindo os deuses), mas os seres humanos desempenharam e continuam desempenhando um papel significativo em moldar a face que as divindades assumem.

Os deuses me ajudam a me conectar com o mundo, compreendê-lo melhor e me guiar no meu caminho. Mas também é evidente que eles precisam de mim (de nós) de diversas formas, seja através da energia que oferecemos por meio de ritos, rituais e outros atos devocionais, ou porque dependem de nós para realizar certas ações no mundo físico por variados motivos. É uma relação simbiótica, de troca e colaboração. Somos responsáveis pela evolução dos deuses através de nossas próprias mãos e mentes.

Ao prestar atenção à mitologia abraâmica, é possível notar algo interessante sobre o Primeiro Mandamento: "Não terás outros deuses diante de Mim". Com o tempo, isso acabou sendo interpretado como "existe apenas um deus." Mas não, o mandamento de Yahweh reconhece claramente a existência de outros deuses, pois ele precisa especificar: "diante de Mim." Ele também não menciona ter outro deus *depois* dele. Além disso, os Dez Mandamentos surgiram no contexto em que os judeus firmaram uma aliança com Yahweh. Basicamente, eles fizeram um contrato com essa divindade. A mitologia está repleta de histórias de pessoas fazendo contratos e acordos com deuses. E por que isso importaria a uma divindade? Importa se a divindade obtém algo em troca – definitivamente algo a se pensar!

Outro ponto a considerar é que o conceito de uma divindade singular, todo-poderosa e onisciente pode ser comparado a uma mutação ou anomalia genética. Não é uma ideia amplamente predominante ou particularmente lógica. A maioria dos mitos de criação envolve um grupo de diversas divindades originadas de uma figura parental, que, por sua vez, dá vida a outros deuses e completa seu próprio ciclo de existência. Quando comparamos mitos ao redor do mundo, percebemos um tema recorrente: as divindades geralmente não são oniscientes nem todo-poderosas. Em vez disso, uma divindade geralmente está ligada a uma ou mais áreas de especialização, colabora com outras para enfrentar problemas que não resolve sozinha e frequentemente apresenta comportamentos muito semelhantes aos humanos. Essas características familiares podem existir porque fomos criados à imagem delas – ou porque elas foram criadas à nossa imagem.

> *Reflexão diária:* se você chegou à Bruxaria vinda de outra religião, buscando algo que pareça mais alinhado com quem você é, talvez ainda carregue alguns "grilos" sobre o que é Deus. Este pode ser o momento perfeito para explorar suas ideias e sentimentos sobre o divino, sem as limitações do dogma.

A EVOLUÇÃO DOS DEUSES

Não foram as ideias religiosas que nos separaram inicialmente, mas a simples necessidade de sobrevivência. Quando um grupo prosperava em determinada região, enfrentando ou adaptando-se às condições climáticas e doenças, chegava um momento em que o equilíbrio entre pessoas e recursos ficava insustentável. Isso forçava parte do grupo a se dividir e migrar para novas áreas. Ser nômade, migrando conforme as estações e os movimentos dos animais, era uma maneira de adiar o inevitável. Com o aprendizado do cultivo e a domesticação, a necessidade de espaço e recursos cresce. De fato, todos os animais que vivem em comunidades – como cavalos, lobos, leões, abelhas, suricatos e golfinhos – tendem a se dividir em novos grupos para proteger os recursos e favorecer a diversidade genética.

Esse desenvolvimento natural transforma profundamente a maneira como um grupo vivencia o mundo ao seu redor. Imagine que, por gerações, um povo tenha habitado um determinado vale. Com o tempo, as pessoas se tornam íntimas da paisagem, dos marcos naturais, da flora, da fauna e dos ciclos climáticos da região. Esses elementos moldam sua percepção do mundo e levam à criação da mitologia: suas origens, os protocolos apropriados e as crenças que sustentam.

Então, um grupo atravessa uma pequena cadeia de montanhas em busca de mais recursos. Eles encontram um novo lugar para viver, mas a paisagem, o clima, as características naturais e os animais são diferentes, mesmo que a nova localização esteja a apenas alguns quilômetros de distância. Em vez de um lago tranquilo para obter água, agora contam com uma nascente montanhosa.

Com a maior altitude vêm ciclos climáticos diferentes, novas plantas e outros animais, trazendo tanto novos recursos quanto novos riscos. O grupo que se separou começou com a mesma mitologia do grupo original, mas agora há novos protocolos a seguir e novos perigos a enfrentar. Coisas que eram importantes no vale perdem relevância quando comparadas às novas descobertas necessárias para a sobrevivência nesse novo ambiente. Sobreviver na neve torna-se uma habilidade essencial, diferente de atravessar um pântano lamacento. O Deus do Lago pode ser reinterpretado ou substituído pela Deusa da Nascente, e os ritos funerários podem mudar de enterros na terra para a exposição ao ar livre, já que o solo duro e frequentemente congelado dificulta o sepultamento. Nesse caso, o corpo é deixado exposto para que aves, outros animais e os elementos naturais o consumam e decomponham seus restos.

Com o tempo, embora essas pessoas possam ter vindo da mesma origem, sua mitologia e práticas mudam à medida que suas experiências de vida se adaptam ao ambiente e condições relacionadas. Independentemente da religião que se observe, a ideia central por trás da divindade é explicar como e por que existimos, como nos sustentamos, como interpretamos o mundo ao nosso redor e como encaramos o futuro – tudo isso muda de acordo com as condições do ambiente em que vivemos, transformando-se para criar novas mitologias e novos deuses. Os deuses nos criam e nós os criamos em troca, porque nada é estático neste mundo. Levamos nossas histórias, mitos e folclores conosco – através de montanhas, oceanos, cidades e espaço – com isso, os deuses se transformam, mudam e evoluem. Consequentemente, a forma como os observamos, identificamos, praticamos, acreditamos e nos conectamos a esses deuses também muda.

Você pode estar pensando: "Certo, tudo bem, isso era antigamente, milhares de anos atrás. Mas agora, com tudo já estabelecido, nada vai mudar". Errado! A maioria de nós realmente não precisa enfrentar as jornadas perigosas de nossos ancestrais para desbravar novos territórios com poucos recursos, mas nosso ambiente ainda muda e continua influenciando nossas experiências. Desde refugiados fugindo de desastres para sobreviver até imigrantes buscando novas oportunidades para prosperar, passando pela expansão suburbana e os abalos urbanos em nossas cidades devido à gentrificação, o mundo continua a se transformar ao nosso redor. Sempre que você sobe ou desce a escada econômica, muda-se para um novo bairro ou retorna a um antigo, sua experiência muda e influencia como você enxerga o mundo ao seu redor. Você evolui e cresce – e seus deuses também.

Os problemas surgem quando deixamos de perceber essa progressão natural. Minha ideia ou experiência com uma divindade específica pode ser bem diferente da sua, mas isso não torna nenhuma delas errada. Pelo contrário, reforça ainda mais a importância de promover respeito e compreensão. O único equívoco surge ao afirmar que a visão ou a relação de outra pessoa com sua divindade está errada simplesmente por não ser o caminho que você escolheu. A solução, portanto, é evoluir.

OS DEUSES DEVEM ESTAR LOUCOS

O amanhecer de eros
A Lua, o Sol
Os filhos da colheita se casam com a guerra
Os mortos choram sob a terra

Uma moeda de ouro para a travessia
Com o sangue vem o poder
Um querubim em armas
Bela juventude em flor

E tu brutalidade, e tu vergonha
E tu humanidade banhada em sofrimento
E tu riso, e tu esperança fugidia
Cacofonia confusa
Carne moldada em partículas de poeira estelar

Um panteão de propriedades
Pois a tampa de Pandora nunca se fechou
Altruísmos emparelham atrocidades
O mundo parece indisposto

E, assim, profetas sem surpresa
leem suas visões nebulosas e inconstantes
Unindo-se em conclusão
Os deuses devem estar loucos

Nathaniel Johnstone, "Os Deuses Devem Estar Loucos",
poema falado de *The Antikythera Mechanism*

Um comentário popular que vejo os politeístas fazendo gira em torno da ideia de que os deuses não são "bons". Essa discussão se baseia na "realidade" dos deuses e no fato de que eles não são totalmente amigáveis, como as estátuas ornamentadas ou recortes de papel que parecem existir apenas para atender nossos desejos e vontades. Geralmente, há uma mensagem subjacente de que o medo e a devoção são deveres importantes e obrigatórios – e que, claramente, quem não compartilha dessa visão não está enxergando ou compreendendo os deuses de maneira tão clara ou correta quanto aqueles que a defendem.

Como alguém que passou dez anos em uma escola católica, com uma mãe que ensinava religião e um pai judeu, minha educação foi marcada por intensas discussões teológicas e um interesse profundo pelo Antigo Testamento. Além disso, desenvolvi ao longo da vida uma paixão por mitologias de diversas culturas ao redor do mundo: Egito, Babilônia, Índia, culturas indígenas americanas, Grécia, entre outras. Desde o tema recorrente na Bíblia de que "meu Deus é um deus vingativo/ciumento" até toda a coleção de mitos gregos e romanos (que gosto de chamar de "deuses se comportando mal"), temos uma longa história de reconhecer que os deuses são seres que evocam medo, admiração e respeito, muitas vezes ao mesmo tempo. Acho que poucas pessoas que acreditam em deuses discordariam muito desse raciocínio.

Independentemente de você interpretar os mitos das divindades como uma maneira de explicar os mistérios da natureza e da existência humana ou viver uma relação pessoal e concreta com uma entidade divina, é difícil ignorar a realidade de como o mundo funciona. A água é fonte de vida, mas também pode inundar e afogar. O fogo traz calor, mas também pode consumir casas e devastar paisagens. A terra nos oferece alimento, mas também pode trazer veneno e nos engolir por completo. O ar é essencial, mas também pode destruir e nos abater. Mitos de todas as culturas destacam as virtudes e as bênçãos dos deuses, assim como seus aspectos mais sombrios, o que não surpreende quando observamos a natureza da humanidade – nossos momentos mais brilhantes, os mais obscuros e tudo que existe entre eles.

Se somos moldados à imagem dos deuses, por que eles seriam diferentes de nós em termos de virtudes, vícios e personalidades? Se todos nós (deuses e seres humanos) viemos da matéria das estrelas, por que não teríamos outras coisas em comum? Quer eles existam por nossa causa, quer nós existamos por causa deles, ou algo do gênero, estamos inegavelmente ligados. Há, sem dúvida, relações a serem exploradas, e elas variarão de pessoa para pessoa e de divindade para divindade.

Entendo a inclinação de quem rompe com a religião abraâmica de buscar uma divindade oposta, frequentemente feminina, gentil, acolhedora e compreensiva. No entanto, acredito que essa visão seja uma fantasia passageira, que evolui à medida que aprofundamos nossa compreensão sobre a relação com a natureza, o divino e nós mesmas. Sabemos que uma mulher não se define por um único aspecto, assim como uma Deusa-Mãe pode ser feroz e irada, enquanto um Deus-Pai pode demonstrar acolhimento, proteção, generosidade e solidariedade.

Quando seguimos nosso caminho e construímos uma relação pessoal com entidades divinas ou espíritos (ou com vários), começamos a entender melhor sua natureza, o equilíbrio entre dar e receber energia, a diversidade de personalidades, as bênçãos e os desafios. Aproximações ingênuas ou equivocadas, porém, tendem a provocar uma reação: os deuses nos cutucam – ora de maneira sutil, ora com mais intensidade, para captar nossa atenção e nos alinhar à sua sintonia. Os deuses operam em um nível diferente do nosso; conseguem enxergar mais do padrão do que somos capazes. Isso também significa que, em nossas formas físicas atuais, pode ser muito mais difícil compreender os mistérios que eles tentam nos revelar. Algumas coisas estão além da nossa compreensão, simplesmente por causa de onde, quando e como estamos.

Aqui está outra forma de enxergar isso: imagine duas amigas e uma árvore alta. Uma está no chão, enquanto a outra vive no topo da árvore. As duas podem tocar a árvore e conversar entre si. A amiga em cima pode jogar maçãs para a que está no chão (esperando que não a acerte, a menos que seja de propósito...). A amiga no chão pode cantar para a que está no alto, avisando que está por perto. Ela também pode cuidar da árvore para garantir que sua amiga esteja bem. No final, a amiga em cima da árvore tem uma perspectiva diferente da que está no chão. Ela pode enxergar mais longe, em todas as direções, mas precisa da amiga no chão para realizar mudanças que não consegue fazer de onde está. As amigas estão conectadas, mas não totalmente dependentes uma da outra.

Os deuses nem sempre fazem sentido para nós, assim como há momentos em que sequer entendemos a nós mesmas. A compreensão surge com o tempo e a experiência, mas, ainda assim, nenhum de nós – deuses, humanos ou qualquer outra coisa – pode saber tudo. O que podemos fazer, por mais desafiador que seja, é buscar diálogo e aprendizado em cada experiência que compartilhamos.

Vivenciando os Deuses

Acredito que uma das coisas mais bonitas na Bruxaria é a possibilidade de ter uma relação pessoal e direta com o divino – seja qual for a forma como você o imagine. Para se conectar com uma divindade, muitas vezes basta uma intenção clara, sem depender de onde estamos em nosso caminho. Não há necessidade de um mediador. Admito abertamente que carrego resquícios da minha educação católica, apesar de ter recebido dos meus pais – e do casamento inter-religioso deles – conceitos radicalmente progressistas e de mente aberta, além de algumas influências de professores católicos ao longo dos anos. Esse traço aparece, sobretudo, quando me incomodo com pessoas que tentam ditar como minha prática deveria ser ou como meu relacionamento com os deuses supostamente deveria funcionar. Desde muito cedo, eu não reagia bem à ideia de que apenas outra pessoa (especialmente alguém dotado de um "pênis sagrado", porém supostamente inativo) poderia falar com Deus e realizar os rituais. Tirava notas máximas em todas as aulas de religião e conhecia a Bíblia inteira, mas nada disso fazia sentido lógico ou espiritual para mim. Sentia um profundo anseio espiritual. Apesar de toda minha apreciação pelos ritos e histórias em torno de Maria, parecia que eu estava em uma piscininha infantil com quase nenhuma água, tentando me refrescar, enquanto um oceano oculto se erguia logo ali perto.

Na adolescência, busquei esse oceano e, de certa forma, fui lançada diretamente nele – ou talvez tenha sido ele que me encontrou. Em vez de me engolir e me afogar, esse oceano me ensinou a nadar, a seguir seu fluxo e refluxo, a ouvir e atender aos seus pedidos. Para esclarecer a metáfora, esse oceano representava os deuses e espíritos com os quais trabalho, que me mostraram como caminhar ao lado deles. Décadas depois, enquanto eu me transformo e o mundo ao meu redor também muda, eles seguem me revelando caminhos, guiando e inspirando minhas escolhas.

No encontro Many Gods West, em 2016, ouvi meu amigo John Beckett falar sobre começar uma comunidade "colocando os deuses no centro" dela. Em resposta ao que ele disse, desenhei no meu caderno a estrutura de um átomo, mostrando o núcleo no centro e os elétrons orbitando ao seu redor. Não tenho certeza se John pretendia que sua ideia fosse interpretada tão literalmente. Entendi o que ele queria expressar, mas minha mente foi para outro lugar. No meu pensamento, aquele modelo colocava os deuses como o núcleo do átomo, e nós, humanos, como os elétrons orbitando ao redor deles. Quanto mais refletia sobre o átomo e os deuses, mais percebia que um átomo funcional precisa de *todas* as suas partes; cada uma tem sua importância. E se *nós* fôssemos o núcleo e os deuses os elétrons, responsáveis por nos equilibrar e provocar mudanças em nossa consciência? Poderíamos debater sobre o papel de cada um, mas o essencial é que, juntos, formamos o átomo. Além disso, é fundamental reconhecer o divino nas outras pessoas para alcançar equilíbrio e compreensão, lembrando que há muitos tipos diferentes de átomos ao nosso redor.

Isso tudo me leva a mais um ponto delicado para mim: a devoção. Quando penso em "devoção" e "devocional", a imagem que me vem à mente é de senhoras italianas solitárias sentadas nos bancos da igreja dos meus avós na Filadélfia, recitando o rosário – todas juntas, mas completamente sozinhas, apoiando-se no ritual para buscar conforto e paz na presença de seu(s) deus(es), mas ainda assim separadas deles. Se olharmos para a definição de devoção, ela pode ser entendida como "amor, lealdade ou entusiasmo por uma pessoa, atividade ou causa", bem como "culto ou observância religiosa". Para encontrar uma conexão pessoal com o termo, eu teria que me inclinar para a primeira definição, por um motivo principal: eu não venero os deuses. Sou devotada ao meu parceiro, mas não venero ele. Da mesma forma, tenho uma relação intensa e íntima com os deuses, mas essa relação não é definida por estar separada deles ou por me conectar apenas através de rituais específicos. Eles estão sempre presentes, seja no meio de um ritual, seja enquanto dirijo até o supermercado. (Uma verdadeira experiência de passageiros mandões!) Você pode discutir a semântica, mas o significado dessas palavras específicas não conseguem expressar essa relação para mim. Além disso, os espíritos e deuses certamente me avisam se algo está ou não funcionando para eles – assim como eu tenho a posição de fazer o mesmo com eles.

É por isso que acredito que a melhor forma de descrever minha relação com divindades e espíritos é *vivenciá*-los, e permitir que eles também me vivenciem. Os detalhes dessa experiência são definidos mutuamente entre nós, de maneira única e pessoal. Não cabe a ninguém julgar ou determinar como isso deve acontecer. Assim como criamos os deuses e eles nos criam, cada experiência será singular para cada pessoa. Essa é uma verdade que, acredito, todos deveriam ter em mente ao seguir seus próprios caminhos.

Escolhendo Deuses – ou Não

"Como saber quais deuses escolher? Com quais devo trabalhar? Como escolho os deuses que devo seguir? E se nenhum quiser falar comigo? Eu realmente preciso de deuses?" Essas são perguntas comuns feitas por praticantes iniciantes. Outra questão relacionada seria: "Encontrei um Deus ou uma Deusa. Agora preciso encontrar uma contraparte para acompanhá-lo ou acompanhá-los?"

Eu entendo completamente. É complicado quando você vem de um contexto com tudo previamente definido: "Adore esse cara e nenhum dos outros – bem, com exceção de que às vezes você pode falar com esses seres especiais". Nesse caso, você está entre um manual extremamente detalhado e a ideia de que não existe manual algum, porque, afinal, o que *são* os deuses? Você está se adaptando a um novo conceito de que existem diversos deuses por aí – ou talvez à estranheza de que os deuses são reais e existem, ou ainda que deus/deuses são muito diferentes do que você imaginava. Para piorar, não há um livro definitivo para dizer quem, como e por quê. Incrível, não é?

Ah, espera aí, isso não é nada incrível. É confuso, e você provavelmente está apavorada com a possibilidade de cometer um erro. Você pode ter adquirido um livro com uma longa lista de divindades de todo o Planeta – ou talvez um livro que sugere apenas alguns – e nenhum realmente ressoa com você.

O que uma Bruxa deve fazer? (Atenção! Atenção! Heresia/blasfêmia à frente!)

Você não precisa nem tem de *fazer* nada em relação aos deuses para trilhar seu caminho. Assim como não é necessário estar em um relacionamento romântico para se sentir completa ou feliz, também não precisa ter ou seguir deuses para ser uma Bruxa. Sim, eu acabei de dizer que não é obrigatório ter deuses na sua prática, e ainda estou aplicando conselhos sobre namoro às divindades.

As empresas lucram muito vendendo a ideia de que não podemos ou não *devemos* estar sozinhas, que precisamos estar em um relacionamento – que qualquer relacionamento (bom ou ruim) é melhor do que nenhum. Como resultado, muitas pessoas acabam pulando de relação em relação sem nunca parar para refletir sobre o que realmente precisam ou desejam. O mais crítico é que elas não têm tempo nem para descobrir quem são por conta própria. Para ter um relacionamento verdadeiramente saudável, a maioria das pessoas precisa desse tempo e foco, tanto para ser uma boa parceira quanto para manter um estado saudável para si mesmas.

Da mesma forma, se você acabou de sair de um relacionamento ruim com um Deus insuportável,[27] precisará de algum tempo para descobrir quais outras possibilidades existem. O ideal seria explorar diferentes mitos e conceitos, descobrir uma incrível variedade de divindades por aí e saber o que funciona ou não para você – sem estabelecer algum tipo de compromisso sério imediatamente (ou nunca, se preferir).

Mas como saber quais deuses são os certos para você? Pode parecer superficial ou pouco útil, mas você saberá quando encontrar a combinação certa. Padrões, repetição de símbolos e sinais vão começar a aparecer continuamente. Eles podem até se aproximar sorrateiramente, fazer o ambiente inteiro cheirar a bode e depois se tornarem passageiros mandões no seu carro até você entender o recado. (História real.) Se você se sentir atraída por certos mitos ou imagens, aprofunde-se neles. Não se preocupe com a possibilidade de não perceber os sinais. Deuses e espíritos sabem que podemos ser bem distraídas às vezes, e é por isso que repetem as coisas até entendermos.

---

27. Veja a minha publicação "One God, A Multitude of Jerks?", em http://www.patheos.com/blogs/tempest/2017/04/one-god-a-multitude-of-jerks.html.

Mas não vou ofender alguém?

Quem você está com medo de ofender? Outras Bruxas? Você vai acabar fazendo isso sem nem perceber com algumas pessoas, e, sinceramente, por que se preocupar com a opinião delas sobre sua prática? A menos que seja um mentor, um mestre ou alguém que você respeita, não é da conta de ninguém qual é o seu caminho. Está preocupada em ofender os deuses (aqueles que você nem sabia que existiam ou eram uma possibilidade até pouco tempo atrás)? Nem todo Deus é um controlador mesquinho, ciumento ou inseguro. A maioria, na verdade, não é. Eles sabem que às vezes somos um pouco lentas para entender as coisas e, em geral, deixam claro quando estamos pisando na bola. Menos preocupação, mais Bruxaria.

Mas e se eu não tiver um exemplo perfeito de divindade binária? E se eu tiver apenas um Deus ou uma Deusa?

Esqueça a binaridade de gênero. Você não precisa de uma divindade matriarcal e uma divindade patriarcal. Pode trabalhar com apenas uma. Ou pode trabalhar com vinte de gêneros variados. Também não é sua obrigação juntar deuses aleatórios de panteões completamente diferentes para formar pares, como se fosse um jogo divino de Barbie e Ken. Claro, você pode trabalhar com deidades de panteões diversos, mas não precisa emparelhá-las para realizar trabalhos baseados em algum tipo de equilíbrio de gênero, especialmente se for uma deidade conhecida por operar sozinha. Hekate não precisa de Thor para ajudá-la com nada.

Então, se eu não sei quem são os meus deuses, o que devo fazer?

Você pode prestar suas homenagens às energias e aos espíritos ao seu redor sem precisar saber nomes específicos. Pode honrar o divino em seu interior e no mundo ao seu redor. Conectar-se consigo mesma e com o ambiente à sua volta é muito importante – e ainda pode ajudar a guiá-la para onde precisa ir mais rápido do que qualquer outra coisa. Reserve um tempo para refletir sobre o que você sabe e acredita ser verdade. Tente vivenciar uma experiência sem pensar demais em tudo. Deixe de lado um manual rígido de regras e veja quem aparece para o jantar. Só não se esqueça de dividir a conta.

Se você sente a necessidade de ser uma Sacerdotisa devotada a uma Deusa específica e fazer todo o seu trabalho girar em torno dela, isso é algo entre você e ela. É o seu caminho. Encorajo você a enxergar as divindades como uma família: tem aquela avó que você ama e adora, o irmão que você evita a todo custo e a tia com quem mantém contato algumas vezes por ano. Você se envolve com eles na medida em que se sente confortável, e, às vezes, quer receber a visita deles. Nota*:* às vezes a visita chega sem avisar, você querendo ou não.

Acredito que é sábio estar aberta a possibilidades, e acho que essa é a beleza do politeísmo, do panteísmo e do animismo. Posso realizar um trabalho com uma divindade específica, mas o próximo pode envolver um espírito animal, plantas, um *genius loci* ou apenas eu mesma. Somos todos seres no mesmo Universo, então, assim como na vida cotidiana, podemos, em grande parte, escolher os tipos de relações que desejamos ter e com quem. Minha relação com o mundo é definida pelo todo, que inclui, mas não se limita a, deuses, espíritos, terra, sangue, mito e magia. Nossa magia começa dentro de nós e flui a partir daí.

Cheirando os Deuses

"Então, basicamente, eles estavam 'cheirando os deuses'?", ele disse, e eu quase caí da cama de tanto rir. Eu estava descrevendo um ritual que tinha participado para o meu parceiro, tentando explicar por que aquilo não funcionou muito bem para mim. Na maioria das vezes, os rituais de outras pessoas me causam o mesmo efeito. Talvez eu seja uma Bruxa incrivelmente exigente. (Ok, não há um "talvez" a respeito disso. *Eu sou* muito específica sobre determinadas coisas.)

Também não estou criticando os rituais de outras pessoas, porque é bem claro para mim que elas estão tirando algo disso. (Elas devem estar certas, porque, caso contrário, por qual motivo continuariam a realizá-los? Na verdade, é melhor não perguntar isso.) Definitivamente, não existe só uma forma de fazer as coisas, especialmente quando se trata dos deuses. Posso apreciar o esforço e a intenção, mas, com muita frequência, para mim é como estar do outro lado de uma experiência sexual sem graça. Alguém sentiu prazer, mas não fui eu. E isso é sempre frustrante e constrangedor.

Mas deixe-me voltar um pouco, porque você provavelmente deve estar se perguntando o que diabos significa "cheirar os deuses". Essa expressão surgiu de um ditado que criamos durante uma de nossas viagens pelo país. Eu estava morrendo de saudade dos nossos gatos em casa, especialmente depois de uma semana e meia sem contato com nenhum gato durante a viagem. Postei na internet que eu precisava desesperadamente cheirar alguns gatinhos. Quem tem gatos provavelmente sabe exatamente do que estou falando, mas para quem não tem felinos na vida, os gatos têm um cheiro maravilhoso e quente, especialmente na região da cabeça. Se você é próxima dos seus gatos como eu sou (meu gato Sam dorme no meu peito toda noite, com o rosto encostado no meu), esse é um aroma muito reconfortante, que acompanha a maravilha de uma massa ronronante de pelo quente. (Há também algumas páginas hilárias sobre "cheirar gatinhos" que você deveria procurar no Google.)

A questão é, se vocês não tiverem uma boa relação, seu gato não ficará muito interessado em ser "cheirado" por você. Muitas pessoas gentis por todo o país me ofereceram seus gatos para eu "cheirar", mas a maioria dos gatos não estava nem um pouco a fim (com exceção de alguns filhotes que não sabiam o que estava acontecendo, embora ainda tenham ficado inquietos com isso). A intenção era boa, mas ninguém envolvido ficou realmente feliz com isso.

Então, "cheirar os deuses" em um contexto ritualístico é basicamente tentar ter um efeito reconfortante por meio do contato com divindades, geralmente sem ter uma familiaridade profunda com elas e, possivelmente, com pouco propósito além de atender às suas próprias necessidades. No entanto, se você não tem uma relação de trabalho ativa com os deuses, a experiência pode ser bastante confusa para todos os envolvidos. (Isso inclui tanto os deuses quanto os humanos.)

Para mim, trabalhar com divindades e espíritos é uma experiência cotidiana. Poderíamos até usar a palavra "casual" para descrevê-la. Conforme mencionei anteriormente, eu não "venero" os deuses nem me considero devocional nesse sentido. Trabalhamos juntos para benefício mútuo. Invocá-los não exige mais esforço de mim do que ligar ou mandar mensagens para alguém (na verdade, exige até menos esforço, já que não sou muito fã de falar ao telefone). Assim, em outros rituais, no momento em que começam a dar as boas-vindas a determinada divindade, essa divindade já está bem ao meu lado. BUM! Em seguida, enquanto o ritual continua a invocar a tal divindade, ela olha para mim e diz: "Então, o que está acontecendo? Já estou aqui. O que vamos fazer?". E tudo o que faço é dar de ombros e dizer: "Acho que isso é para você". A divindade responde: "É mais para eles, mas tudo bem".

Conforme observado no capítulo anterior, existem inúmeros tipos de rituais: muitos são atividades extremamente simples e diárias, e outros são ritos extravagantes, com muita pompa e circunstância. Eu raramente pratico o segundo tipo de rito, e, quando pratico, ele é criado para ser uma experiência de múltiplas camadas – para os deuses, para os participantes, para qualquer propósito para o qual seja criado. Não é um ritual pelo ritual em si ou porque o calendário lunar ou solar assim determinam. Deve haver um objetivo claramente definido, além de transformar o que você poderia ver como uma ligação telefônica obrigatória e agendada em uma videoconferência.

Uma parte essencial de ser uma Bruxa (na minha humilde opinião) é entender que nos relacionamos com o divino diariamente. Pode ser difícil romper mentalidades religiosas que tornam a divindade separada de nós e acessível apenas em dias especiais, em locais específicos, por meio de um número escolhido de pessoas. Também é difícil se tornar íntima da divindade quando você mantém tanto ela quanto os conceitos divinos a uma certa distância segura. Novamente aplicando o modelo de namoro, é uma pressão muito grande ir a um primeiro encontro em um restaurante superchique, toda arrumada – isso é algo que geralmente é mais apreciado com o tempo, em uma ocasião especial. Pense mais em um encontro para um chá ou café, ou ir a um passeio juntos, mas, você sabe, com a Bruxaria.

Pratique "cheirar" de forma consensual.

OS DEUSES QUE VÊM CONOSCO

A seguir, cito um trecho de um sonho que tive. Essa mistura de poesia e prosa oferece mais uma percepção sobre os deuses que quero compartilhar com você.

Era um ambiente meio interno, meio externo – um grande átrio coberto, com espaços de reunião abertos, grandes terraços e passeios. A maioria das pessoas era de nível universitário, com alguns ex-alunos visitando e participando de grupos de discussão. Eu estava passando quando alguém gritou: "Ei, vamos perguntar para a Tempest!"

Ouvindo meu nome, caminhei até a mesa, sentei-me e disse que queria escutar a pergunta.

Escutei. Então, deitei-me na mesa, com os cabelos esparramados, e olhei para o céu/teto. Em seguida, respondi: *"Há os deuses dos lugares e os deuses dos espaços. Há os deuses que carregamos conosco e os deuses que vêm conosco."*

As pessoas assentiram.

1. *"Os deuses dos lugares são os deuses que sempre estiveram lá. Eles são os elementos e os elementais, o ctônico, aquilo que sempre existiu. Os deuses dos espaços chegam a um lugar e criam um nicho, um espaço próprio entre os deuses dos lugares. Eles são a natureza que vive, respira, morre e renasce repetidamente – as árvores, os bosques, os riachos, as lagoas."*

O cavalheiro que tinha me chamado olhou com expectativa.

2. *"Os deuses que carregamos conosco são os deuses que conhecemos – aqueles cujos nomes invocamos, cujas imagens vemos e reconhecemos."*

Outras pessoas assentiram. "Mas e o último grupo? Como isso é diferente?"

3. Sorri olhando para o teto. *"Os deuses que vêm conosco, aqueles que nos conhecem, mas são desconhecidos, incognoscíveis, esquecidos. São aqueles cujos nomes não conhecemos, cujos rostos e imagens não vemos. Eles observam e esperam. São eles que nos chamam."*

O EU DIVINO

Quando vemos o mundo como sagrado e repleto de espírito, reconhecemos que fazemos parte desse mundo, e que também somos plenos de espírito. Se todas as coisas estão conectadas pelo divino como a força que as une, então ele está presente em tudo, inclusive em nós mesmos. Essa revelação é um grande divisor de águas quando se trata de reconhecer o nosso lugar e o potencial de mudança no mundo.

Muitas culturas veem o espírito ou alma humana como tendo três partes: o *eu físico*, o *eu intelectual* e o *eu espiritual*. O eu físico é a parte de nós que está estreitamente enraizada na terra e se preocupa com tudo o que é físico e relacionado à sobrevivência. Eu vejo essa energia como se residisse no ventre e na pélvis, aninhada como um animal peludo sonhando com comida e sexo. Há também o nosso eu intelectual ou desperto, que está no comando na maior parte do tempo. O eu intelectual está constantemente pensando, raciocinando, emocionando-se e falando, centrado em nosso peito. Por fim, da nossa cabeça brota o eu espiritual, que está intricadamente conectado aos deuses e aos ancestrais. Acredito que esse eu espiritual não só está conectado aos deuses, como é o aspecto divino de nós mesmas, o eu divino.

Todas as três partes da nossa alma comunicam-se entre si, transmitindo informações importantes enquanto estamos acordados e enquanto estamos sonhando. Cada parte tem uma maneira diferente de se expressar, desde o instinto até a intuição emocional e a visão interior. Cada uma desempenha um papel vital em nossa conexão com o mundo ao nosso redor. Houve momentos ao longo da história em que uma ou mais dessas partes foram vilipendiadas pela religião ou pelo intelecto. A história de Adão e Eva condena tanto o intelecto quanto a sexualidade, culpando-os por serem a origem do pecado. Existem movimentos acadêmicos que descartam a importância da espiritualidade. Em contrapartida, muitas escolas de pensamento veem o eu espiritual como a parte mais importante. A Bruxa, porém, sabe que somos mais poderosas quando combinamos corpo, mente e espírito.

A lição do "eu divino" é que não estamos separadas dos deuses ou espíritos, nem somos imperfeitas em nossa concepção ou ser. Não somos inerentemente impuras ou inadequadas se já contivermos o divino dentro de nós, embora *possamos* nos preparar melhor para trabalhar com deuses, se assim desejarmos. Nosso corpo e cérebro fazem parte de um incrível sistema que transmite o espírito. Podemos nos treinar para ouvir melhor a nossa alma tripartida. Toda pessoa é capaz de perceber essa conexão e utilizá-la, como um Wi-Fi gratuito, por assim dizer. Argumentar sobre quem é mais pura ou merecedora de se envolver com os deuses me deixa extremamente desconfiada de que o assunto tem muito mais a ver com preconceito do que com piedade.

Conforme mencionei nas seções anteriores, você não precisa ter, seguir ou adorar deuses para ser uma Bruxa. Se você é capaz de reconhecer o divino dentro de si mesma, então percebe que é parte de tudo – em vez de estar separada ou subserviente a algo. Você não precisa ter um relacionamento profundo com um Deus e/ou Deusa para ser uma Bruxa eficaz, mas deve trabalhar para ter uma relação consistente consigo mesma e com o seu mundo imediato. Isso já é um grande desafio, para ser bem honesta.

ESPÍRITOS FAMILIARES, GUARDIÕES E GUIAS

Várias correntes de pensamento costumam surgir quando se trata do significado da palavra "familiar". Uma interpretação é que o familiar de uma Bruxa é um espírito companheiro encarnado em um animal físico. Outra interpretação é que o espírito familiar é o próprio espírito da Bruxa transformado enquanto viaja, assumindo a forma de um animal neste mundo. Um terceiro conceito é que um familiar é um espírito companheiro, guardião ou guia que ocasionalmente pode ser visto na forma de um animal durante as horas de vigília, porém, mais especificamente, é visto no olho da mente ou durante o voo espiritual. Vejo espaço para todas as três variações terem valor.

Primeiro, as Bruxas são conhecidas por terem afinidades com os animais. Na verdade, não consigo pensar em uma única Bruxa que conheço que não ame animais – e não apenas animais de estimação, pois as Bruxas também cuidam da vida selvagem, do gado, dos insetos, bem, basicamente somos guardiãs da terra. Quando prestamos atenção aos animais, eles percebem e nos tratam de maneira um pouco diferente. Tive vários vínculos com animais na minha vida que eu diria que foram laços bastante marcantes. Todos os meus gatos conseguiram evitar pisar nos meus trabalhos artísticos, mesmo que eles estivessem espalhados pelo chão – independentemente de ser uma pintura ou um desenho. Agora, algum deles me ajudou especificamente a fazer Bruxaria? Eu realmente não acho que esse seja o propósito deles em minha vida. O próprio relacionamento é que é o propósito.

Muito do folclore sobre as Bruxas diz que elas podem se transformar em animais. Há relatos fascinantes de testemunhos em julgamentos em que um vizinho contava a história de ferir uma lebre, um gato ou uma raposa, e, no dia seguinte, a Bruxa apareceria com o braço ou perna enfaixados, exatamente no local onde o animal havia sido ferido. Essa correlação era vista como prova de Bruxaria. Muitas Bruxas praticantes falam de se transformar ativamente em animais enquanto viajam no que elas chamam de "plano astral". Quando pensamos no eu divino e no nosso eu animal interior, não há razão para que essa parte de nós mesmas não se veja como um animal. Por milhares de anos, a humanidade procurou inspiração nos animais, com os mascotes de times modernos sendo apenas um vestígio dessa familiaridade. Nos lugares liminais da mente e do espírito, tudo é possível.

A última teoria gira em torno de guardiões e guias espirituais. Quando alguém fala sobre guias espirituais, lembro de algo que aconteceu comigo quando me mudei para a Califórnia e comecei a fazer leituras em tempo integral em uma grande loja esotérica. Durante uma pausa, uma das outras leitoras (geralmente havia pelo menos quatro trabalhando a qualquer momento) me disse: "Conte sobre o seu guia espiritual". Sabe aquele sentimento ruim em um pesadelo, quando você esqueceu de fazer uma lição de casa que nem sabia que tinha que fazer? Foi exatamente isso que eu senti. Eu não tinha um guia espiritual, nem sabia que "deveria" ter um. Nunca senti que alguém *fora de mim* estivesse me passando informações quando eu fazia leituras. Eu capto informações de outras pessoas, especialmente aquelas que estão escondendo ou ignorando subconscientemente – não muito diferente do dentista que sabe se você *realmente* tem usado fio dental, apesar do que você diz! As evidências estão disponíveis para eu perceber, e é assim que eu fico sabendo delas.

Agora, não estou dizendo que a experiência de outras pessoas com guias espirituais seja inválida ou errada – essa é a experiência *delas*. Meu palpite é que outras pessoas se relacionam com seu próprio eu divino de forma que dão a ele uma personalidade separada de si mesmas. A mente humana é capaz de compartimentalizar as coisas de maneiras surpreendentes para funcionar ao seu redor. Por outro lado, talvez essas pessoas estejam recebendo ajuda separada de outros espíritos. Tudo o que sei é que, quando considero quem está no comando do meu navio, essa pessoa definitivamente sou *eu*. Não há ninguém no meio do caminho.

Eu, de fato, converso com deuses, e às vezes recebo conselhos não solicitados deles (que geralmente estão certos). Mas não os considero meus guias espirituais ou guardiões, e nessas situações, eu geralmente os envolvo de forma específica, como em rituais ou obras de arte. Tenho a sensação de que alguns dos meus ancestrais estão cuidando de mim – mais uma vez, vejo evidências de que eles estão presentes. Com as divindades e os familiares mortos, sinto que faço parte de uma conversa que envolve outras pessoas, não muito diferente daquela que uma família teria ao redor da mesa da cozinha. Meu avô ainda está conversando comigo e cuidando de mim da mesma forma que fazia quando estava vivo. Só que agora isso acontece em um plano diferente de existência. Essas conversas não são um falatório constante, nem os participantes são sempre os mesmos, então, novamente, não sinto que isso seja o mesmo que ter um único guia espiritual separado.

OS MORTOS: ANCESTRAIS; PODEROSOS MORTOS; FANTASMAS E MUITO MAIS

Algumas pessoas costumam pensar mais nos mortos quando a época é propícia, geralmente perto do Samhain. Para mim os mortos estão presentes de várias formas durante o ano todo. Algumas Tradições acreditam que os véus (uma metáfora que descreve a separação entre este mundo e o próximo – ou o Outromundo) ficam mais finos não apenas no Samhain, mas também em outro momento. Essa segunda ocasião seria no período de Beltane, que é oposto ao Samhain na Roda do Ano (se você seguir esse modelo). Isso pode parecer estranho, mas se pensar bem, na verdade não é. Beltane é um momento de união, fertilidade e concepção. Uma época de nascimento para muitos animais. Um sinal claro do despertar da terra. O nascimento e a morte são mistérios profundamente entrelaçados, então chegadas e partidas estão essencialmente ligadas.

É claro que as pessoas, em geral, não deixam a vida em uma época do ano especificamente. Porém, durante o outono, testemunhamos o manto invasor da morte, à medida que os dias ficam mais curtos, as árvores mudam de cor e perdem suas folhas, as plantas encerram seus ciclos e a vida selvagem se prepara para o inverno.

O beijo da morte ao nosso redor nos lembra de nossa própria mortalidade. Essa realidade, por sua vez, evoca as lembranças daqueles que partiram antes de nós. Nossos ancestrais geralmente achavam que era uma ideia inteligente lembrar e agradar os mortos – para garantir que os vivos não se juntassem aos mortos mais cedo do que o esperado. Da mesma forma, ao nos lembrarmos dos mortos, temos o conforto de que também seremos lembrados quando partirmos.

Existem muitas maneiras de observar os estados pelos quais o espírito passa após a morte. Quando pensamos nas pessoas que conhecemos e que partiram recentemente, elas são os "Familiares Mortos". Os ancestrais se referem às pessoas que formam nossas raízes; nosso sangue corre nas nossas veias graças a eles. Há também a partida das pessoas que não conhecemos, mas que admiramos de longe, bem como as figuras inspiradoras da história. Chamamos esses espíritos de "Poderosos Mortos", a fim de honrar sua memória e seu poder na nossa prática. Por fim, há os espíritos de pessoas ou outros seres que não conhecemos, mas que podemos encontrar – fantasmas, assombrações, coisas à beira do nosso radar.

Aqui estão algumas das maneiras que costumo trabalhar com cada um desses grupos de espíritos.

Os Familiares Mortos

Fotos e itens relacionados aos membros da família recentemente falecidos podem ser encontrados nos meus altares. São pessoas com as quais sou relacionada, que tiveram impacto na minha vida e com quem posso continuar a me comunicar. Posso pedir-lhes orientação, mas não estou exatamente "praticando Bruxaria" com elas. Muitas pessoas se perguntam como os membros da família podem se sentir em relação ao que estão fazendo, especialmente se houver uma diferença de fés/crenças. Costumo pensar que, quando morremos, conseguimos ter uma visão melhor do panorama maior e focamos mais no que é importante, mas ainda assim é fundamental manter o respeito. Por exemplo, sei que meus avós sempre me amaram, não importa o que eu fizesse na vida. E tenho a certeza de que ainda se sentem assim, mas não vou convidar Pan e vovó para o mesmo espaço (embora eu ache que Pan pudesse gostar de apanhar com uma colher de pau).

Os ancestrais

Tenho uma meditação noturna que reconhece não apenas os Familiares Mortos, mas também todas as pessoas que vieram antes de mim e que eu não conheço. Eu realmente não sei se eles estão cuidando de mim, ou mesmo se de fato se importam em ver os frutos de suas árvores genealógicas ou se já seguiram em frente, mas gosto de lhes reverenciar coletivamente em minha meditação e em trabalhos rituais em grupo.

Os Poderosos Mortos

Para mim, os Poderosos Mortos são os falecidos relativamente recentes que podem não estar relacionados comigo ou que eu não conhecia pessoalmente enquanto estavam vivos, mas com os quais sinto conexão. Reconheço suas contribuições para o meu caminho – por meio do meu trabalho, dos meus altares e das minhas meditações. Posso invocá-los para auxiliarem minha prática e, algumas vezes, eles apareceram para me ajudar quando eu nem sabia que precisava de ajuda. Doreen Valiente seria alguém que considero entre os Poderosos Mortos – eu não a conheci, mas aprecio o seu trabalho. Estive brevemente com Margot Adler, autora de *Drawing Down the Moon*, antes de ela falecer, e também a mantenho nesta categoria. Mesmo não a conhecendo muito bem, honro sua memória e seu trabalho.

Mortos de outras pessoas (MOP)

Então, tenho meu grupo de pessoas que partiram, e depois há os mortos de outras pessoas. Anos atrás, quando eu lia tarô profissionalmente em tempo integral, eu me deparava com eles com frequência. Alguém entrava para uma leitura psíquica, e, sem saber, trazia companhia – do tipo desencarnado, na maioria das vezes invisível. Às vezes isso era realmente útil e estimulante, mas outras vezes era muito irritante, dependendo da pessoa. Nesse contexto, não era como uma sessão espírita, porque raramente o cliente estava tentando fazer contato intencional com aquele espírito. Meu trabalho era ler as cartas. Era isso que eles procuravam. Mas então, surpresa! MOP na área! Eu os considero apenas como mais uma fonte de informação na família das "clairs".

Psicopompo

Um psicopompo é um guia cuja tarefa é acompanhar as almas para o próximo mundo. Acredito que foi no início da minha adolescência que minha arte foi chamada pela primeira vez a serviço dos mortos. Pode ter havido casos anteriores, mas o primeiro que reconheci claramente envolveu realizar um trabalho artístico para um colega de classe falecido. Desde então, fiz máscaras mortuárias, pinturas espirituais, retratos memoriais, realizei danças e muito mais – para ajudar a aliviar e oferecer auxílio tanto aos vivos quanto aos mortos. Não me propus a fazer isso, mas comecei a notar esse padrão depois de aproximadamente uma década. Definitivamente é uma tarefa sagrada que é incrível e humildemente especial de fazer parte.

Fantasmas e energia residual

Tenho muitas opiniões sobre fantasmas e acredito que eles existam de várias formas, provavelmente o suficiente para preencher outro livro. Mas quero abordar aqui pelo menos o básico. A maioria dos lugares onde morei tinha algum tipo de atividade paranormal, algumas ligadas à região, ao imóvel, a objetos e outras a pessoas. Grande parte dessa experiência foi bastante harmoniosa e fico muito feliz por não ter precisado fornecer comida e caixas de areia para todos os gatos fantasmas que encontrei. *Muitos gatos*. Mas estou divagando. Por enquanto, vou me concentrar em dois tipos de fantasmas: os fantasmas cognitivos e os fantasmas repetidores (termos próprios).

Um fantasma cognitivo é um espírito plenamente consciente de seu ambiente. Ele pode interagir com o espaço, manipular objetos e se comunicar com as pessoas. Suas capacidades podem incluir ações complexas, conversas elaboradas e memórias detalhadas, ou ele pode estar fixado em uma questão específica. Frequentemente, é visto como um espírito preso ou ligado à Terra, mantido neste plano por algo ou alguém. Se levarmos em conta a ideia de uma alma tripla, o fantasma cognitivo pode ser uma parte dessa alma que ainda busca resolver questões pendentes.

Alguns espíritos ficam muito animados quando alguém com habilidades aparece. Eles adoram tentar fazer contato por volta das duas às três horas da manhã, especialmente. Em diversas culturas, o período entre a meia-noite e as três horas da manhã é conhecido como "Hora das Bruxas", considerado um momento em que espíritos, fantasmas, demônios e outras entidades sombrias estariam mais ativos. As explicações para isso variam, indo desde o véu de escuridão que cobre a noite e a ausência de orações nesse horário (quando muitos dormem), até fatores ligados aos ritmos circadianos e à redução de interferências eletrônicas. Por meio de rituais, feitiços e práticas psíquicas, é possível ajudar um espírito a cumprir sua tarefa, libertá-lo de uma fixação ou, ao menos, apaziguá-lo temporariamente. Seja como for, é essencial manter firmeza e foco durante esses trabalhos.

Os repetidores são diferentes – eles são essencialmente energia residual. Eu não os vejo como espíritos conscientes que são capazes de interagir ou se comunicar, ou como um pedaço de alma perdida. Em vez disso, acredito que eles são apenas ecos de experiências passadas que às vezes cruzamos pelo caminho. Como uma corrente ou um padrão, se alguém realizar uma tarefa várias vezes, pode se formar um tipo de *loop* temporal ou uma marca. Os repetidores podem ser perturbadores se você os encontrar inesperadamente, mas raramente eles causam qualquer tipo de efeito físico. Eles podem até mesmo virem de pessoas vivas que conseguiram gravar um padrão em algum lugar. Mas uma boa limpeza de uma casa ou espaço pode ajudar a reduzir ou remover esses ecos, assim como as impressões digitais em um vidro.

Essas são algumas das formas como vejo e trabalho com os mortos como parte da minha prática como Bruxa. Não vejo os mortos como algo assustador, sinistro ou estranho – para mim, isso faz parte da vida. Por fim, não acho que trabalhar com os mortos seja necessariamente um requisito para ser uma Bruxa, ou algo que todos irão experimentar, mas também não acho que seja algo tão incomum.

INFLUÊNCIAS DIVINAS: DEDICAÇÃO, DEVOÇÃO E LIVRE-ARBÍTRIO

Agora que vimos uma variedade de espíritos, quero me concentrar em alguns outros aspectos do divino que se relacionam com a Bruxaria e com o ser uma Bruxa. Já mencionei que não venero os deuses; trabalho com eles. Pode ser confuso para algumas pessoas quando eu uso a palavra "Sacerdotisa" para me descrever. Acredito que há uma diferença entre prestar um serviço e ser uma serva.

Muitos, muitos anos atrás, assumi o título de Sacerdotisa porque havia conquistado os conhecimentos necessários para isso, alcancei o *status*/posição para liderar um grupo, produzi eventos e atuei como porta-voz pública. Era isso que ser Sacerdotisa significava naquela época, para mim e para muitos outros.

Nos últimos anos, encontrei um novo significado e identidade nessa palavra. Conduzo meus workshops, incentivando cada aluno a incorporar o que ensino em sua própria prática Nas apresentações, demonstro a minha prática e crio um tipo de experiência no qual o público é um observador e um participante passivo. Nos rituais, os espectadores colocam a teoria na prática real e se tornam participantes ativos do rito (o que explica por que, há muito tempo, evito rituais que delegam os espectadores a uma posição passiva/observadora – eu quero que eles não apenas assistam ou aprendam, mas também *façam*). Além de ensinar e me apresentar, eu ativamente oriento e trabalho com as pessoas para conectá-las com elas mesmas e com o divino – dentro e fora. "Sacerdotisa" não é exatamente um título, mas uma ação e um estado de ser. É o serviço e o trabalho que é feito *com* e *para* os outros que definem essa palavra para mim. Ser uma Sacerdotisa pode ser visto como alguém que trabalha para os deuses, mas acredito que, na realidade, é para o bem da humanidade. Talvez esses objetivos sejam um só.

Mais uma vez, gostaria de reafirmar: esta sou eu. Você pode sentir um chamado direto para estar a serviço de e com uma divindade ou divindades de uma forma diferente. Pode escolher trabalhar com um panteão ou se dedicar completamente a uma única divindade. Pode agir de forma livre, trabalhando com quem desejar, ou pode decidir que simplesmente não vai reconhecer nenhuma divindade. Quero enfatizar que não é preciso fazer nada. Você sempre pode dizer "não"; assim como pode retomar um relacionamento posteriormente se sentir que não está pronta ou se tiver dúvidas sobre algo. Seu caminho e suas necessidades são seus.

Revisitando o Sagrado Feminino e Masculino

Quando eu era uma jovem Bruxa, abracei com entusiasmo tudo relacionado à Deusa: todos os diferentes arquétipos, os poderes da procriação e da sexualidade e a sabedoria da anciã. Eu realmente não queria ter nada a ver com qualquer tipo de Deus masculino. Já estava completamente farta daquele cara patriarcal e ciumento no "Céu".

O gentil Homem Verde e o rapaz bonito com chifres eram apenas figuras silenciosas que ficavam em algum lugar atrás do ícone da Deusa poderosa. Minha arte na faculdade era repleta de vulvas, grandes imagens iônicas ousadas, mulheres nuas e destemidas se abraçando e encarando o observador, história da Época das Fogueiras e muita raiva. As personagens usavam cabeças de cavalos e leões, com cascos e garras, respectivamente, e tinham corpos femininos maduros. Veladas e coroadas, as Deusas dançavam com serpentes e espadas. Então, um Deus com chifres chegou, trazendo um aroma de bode e almíscar e um senso de humor travesso, seguido por outro ser com chifres, olhos penetrantes e uma boca solene. Eles se apresentaram e começamos a conversar. Eu me via neles, e eles se viam em mim. Finalmente percebi que não estava contida ou definida por um único gênero ou conceito, algo contra o qual me rebelei durante toda a juventude.

Acho que está na hora de superarmos completamente a questão do gênero quando se trata de deuses, expectativas e interpretações. Como diz "minhe amigue" Misha: "O gênero é uma confusão".[28] A questão sobre masculino e feminino é que eles são atributos inerentes a *todos* os seres humanos (e deuses). Nós nutrimos, protegemos, lutamos, criamos, lideramos e seguimos.

Dependendo do que se lê sobre Bruxaria tradicional, pode acabar assumindo que a Deusa ou a Bruxa pode ser ou a natureza personificada como Gaia torturada, ou uma prostituta sagrada de sangue e sexualidade desenfreada. Em nome de todas as mulheres deste Planeta, quero dizer: desculpa, pessoal, mas não é assim que funciona. Mulheres, Bruxas e Deusas não estão aqui para serem suas mães virgens e sofredoras ou personificações do seu desejo sexual, não importa o quão selvagem ou revolucionário você pense que isso seja. Já cobrimos esse terreno nas décadas de 1960 e 1970 em muitas obras feministas e artísticas, então já está na hora de se atualizar. Os homens, da mesma forma, não são apenas velhos sábios e respeitáveis com barbas, ou meninos dragões-caprinos cheios de desejo. Não estou dizendo que essas criaturas não existam. O que estou dizendo é que *todo* ser – divindade, ser humano ou outros – é profundamente multifacetado, e reconhecer o poder interno é a verdadeira revolução.

Sugiro que olhemos para o divino feminino e masculino como partes de nós mesmas que precisamos reconhecer e explorar mais profundamente, independentemente das partes que possam estar escondidas em nossas calças ou genes. Se a ideia da prostituta sagrada é o que o estimula a sacudir o seu mundo, ótimo. Mas explore além dessa ideia e talvez entenda por que você se sente atraída por esse arquétipo e o que isso expressa sobre seus conceitos de sexo e sexualidade. Está na hora de pegar esse espelho e dar uma boa olhada. Veja o que encontra no reflexo.

---

28. Visite seu blog em http://www.patheos.com/blogs/mishamagdalene.

A ENCRUZILHADA: SONHOS E ESTADOS DE TRANSE

Todo mundo sonha. Algumas pessoas sonham em cores vivas; outras em preto e branco. Algumas lembram de seus sonhos e conseguem até mesmo controlá-los enquanto estão acontecendo (sonhos lúcidos). Para outras, seus sonhos desaparecem ao acordar, como gotas de orvalho evaporadas pelo sol.

Percebo que a maioria das Bruxas tende a sonhar de forma vívida e costumam prestar muita atenção a seus sonhos. Nem todo sonho é profético, mas às vezes pode ser. Eu ainda lembro dos sonhos proféticos que tive quando criança – todos eles se concretizaram. Outros fragmentos de sonhos surgem do nada enquanto estou no mundo desperto, sendo repentinamente lembrados por algo que vejo, ouço ou faço.

Acredito que os sonhos são a forma como nosso cérebro processa todas as informações que recebe durante o dia, o que é muito mais do que temos conhecimento. E que os sonhos podem agir como uma troca de comunicação entre as várias partes do nosso espírito – nosso eu animal, nosso eu falante e nosso eu divino, todos se reunindo na encruzilhada para atualizar e compartilhar informações. A encruzilhada pode, é claro, ser um lugar muito físico, onde duas ou mais estradas se cruzam. Essa zona física também pode ser sobreposta por algo mais metafísico ou místico, razão pela qual é um lugar favorecido para muitos trabalhos.

Por que a encruzilhada é tão especial? Pense nisso – onde as estradas se cruzam, torna-se um lugar que não está direcionado para um único caminho. Você pode decidir seguir um novo caminho, continuar no atual ou dar meia-volta. A escolha e as possíveis oportunidades ou catástrofes resultantes são inteiramente suas. Essa qualidade liminal é o que torna a encruzilhada um ponto de poder. Para sonhos e estados de transe, a encruzilhada é um ponto de encontro ideal para diferentes tipos de espíritos e entidades. É o lugar onde nosso passado, presente e futuro se encontram. É um local de escolha, de partida, de fazer sacrifícios e proferir palavras de fé e promessas.

Em muitos aspectos, o transe é muito similar ao sonho. Há sobreposições na atividade cerebral entre os estados de transe e o ciclo completo de sonhos.[29] A principal diferença entre o sonho e o transe é que, tecnicamente, estamos acordadas durante o transe, mesmo que sintamos que nos desconectamos do nosso corpo por um tempo. Existem múltiplos tipos e níveis de transe que podem ser alcançados de forma segura através da dança, percussão, meditação, trabalho respiratório, hipnose e tarefas repetitivas. O transe induzido quimicamente pode ser mais perigoso, especialmente porque pode ser difícil controlar a força e a quantidade da substância. O corpo pode reagir mal a substâncias químicas, causando efeitos colaterais intensos, ou até mesmo pode entrar em colapso completo, resultando em morte. As substâncias químicas podem parecer uma maneira rápida e fácil de alcançar o transe, mas definitivamente não são a única maneira ou a mais segura.

Com a atmosfera e os estímulos adequados, o cérebro pode ser condicionado a entrar, de forma segura, em determinado nível de transe. Podemos nos levar ao transe ou ser guiadas por outras pessoas. Se você está interessada em experimentar o transe, recomendo descobrir quais atividades funcionam melhor com seu cérebro e seu corpo. Comece com meditação orientada pela respiração ou meditação guiada para ver como reage. Você pode se surpreender com a rapidez e profundidade com que pode entrar em transe. Se sua mente precisar de mais ajuda para "silenciar", tente dançar ou tocar, concentrando-se em movimentos repetitivos e contínuos.

Semelhante aos benefícios físicos da percussão e da dança, o sexo pode ajudar a alcançar um estado de transe, muitas vezes produzindo imagens e visões impressionantes. Envolver o seu eu animal pode ser uma ótima maneira de silenciar o seu eu falante.

Voo ou Bruxaria Imediata

Há algo inspirador e impressionante sobre a arte e a mitologia que envolvem as Bruxas voando para o Sabbat. Sempre fui fascinada pelo folclore, histórias, plantas, técnicas de unguentos e rituais envolvidos. Gosto de ler e ouvir sobre as viagens sobrenaturais de outras pessoas,

29. Para mais informações sobre transe, veja o capítulo 4: "Trance Science" em *Trance Dancing With the Jinn*, de Yasmin Henkesh (St. Paul, MN: Llewellyn, 2016).

voos espirituais, passeios na sebe e visões. Isso tudo parece ser uma parte muito popular e fundamental do que estou vendo ser discutido on-line e em novos livros sobre Bruxaria tradicional.

No entanto, grande parte da minha prática real acontece durante as horas normais de vigília, com as únicas infusões de ervas envolvidas sendo o tradicional chá Earl Grey comum ou o chá com especiarias. Desde cedo, descobri que a minha realidade já é estranha o suficiente sem o auxílio de substâncias alteradoras. (Suponho que você *poderia* argumentar que chá e biscoitos são substâncias alteradoras.)

Na maioria das vezes, estou apenas seguindo com o meu dia – e recebendo, selecionando, filtrando e/ou transmitindo informações de uma maneira muito rotineira (para mim). Não preciso "viajar" a nenhum lugar especial (com ou sem o meu corpo) para conversar com deuses ou espíritos. Não conjuro círculos nem invoco divindades para realizar o meu trabalho diário. Em vez disso, estou apenas fazendo arte, projetando ou escrevendo, e recebo o equivalente espiritual de uma mensagem de texto – com a qual posso interagir ou ignorar, dependendo da minha agenda. (Curiosamente, eu me comunico mais dessa forma do que pelo meu telefone celular de verdade ou com seres humanos vivos.)

Ao comparar anotações com algumas outras Bruxas experientes que também são artistas, descobri que esse modo de trabalho totalmente presente parece ser comum. Refletindo, não é algo aleatório. Pelo contrário. Isso se você tem feito arte durante a maior parte de sua vida e treinado para entrar em uma espécie de transe receptivo, mas controlado e muito presente. Ao se sentar para criar, o corpo e o cérebro reconhecem a tarefa em mãos e mudam para o "modo arte".

Quando as circunstâncias permitem, a artista em mim acessa vários níveis do meu eu consciente e subconsciente. Meu guia por esses lugares sou eu mesma, meu eu divino: aquilo que é o fio que me conecta a tudo. Ainda assim, estou muito contida dentro do meu corpo, processando o resto do mundo ao meu redor.

É difícil definir esse estado sabático em termos das definições e tendências recentes. Também não o considero exatamente extático, pelo menos para mim. O estado de êxtase, em minha visão, envolve corpo, mente e espírito atuando juntos além da experiência habitual.

Certamente, há momentos em que uso música e dança para alcançar um estado extático ou um transe físico ativo. No entanto, sinto que é importante observar que não entro em um estado de transe na dança apenas dançando. Além disso, é preciso *muito* para eu ser conduzida a um estado de puro abandono extático – o que é uma coisa boa, considerando que preciso estar totalmente consciente e reativa no meu ambiente quando estou me apresentando ou liderando um ritual. Não apenas preciso cuidar do meu eu físico, como também tenho responsabilidade pelas outras pessoas: a banda, o público e os participantes, se for um ritual. Preciso desbloquear certas permissões para me permitir ser totalmente dominada, mas isso não quer dizer que eu não tenha experiências incríveis no estado de transe liminal.

Recentemente, contei sobre essa experiência para uma amiga usando a seguinte metáfora quando se trata de transe extático completo em rituais: é exatamente como sexo e orgasmos. Para algumas pessoas, é preciso apenas de um simples toque ou uma sugestão para que elas cheguem ao clímax, enquanto outras requerem longas preliminares, sob as condições certas.

Estou trazendo isso à tona porque quero deixar claro que há mais de uma maneira de "voar". Sua prática não deve exigir que você saia do seu corpo para executar o trabalho ou tenha experiências com plantas venenosas ou substâncias químicas feitas por humanos. No final, não importa qual método funciona melhor para você, contanto que o trabalho necessário seja feito de maneira segura e eficaz.

Tenho considerado qual é o melhor nome para esse tipo de prática/experiência. Gosto das palavras "encarnado" e "habitado", mas ambas parecem estar mais conectadas, por definição, à presença de um espírito/divindade no corpo. O que, tecnicamente, é verdade – nosso próprio espírito habita nosso corpo. Porém, sinto que as pessoas podem ficar muito presas à ideia de outros espíritos estarem presentes, em vez de se concentrarem em seu próprio espírito. "Incorporado" é outra palavra que quase chega lá. Eu a uso muito ao descrever experiências de dança ritual, porque esses são os momentos em que nosso espírito realmente se torna presente e consciente de estar contido dentro de carne e osso – e também de transcender isso. Uma relação muito especial que acontece sob essas circunstâncias.

Por enquanto, acho que a melhor palavra para descrever isso é "Bruxaria Imediata". A definição de "imediato" é "que ocorre ou é feito de uma só vez; instantâneo". Isso parece se encaixar muito bem com os meus esforços criativos, bem como com o estado no qual costumo estar mental, física e espiritualmente durante a dança. Também descreve perfeitamente muito da feitiçaria não física que realizo. Pouca ou nenhuma necessidade, ferramenta ou ajuda externa requerida. Porém, há uma pegadinha! A Bruxaria Imediata é alcançada principalmente através de anos de treinamento não específico, que constrói confiança consigo mesma – então, seu trabalho imediato também é instintivo e intuitivo, natureza e nutrição.

Mas talvez a coisa mais bonita sobre a Bruxaria Imediata – e sobre ser uma Bruxa – é que não se trata de alcançar um ápice ou algum nível de especialização. É uma jornada contínua de crescimento, aprendizado e exploração. É estar consciente sobre o tempo e sobre o que está bem diante e atrás de você. Tudo o que é imediato também é uma conjunção momentânea do passado, presente e futuro. O verdadeiro poder vem em ondas de graça, no abraço da escuridão, iluminado.

APLICAÇÃO DO RITUAL: CONVERSANDO COM OS DEUSES

A revelação a seguir provavelmente vai surpreender muitas pessoas, mas os meus rituais são em grande parte não planejados em sua estrutura. Não estou falando apenas do que faço sozinha. Tenho uma ideia geral do que precisa acontecer e deixo o restante por conta das circunstâncias.

Não é que eu seja preguiçosa ou que eu não valorize a estrutura. Na verdade, isso é o que me permite criar o ritual no momento – de forma fluida, considerando o local e as pessoas participantes, permitindo que a inspiração divina aconteça. Você pode atribuir isso a décadas de experiência, mas mesmo quando eu estava começando, ficava mais confortável em ser capaz de ouvir as necessidades do ritual, em vez de seguir um roteiro preciso e longo.

Considero essa abordagem essencial para trabalhar com divindades e espíritos da maneira que faço, especialmente para rituais como "Hécate na

Encruzilhada: um Encontro de Mente e Movimento" e "Sonhando com o Corvo: um Ritual de Morrigan", rituais principalmente de performance livre realizados em eventos. Meu parceiro, Nathaniel, cria músicas no violino (podemos receber outros músicos convidados também), e, como Sacerdotisa e dançarina, trago à tona a energia da divindade específica com a qual estamos trabalhando para aquela apresentação. Qualquer tentativa de planejamento rígido é desviada. A maior parte da preparação, na verdade, acontece pouco antes do ritual, enquanto me preparo. Nas duas a três horas que antecedem o evento, preparo meu corpo aplicando maquiagem e vestindo a roupa, nutrindo e limpando conforme a energia determinar. Não tenho uma introdução padrão que imprimo. Em vez disso, sinto-me inspirada a rabiscar algo novo apenas para o evento atual, para ser lido em algum momento. Cada vez que realizamos um desses ritos, o curso inteiro do ritual é semelhante, mas muito diferente.

Existem muitos nomes diferentes para o fenômeno de ter uma divindade ou um espírito entrando em seu corpo: atrair ou invocar a lua, invocação, ser dirigido, aspectação, possessão por transe, etc. Para alguns, esse é um estado simbólico, algo no âmbito do teatro e da atuação. Para outros, é uma imersão completa e total, uma entrega de corpo e vontade.

Pessoalmente, eu compararia isso mais a uma conversa – uma espécie de teleconferência divina, por assim dizer, tirando o ambiente corporativo. Nenhum de nós está totalmente no controle ou dominando, estamos trabalhando ativamente por meio de uma parceria de mente, corpo, espírito, palavra e ação. Como Bruxa e Sacerdotisa, tenho plena consciência do meu corpo, do ambiente e dos outros que nele estão. Eu não "desconecto", mas também não fico completamente no controle. Eu interpreto a situação e transmito informações nos dois sentidos, na maioria das vezes sem filtro, mas tenho o poder de vetar e negociar palavras e ações. Não é um ato de adoração para mim, mas uma intenção combinada de usar o relacionamento para manifestar mudanças e transformações.

A conversa não é ensaiada. A única coisa planejada é que sabemos quando e onde ela vai acontecer. Há preparação física envolvida com a limpeza e o fortalecimento do corpo (por dentro e por fora) e os adornos e a vestimenta. Existe o preparo do ritual – o espaço físico e metafísico, a apresentação sonora e visual. Então, a dança começa.

Suponho que seria possível chamar isso de "dançar com os deuses" em vez de "conversar" com eles.

Não sou treinada em danças voltadas para duplas, então isso não se encaixa muito bem no meu cérebro. Também é difícil separar quando é a Bruxa quem está dançando e quando é a Deusa quem está se movendo. Porém, mais profundamente, a dança é uma forma de comunicação, e, de fato, eu a considero como se fosse um diálogo, assim como uma conversa natural com palavras.

Curiosamente, toda a ideia de "Hekate na Encruzilhada" começou como uma experiência de dança e música ao vivo – sem palavras, exceto pelas discussões posteriores. Mas na primeira vez em que realizamos o evento, as palavras que surgiram após a dança fluíram novamente para novos rituais e mais movimentos, elevando tudo a outro nível. Eu falo em nome de Hécate? Eu falo como Hécate? Acho que é mais como falar *com* Hécate, compartilhando palavras juntas.

Essa propensão a ser capaz de ouvir, entender o fluxo e não ficar presa a uma estrutura precisa, permitiu que o ritual fosse aprimorado. Ele se tornou algo ainda mais poderoso e eficaz. Cada vez que o ritual acontece desde então, ele continua a mudar e crescer – adequando-se às necessidades dos participantes. Algumas coisas podem ser acrescentadas, enquanto outras podem não acontecer em uma determinada noite, o que é melhor assim. Sinto que, se estivesse focada em manter uma estrutura rígida, seria muito mais difícil ouvir a conversa – e responder a ela.

Os seres humanos são criaturas incríveis, mas muitas vezes atrapalhamos o nosso próprio caminho quando nos concentramos demais. Podemos perder oportunidades porque estamos mais preocupados em seguir esse caminho. Do mesmo modo, as divindades não são necessariamente oniscientes ou onipotentes. Elas possuem uma forma e uma perspectiva que derivam de nós – os deuses enxergam o tempo, o espaço e os padrões de maneira muito mais ampla que a nossa. É através de nós e com nossa participação que a mudança se manifesta. Nesse sentido, estabelecer uma conversa torna-se uma magia poderosa:

uma troca de ideias e ações que, embora seja nova no momento em que ocorre, carrega uma profundidade singular.

A última coisa que quero dizer aqui é que o diálogo não é exclusivo entre a Bruxa e a Deusa. Todas as pessoas presentes nesse tipo de ritual fazem parte da conversa. Elas têm olhos e ouvidos, têm vozes e têm corações e mentes. E fazemos tudo isso juntos, em um espaço compartilhado, reconhecendo nosso próprio poder e daqueles que estão reunidos conosco.

Quanto mais você ouve, considera e silencia o roteiro, mais é capaz de receber e ser ouvida também – não apenas no ritual, mas também na magia como um todo e no seu trabalho diário. Através dessa conversa, seu caminho como Bruxa se torna mais claro.

COMUNGANDO COM A ESCURIDÃO

As Bruxas foram as primeiras a caminhar além da segurança do fogo.
Victor Anderson

A Escuridão é selvagemente apaixonada por nós.
Sean Donahue – Durante sua palestra no encontro Many Gods West, Olympia, Washington, 2017

A escuridão começa no lugar liminal onde os dedos da luz não podem mais alcançar. A maioria das pessoas quer se manter perto da tradicional fogueira por segurança, para ficar perto do que é conhecido. As Bruxas são aquelas que se perguntam sobre o que acontece além da luz – que mistérios a escuridão guarda? Elas se esgueiram para seu abraço, tornando-se parte da escuridão. Não há nada de mau ou errado na escuridão. É a partir da escuridão que a própria luz surgiu e foi definida.

Dentro do ventre da escuridão, os segredos da vida e da morte são conhecidos. Através do sonho e do transe, do ritual extático e da comunicação com os deuses, começamos a enxergar na escuridão. A escuridão revela nossa selvageria e nossa própria divindade. Passamos a entender que a vida não pode existir sem a morte. A cultura moderna tem evitado os processos de nascimento e morte, mais uma camada que nos separa do mundo. Falhamos em viver quando não conseguimos honrar o nascimento ou a morte. Quando cedemos ao medo, amaldiçoamos a nós mesmas e confundimos nossos caminhos. Ao abraçarmos o amor, abençoamos a nós mesmas e o mundo em que vivemos.

Tire um tempo para comungar com a escuridão. Fique quieta e ouça o silêncio que é a voz de veludo da escuridão. Sinta o ritmo do seu coração sob o peito, cada batida se desenrolando como um carretel de fio de seu fuso. Seja envolvida pela escuridão, segure o fio em suas mãos e lembre-se de quem você é.

Você é a Bruxa.

Nós somos tanto a fechadura quanto a chave.
Somos a iluminada e a sombra.
Não tememos a densidade da floresta nem o brilho da cidade.

Sabemos quem somos.

6

A BRUXA PRÁTICA

No tear: encontre o ritmo, teça o fio para dentro e para fora, crie um padrão poderoso de verdade e amor.

Mente liminal: as mãos que apertamos na escuridão são as nossas, guiando-nos através da tempestade.

Neste capítulo, vamos explorar a realidade de viver como uma Bruxa no mundo de hoje. Nem tudo envolve feitiços, conversas com os deuses e ancestrais. Precisamos considerar nossas interações cotidianas e estar conscientes dos desafios que enfrentamos ao lidar com os outros. Por mais tentador que seja se esconder em seu armário mágico, as Bruxas precisam estar conectadas com o mundo exterior e com as pessoas ao redor. Esse esforço inclui criar redes e interagir com a sociedade, praticar boa etiqueta, pensar sobre o comércio, cuidar dos negócios e lidar com nossos próprios medos. Incluí algumas anedotas e reflexões pessoais que espero que tragam conforto, informação e inspiração para você ao trilhar seu caminho.

A BRUXA E A SOCIEDADE

Quando definimos a palavra "Bruxa" e consideramos suas possíveis origens no capítulo 2, vimos como a Bruxa conseguiu existir dentro e fora da sociedade simultaneamente. Claro, lidamos com coisas estranhas que a maioria das pessoas prefere não pensar ou reconhecer, mas estar em um lugar sem realmente pertencer a ele cria, sem dúvida, uma existência um tanto desconfortável. Como seres humanos, instintivamente queremos fazer parte de um grupo e nos encaixar. Como

Bruxas, é difícil sentir que nos encaixamos – tendemos a enxergar o mundo por uma lente diferente. Mas não devemos permitir que essa percepção nos faça sentir isoladas. A sociedade possui muitos níveis, com nuances muito mais complexas do que uma simples divisão entre "nós" e "eles". Temos diversos círculos sociais (não muito diferentes dos níveis de Céu e Inferno na *Divina Comédia* de Dante): família, trabalho, amigos, família escolhida. Dependendo da nossa condição na vida, da nossa história pessoal e de como as pessoas nos percebem ou sentem a nosso respeito, é provável que existam variados níveis de aprovação e desaprovação, conforto e desconforto em cada um desses círculos.

A única ocasião em que nos sentimos em nosso elemento tende a ser quando estamos entre outras Bruxas. Há uma sensação de familiaridade, de estar em casa, que passei a chamar carinhosamente de "meu povo" ou "nosso povo". Essa expressão surgiu muitos anos atrás, quando eu dava aulas de dança semanais. A maioria dos meus alunos eram jovens góticos – um grupo realmente encantador, mas silencioso, de indivíduos inteligentes que eram fáceis de estereotipar, com roupas escuras, maquiagem marcantes, acessórios pontiagudos, entre outros. A dona do estúdio ficou irritada porque eu havia calmamente apontado uma besteira que ela estava tentando fazer passar despercebida. Eu não ia permitir ser intimidada ou enganada. Ela se voltou para mim com a frase bizarra "você e *seu* povo", jogada como um insulto. Todos nós achamos bastante hilária essa tentativa pouco inspirada e imediatamente demos um bom uso a essa frase. Até hoje, não é incomum me ouvirem referir a um grupo de pessoas excêntricas: "Vocês, meu povo!".

Há uma sensação de que, mesmo que nós, Bruxas, possamos parecer diferentes umas das outras, com idades e origens variadas, existe algo quase magnético que nos aproxima. Conseguimos relaxar e nos sentir à vontade com essas pessoas, como se as conhecêssemos há anos, mesmo que tenhamos acabado de conhecê-las naquele dia. Mesmo quando somos socialmente desajeitadas, sentimos muita timidez, admiramos alguém ou enfrentando ansiedade, há uma sensação de estar em casa ao lado de outras pessoas bruxescas. Quer estejamos nos encontrando em uma tenda montada em um campo lamacento do Meio-Oeste, reunidas em um salão de hotel ou caminhando juntas por uma cidade desconhecida, conseguimos transformar esses espaços temporários em algo especial. Essa é outra maneira de tecer o limiar na nossa vida cotidiana.

Por mais bonito que isso seja, acho importante lembrar que não somos melhores do que ninguém. Todo mundo tem seu papel, mesmo que às vezes seja difícil compreender ou reconhecer, o que significa que precisamos agir com consideração e respeito como padrão ao estarmos fora de nossos espaços liminares. Às vezes, pode ser tentador (e divertido) ultrapassar os limites apenas para provocar uma reação ou se destacar apenas para causar alvoroço. Uma sensação de desconforto social pode nos fazer agir como adolescentes.

Nossa adolescência tende a ser um ciclo maluco de querer atenção, desejar se esconder, entender nosso corpo e balançar o barco para ver até onde podemos incliná-lo. (Obrigada, hormônios!) Nessa idade, estamos tentando nos organizar, descobrir quem somos e o que deveríamos ser. Dizem que é para isso que a adolescência serve, como se, ao chegarmos à "vida adulta", tivéssemos todas as respostas e soubéssemos exatamente quem somos! Essa mentalidade é realmente um monte de bobagem que não ajuda ninguém.

Por "nós", quero dizer todas as pessoas – estamos em constante transformação: aprendendo, crescendo, mudando e evoluindo. Nada é definitivo, as possibilidades são infinitas. Ideias podem passar despercebidas em uma fase da vida e, cinco anos depois, nos atingir em cheio, como o badalo de um sino. Todos os seres humanos têm esse mesmo potencial. Somos espíritos alojados em corpos físicos, tentando compreender o mundo. Lembre-se disso quando estiver por aí. Compaixão e compreensão funcionam como um lubrificante social – tornam muitas situações bem mais fáceis de enfrentar. Cultive um pouco de paciência e amplie sua perspectiva; você pode se surpreender com a fluidez que isso traz para tudo ao seu redor.

TRABALHAR SOZINHA *VS.* TRABALHAR EM GRUPO E FAZER NETWORKING

É importante lembrar que você não precisa necessariamente de outras pessoas ou qualquer outra coisa para realizar seu trabalho. Contudo, como falei na seção anterior, há algo especial em se encontrar com pessoas que compartilham a mesma visão. Seja em um festival, convenção, encontro mensal, ritual de grupo aberto ou conectando-se on-line, compartilhar experiências e ideias com outras pessoas pode ser incrivelmente enriquecedor e inspirador. É reconfortante perceber que você não está sozinha com seus sentimentos e certas atitudes. Ter outras pessoas com quem trocar ideias e buscar soluções também é extremamente útil. Às vezes, ficamos tão presas em nossos próprios pensamentos que acabamos não enxergando uma solução eficaz para o que estamos enfrentando.

Ainda assim, a ideia de comunidade pode ser assustadora. Existe uma tendência ao drama, algo que deveria ser evitado em qualquer grupo comunitário, mas somos seres humanos. Isso acontece. Uma das coisas mais frustrantes que ouço é: "Ah, sim, é por ISSO (inserir o motivo do momento) que eu não participo de coisas da comunidade". Porém, esse é o ponto: a comunidade é aquilo que você faz dela. Quem aparece tem a chance de influenciar no rumo das coisas. Se você não aparece, se não usa sua voz, realmente não pode reclamar de as coisas não serem como gostaria. Se não gosta da política ou personalidade de um grupo, provavelmente existem outros – ou você pode começar o seu próprio grupo, presencialmente ou on-line. Não vou mentir: Bruxas e P-words tendem a atrair algumas personalidades extremas e indivíduos desequilibrados. Eles podem chamar muita atenção (o que alguns procuram), mas não são a maioria. Não precisam fazer parte da sua experiência. Você não precisa, e não deve, tolerar racistas, preconceituosos, arrogantes ou abusadores.

Se você tem problemas de ansiedade social, pode ser muito difícil reunir coragem para fazer alguma coisa, ainda mais quando não sabe o que esperar. Nesse caso, recomendo levar uma amiga, se tiver alguém interessada. Caso contrário, tente entrar em contato com a pessoa responsável e compartilhar suas preocupações. Uma boa organizadora dedicará tempo para garantir que você se sinta acolhida e será capaz de apresentá-la às outras pessoas presentes.

Não presuma rapidamente que por viver em uma área conservadora, não exista uma comunidade. Alguns dos encontros e grupos mais fortes e bem-organizados costumam estar nesses lugares. Por quê? Porque é ainda mais necessário que pessoas com visões semelhantes possam se reunir em um ambiente seguro. As grandes cidades costeiras costumam ter maior quantidade de pequenos grupos com atendimento escasso ou irregular, porque há menos necessidade de se sentir parte de algo. Quando me mudei de Rhode Island para a Área da Baía de São Francisco, na Califórnia, fiquei surpresa ao descobrir que o evento do Orgulho Pagão de Rhode Island, que eu organizava, tinha aproximadamente o mesmo tamanho (se não maior) que o evento da Baía de São Francisco que acontecia bem no meio do Golden Gate Park.

Encontre o tipo certo de grupo que combine com seus interesses. Existem grupos que se reúnem para discutir questões LGBTQ, grupos de estudo, organizações que realizam rituais sazonais abertos a todos os caminhos, clubes de leitura, encontros para café/chá, festas de adivinhação e (um dos meus favoritos) grupos de bebidas com temática ocultista. Está procurando fazer novas amizades? Quer se envolver na organização de rituais ou pelo menos participar deles? Deseja aprimorar suas habilidades como leitora de runas ou tarô (há grupos onde as pessoas se reúnem para trocar leituras e praticar). Ou talvez você só queira socializar com outras pessoas e conversar sobre temas bruxescos enquanto saboreia uma bebida quente ou uma taça de vinho.

Como encontrar esses grupos? Segue algumas ideias para começar.

Na internet

www.witchvox.com: o The Witches' Voice existe há muito tempo. Esse site pode não ser muito sofisticado visualmente, mas é um recurso valioso que separa o mundo por países e estados (quando possível), permitindo que você procure grupos locais, encontre eventos e aulas, localize lojas e muito mais. O Witchvox é o primeiro lugar que consulto antes de visitar um novo local. Claro, é importante complementar sua pesquisa verificando os links e garantindo que os grupos ainda estejam ativos, as lojas ainda abertas e os eventos em andamento. As pessoas muitas vezes se esquecem de cancelar ou atualizar seus anúncios, por isso é melhor verificar duas vezes antes de sair de casa.

www.paganpride.org: o Pagan Pride Project existe desde o final dos anos 1990. O site lista todos os eventos associados ao Orgulho Pagão que estão acontecendo atualmente. Mesmo que você não se identifique especificamente como Pagã, esses eventos muitas vezes atraem praticantes de uma ampla variedade de caminhos ou práticas. Os eventos do Dia do Orgulho Pagão incluem normalmente um ou dois dias de workshops e aulas, rituais, comerciantes e atividades comunitárias.

www.meetup.com: o Meetup é um site dedicado a organizar encontros – isso mesmo, *meetups*. Você pode pesquisar grupos por temas ou distâncias, ver o calendário local, entre outras opções. "Crenças" é provavelmente o título principal que você pode buscar em sua pesquisa.

Pela cidade

Livrarias: muitas livrarias e sebos têm murais comunitários. Se a sua livraria local tem uma seção bem abastecida de ocultismo, Nova Era ou metafísica, isso é um bom indício de que há mais pessoas interessadas por aí.

CUUPS: sua cidade tem uma igreja Unitarista Universalista? Nesse caso, talvez ela tenha um capítulo da CUUPS: a Covenant of Unitarian Universalist Pagans (Aliança de Pagãos Unitaristas Universalistas). Em áreas mais conservadoras, estar associado a uma igreja pode ser uma maneira de lidar com situações problemáticas.

A antiga loja de Bruxaria local: nem todas as lojas de ocultismo/Bruxaria estão indicadas em sites especializados sobre o assunto. Na verdade, muitas das lojas mais novas podem ainda não estar conectadas a esse recurso, e às vezes, podem trazer novidades que ainda não conhecemos! Fique de olho em lojinhas modernas com cristais, padrões de triângulos e ciclos lunares; você pode encontrar algo interessante!

Cafés e espaços de arte/apresentações: espaços de arte e pequenos Cafés são historicamente conhecidos como lugares liberais onde iconoclastas, pensadores criativos e outras pessoas da contracultura costumam se reunir. Mais uma vez, confira os murais comunitários e o calendário de eventos para ver se há algum encontro acontecendo no local.

SOBRE COMÉRCIO, DINHEIRO E COMPROMISSO

Há muitas opiniões quando o assunto é misturar dinheiro com Bruxaria. Algumas pessoas proclamam veementemente: "Você não deveria cobrar pela Arte!", enquanto outras vivem da Bruxaria. Uma abordagem é certa e a outra errada? Na realidade, o dinheiro não é a verdadeira questão, ele é apenas uma representação do valor que damos ao tempo e à energia despendida. A maioria de nós vive em uma economia moderna, o que significa que o sistema de troca não funciona muito bem nos dias atuais. Idealmente, eu gostaria de trocar uma pintura por ovos frescos de galinhas ou por serviços de um mecânico, mas as empresas não aceitam ovos, pinturas ou qualquer outro tipo de troca direta como pagamento. Elas aceitam dinheiro, seja físico ou eletrônico, então precisamos converter esses itens e serviços em dinheiro.

Você pagou por este livro (ou alguém que comprou lhe presenteou ou você o pegou em uma biblioteca, que o comprou por licitação), o que ajuda a compensar a mim e a todos os editores, designers, gráficas e distribuidoras pelo tempo e energia dedicados (mais uma razão pela qual a pirataria de livros é uma ofensa passível de azaração). Tempo, habilidades e materiais reais foram envolvidos. Isso também se aplica ao ensino da Bruxaria e serviços relacionados. Já ouvi o argumento de que as escolas públicas são gratuitas, mas isso não é verdade. Escolas públicas são financiadas por impostos, e os professores e administradores não trabalham de graça, embora a maioria receba muito menos do que merece. Mesmo que você ganhe uma semente de maçã gratuitamente, se quiser obter uma árvore, terá que investir tempo e energia para cuidar dela. Nada é realmente gratuito – *tudo* é uma troca de energia.

Agora, preço e valor são outra história. Há, sem dúvida, pessoas que tentam ganhar dinheiro fácil ou tirar vantagem dos outros. Há também aquelas entusiastas que realmente não sabem o que estão fazendo. Acredito que esses grupos são minoria e tendem a desaparecer rapidamente assim que a reputação se espalha. Ensinos sólidos, produtos de qualidade e insights valiosos por um preço justo sempre encontram uma maneira de prosperar. Praticantes verdadeiros não querem tirar vantagem das pessoas e, muitas vezes, podem até ter dificuldades em precificar seu trabalho e serviços de forma justa. Ainda assim, não deveriam oferecer o que fazem "de graça", assim como não é justo que alguém que se considera amador faça o mesmo. Além de desvalorizar o próprio trabalho, isso diminui o valor do trabalho de outras pessoas, sejam amadoras ou profissionais, aos olhos do mercado em geral. Existem maneiras de aperfeiçoar o que faz sem afetar o mercado.

Se você tem um produto ou serviço testado e aprovado, então deve cobrar adequadamente por ele. Não importa se isso é seu trabalho em tempo integral ou algo que faz paralelamente – seu tempo, sua energia e seus materiais têm valor. Certifique-se de que esse é um investimento inteligente do seu tempo. Pense, o que mais você poderia estar realizando ou desfrutando nesse período?

É muito importante não confundir capitalismo com comércio. Comércio é a compra, venda e troca de bens e serviços. Nos dias de hoje, o capitalismo não se trata tanto de livre mercado e troca igualitária de bens, serviços e energia, mas, sim, de ganhar, acumular riqueza e monopolizar o mercado – muitas vezes à custa dos outros.

Já vi acusações absurdas sendo feitas contra donos de lojas ocultistas/metafísicas alegando serem eles capitalistas. Claro, existem algumas figuras questionáveis, mas a maioria dos donos de lojas na comunidade são pequenos empresários, muitas vezes de negócios familiares. Seus objetivos geralmente incluem fornecer materiais e serviços para a comunidade, além de oferecer um espaço para encontros, ensino, leituras e realização de eventos. Manter um espaço físico envolve custos com aluguel ou financiamento, impostos, serviços públicos, instalações e equipamentos, sem mencionar o abastecimento de produtos que as pessoas desejam e uma equipe experiente à disposição durante as horas em que as pessoas querem fazer compras. Ninguém vai enriquecer rapidamente administrando uma pequena loja ocultista. É preciso fazer um enorme investimento e comprometimento de tempo e energia para criar um recurso físico na comunidade.

Nesse sentido, gostaria de dizer que, se você tiver a opção de comprar algo em uma loja local ou encomendar on-line por alguns reais a menos em um grande marketplace, por favor, compre na loja local. Essa pequena diferença no valor significa que você está apoiando sua comunidade local de diversas maneiras. Isso realmente ajuda a manter o espaço funcionando, especialmente se você gosta de visitar a loja, participar de círculos ou eventos realizados ali. Se a única opção viável for comprar on-line, tente comprar diretamente do artista, editora, autora, fabricante, entre outros. Se estiver com pouco dinheiro, mas quiser apoiar um negócio local ou sua artista, autora ou banda favorita, ajude divulgando on-line e deixando avaliações para os produtos. Aqui, mais uma vez, tempo e energia substituem o dinheiro e podem ter um impacto positivo nas pessoas que você está apoiando. Obrigada!

Guia de Etiqueta Essencial para Bruxas

(Publicado originalmente pela Llewellyn's 2019 Witches' Companion)

Etiqueta pode parecer um conceito antiquado para se discutir, mas estar ciente de como interagir com os outros é essencial para construir uma comunidade saudável e desenvolver a sua prática pessoal.

Hoje em dia, muitas pessoas são apresentadas ao caminho da Bruxa por meio de livros e estudos solitários. Em grande parte dos casos, é maravilhoso que esse tipo de informação esteja mais acessível do que nunca. Antes, era preciso encontrar um Coven ou algum tipo de grupo semelhante por perto para aprender. Mas isso traz uma desvantagem: detalhes sobre relacionamentos e interações interpessoais não são abordados em livros, sejam eles introdutórios ou avançados. Além disso, pode ser complicado navegar pelas nuances sociais por meio de cursos on-line. É muito fácil perder o imediatismo das reações humanas quando o contato acontece no ciberespaço.

Outro ponto a considerar é que estamos atravessando uma nova era de estrutura religiosa e espiritual. Poucos caminhos religiosos originários oferecem orientações ou estruturas aplicáveis para definir clero, criar espaços ou lidar com questões específicas da Bruxaria. Não existe uma escritura sagrada única para ditar diretrizes morais, éticas e padrões profissionais. Por exemplo, a Rede Wicca pode ser seguida por alguns Wiccanianos, mas não é adotada por todas as variedades de Bruxas, incluindo eu. Existem inúmeros códigos, chaves, juramentos e princípios – tantos quanto Tradições, se não mais.

Então, como a etiqueta nos ajuda? Se você vê a Bruxaria como uma religião, um caminho espiritual, uma vocação, um estilo de vida, um método, uma ferramenta ou uma mistura de tudo isso, a prática da etiqueta se aplica a você. Vamos considerar a definição da palavra em si. O Google Dictionary define "etiqueta" como "o código habitual de comportamento adequado de uma sociedade ou entre membros de uma profissão ou grupo específico". Independentemente de praticarmos sozinhas, em grupo, em um Coven ou em uma igreja, diretrizes sociais e profissionais nos ajudam a estabelecer padrões para nos orientarmos e facilitam o trabalho com qualquer pessoa, de qualquer caminho. A etiqueta pode ser como as estrelas que guiam nossos navios em tempos tranquilos, assim como o vento que nos impulsiona em situações difíceis. Também nos ajuda a evitar situações que podem ser constrangedoras ou prejudiciais. No mínimo, pode nos auxiliar a nos recuperar com elegância quando cometemos um erro – o que todos nós estamos inclinados a fazer em algum momento!

As diretrizes a seguir são regras de etiqueta que sigo e ensino aos meus alunos. Não é um caminho fácil (outra razão pela qual muitas vezes é chamado de "caminho tortuoso"), mas estas dicas podem tornar a sua jornada mais tranquila e menos estressante. Elas também ajudam a evitar que sua vassoura seja mastigada pela "lama do drama"!

Sua palavra é seu valor

Como Bruxas, trabalhamos com muitos elementos aparentemente intangíveis, como espíritos, divindades, magia e a metafísica. No entanto, sabemos que essas forças são reais porque as percebemos e interagimos com elas em nossas práticas. Da mesma forma, tudo o que dizemos e escrevemos também carrega uma energia real que pode impactar o mundo ao nosso redor. Palavras têm poder, por isso devem ser usadas com sabedoria. Seja fiel à sua palavra. Se não puder cumprir uma promessa ou manter o que disse, não minta. Em vez disso, seja direta e prudente. Evite tentar agradar os outros e assumir compromissos vazios quando sabe que não pode cumpri-los. É melhor ser honesta e desapontar no início do que acumular decepções ao longo do tempo. Assim, você criará relacionamentos muito mais saudáveis e terá muito menos estresse.

Não urine nas mudas – elas se tornam árvores

Valorize todas as pessoas que encontrar e trate-as com respeito, independentemente de saber quem são. Muitas vezes, um poder incrível pode surgir despretensiosamente do mais simples pacote, especialmente se tiver chance de prosperar. A comunidade se constrói reconhecendo a importância de *todos* os ciclos e gerações. Frequentemente fazemos suposições sobre pessoas que não conhecemos com base na aparência, no gênero, na idade ou na experiência. Descartar uma pessoa como uma "erva daninha" sem importância, desinformada ou inexperiente, apenas porque não a conhece, pode lhe causar problemas no futuro. Como Bruxas, sabemos que magias importantes podem surgir de fontes descartadas como meras ervas daninhas. No jardim, sabemos que cuidar das mudas com paciência e cuidado pode produzir plantas incríveis. Além disso, começamos sempre de algum lugar, todos nós, e cada um tem seu próprio ritmo de aprendizado e crescimento. Praticar o respeito mútuo cultiva uma floresta saudável e diversa.

Falando em árvores, todas podem ser derrubadas

Ninguém é alto demais, imponente demais, forte demais, poderoso demais ou intocável. Sempre há tempestades e incêndios florestais; doenças podem surgir de diversas formas, e o solo debaixo da árvore pode se desgastar. Em essência, ninguém é maior ou melhor do que ninguém. Até mesmo a menor coisa pode fazer algo grande desabar. É importante praticar o autorrespeito, mas não cometa o erro de se considerar mais importante do que qualquer outra pessoa ou mesmo qualquer coisa. Tentar obter favores e poder ameaçando ou intimidando os outros é prejudicial e desnecessário – um desperdício de energia que poderia ser usada para algo benéfico. Superestimar seu poder ou influência também pode lhe causar muitos problemas no plano metafísico, podendo trazer danos a você e a outros nos níveis mental, físico e/ou espiritual. Seja confiante, mas mantenha a humildade e o autoconhecimento. Assim, terá uma base sólida.

A mesma planta pode curar ou prejudicar, dependendo de como você interage com ela

Nada é completamente "bom" ou "mau". Algumas plantas extremamente úteis são invasoras, enquanto outras têm flores venenosas, mas raízes comestíveis. Já as plantas com espinhos podem abrigar aves ameaçadas de extinção. Esse mesmo olhar cuidadoso deve ser aplicado às pessoas. Tenho um círculo diverso de amizades, e nem todas se dão bem entre si. Escuto, compreendo os diferentes pontos de vista e os conflitos, mas também valorizo as qualidades e virtudes de cada uma. Discordar de você em algum tema não transforma alguém em mau – e o inverso também é válido. Entender as nuances é sempre mais sensato do que insistir em julgamentos absolutos. Cultivar uma diversidade de pessoas em sua vida, com origens e ideias diferentes, é algo maravilhoso. Isso impede que você se isole em uma bolha de eco e quebra as zonas de conforto nas quais tendemos a nos acomodar. Opiniões e perspectivas divergentes podem estimular novas ideias e pontos de vista, além de aprimorar nossas habilidades de resolução de problemas.

Não estou dizendo que você precisa tolerar pessoas em sua vida cujas palavras e ações possam ser prejudiciais. Mas pode ser muito útil conhecê-las superficialmente. Tenho dedaleira, beladona e cicuta crescendo naturalmente no meu quintal, mas apenas a lavanda, o alecrim e a hortelã entram na minha casa. Adote essa mesma abordagem com as pessoas: identifique sua natureza, reconheça seus traços positivos e negativos e trabalhe com o que for melhor para suas necessidades. Você não precisa ingerir o veneno que outros oferecem.

Não envenene o Caldeirão

Falando em traços benéficos e prejudiciais, segure um espelho e olhe para si mesma, para suas intenções e suas ações. Você está causando algum mal intencionalmente e sem motivo? Sou totalmente a favor de usar feitiços para trazer justiça, amarrações para conter uma situação e outras formas do que pode ser considerado "magia nociva". Mas atacar outras pessoas da sua comunidade por rancor ou por desfeitas percebidas – por meio de magia ou palavras – é irresponsável. Isso pode acalmar seu ego temporariamente, mas você colhe o que planta. Lembre-se de que estamos todos interconectados em muitos níveis, especialmente em culturas não convencionais, como os caminhos sob o "guarda-chuva" Pagão. Temos muito mais em comum do que diferenças. Se você despejar veneno intencionalmente no poço de onde bebe, cedo ou tarde sentirá os efeitos.

O que é bom para o ganso, é bom para o ganso

Quando alguém diz "é assim que eu faço" ou "é assim que funciona para mim", está apenas expressando sua experiência pessoal. Isso não invalida a sua forma de fazer as coisas, a menos que fique explícito na fala dessa pessoa. Por exemplo: "o certo é desse jeito; você faz da maneira errada". Nesse caso, além de soar desagradável, a credibilidade dessa opinião pode ser colocada em dúvida. O caminho da Bruxa exige confiança na sua própria intuição e a coragem para seguir o seu próprio percurso, respeitando as diferenças enquanto constrói sua jornada. Você é sua própria pioneira, então, seu caminho será único dentro do seu universo. Sem um padrão definido a ser seguido, muitos praticantes acabam vítimas da insegurança, preocupando-se se estão fazendo as coisas "da maneira certa" ou deixando passar algo essencial. É natural comparar e contrastar, mas não crie competição ou drama onde não existem. É exaustivo estar sempre na defensiva, especialmente quando isso não é necessário. Não entendeu o que alguém quis dizer? Peça que a pessoa esclareça, *educadamente*. Não interprete algo que não existe.

Siga a intenção

Da mesma forma, é sábio observar e estar ciente de sua bagagem emocional. Se uma pessoa cometer um erro verbalmente com uma palavra ou frase, reserve um momento para considerar o que realmente ela está tentando dizer. Em vez de reagir imediatamente de forma defensiva, ofensiva ou reagir de forma negativa, reserve um momento para refletir. O que está causando essa resposta em você? Existe algo do seu passado aflorando, um padrão ou um comportamento? A comunicação ocorre de várias maneiras e em múltiplos níveis, incluindo ouvir, processar, falar, sinais não verbais, postura, tom, entre outros – muitos dos quais podem ser extremamente difíceis de interpretar on-line ou quando alguém se comunica de forma diferente de você. Pergunte a si mesma: a pessoa tem boas intenções ou pretende causar algum dano? Há uma maneira melhor e mais produtiva de abordar a questão? Este é o momento ou o lugar certo para dar uma lição de moral? A situação pede um questionamento privado ou um confronto público? Como você se sentiria se estivesse no lugar dessa pessoa? Por fim, se tudo estiver acontecendo on-line, imagine como seria viver essa experiência cara a cara. (Essa diretriz é cortesia da minha querida amiga Anaar.)

Instrução tripla

Bruxas absorvem, refletem e depois agem. Esse comportamento deve ser aplicado a tudo, especialmente à internet. Como mencionei anteriormente, a Rede Wiccana, e particularmente a Regra de Três, não faz parte do meu caminho. Mas eu gosto do número três, criei até uma diretriz baseada nele para correspondências. A minha regra de três é esta: leia tudo três vezes antes de escolher um plano de ação. Da mesma forma, leio minha resposta três vezes antes de enviá-la. Essa regra lhe dará tempo para assimilar e garantir que você compreendeu o que está lendo, eliminando a maioria dos elementos confusos ou reacionários. Além disso, ajuda a derrotar o sinistro demônio da internet: o autocorretor.

Quem aparece determina o resultado – não existe voto por procuração na Bruxaria

É impressionante o quanto as pessoas reclamam, especialmente quando se trata de eventos e acontecimentos de natureza comunitária. Quando há um problema que precisa ser resolvido, vejo constantemente pessoas dizendo: "É por isso que eu não faço X/ participo da comunidade", mas sem apresentar qualquer tipo de solução. É fácil demais criticar, mas levantar-se e fazer algo a respeito do problema é muito mais desafiador. Palavras que não são seguidas de ação perdem seu poder. Não gosta de como algo está sendo conduzido? Voluntarie-se, ofereça ajuda ou crie sua própria visão, se tiver coragem. A comunidade é criada por aqueles que aparecem. Se você está disposta a levantar sua voz e deseja ver mudanças acontecerem, também deve estar preparada para agir, participando ativamente e estando presente da melhor forma possível.

Essas, portanto, são as nove diretrizes para prevenir guerras entre Bruxas, fomentar a comunidade e criar um caminho equilibrado para vivenciar a Bruxaria. Todos nós cometemos erros, mas sempre podemos tentar fazer melhor. Seja gentil consigo mesmo e estenda a mesma cortesia aos outros enquanto vivenciam conjuntamente esta maravilhosa vida. Sigam em frente e manifestem-se, Bruxas! Siga em frente e floresça como as bétulas!

A BRUXA NÃO É UMA VÍTIMA

Como você deve lidar com mágoas – físicas, emocionais ou mentais – como Bruxa? É inevitável que isso aconteça em algum momento. Guerras entre Bruxas não são novidade, e as pessoas certamente gastam muito tempo presas a rótulos e disputas de ego. Nem todo relacionamento em que entramos é necessariamente saudável para nós. Desentendimentos ocorrem, fios se cruzam e sentimentos são feridos. Mesmo aqueles com a melhor das intenções podem se deparar com situações confusas e/ou dolorosas. Isso faz parte de ser humano.

Desde nossos primeiros momentos, estamos constantemente em transformação, mudando e sendo mudadas pelo mundo ao nosso redor. A jornada raramente é tranquila ou fácil – a vida tende a nos lançar de um lado para o outro, como as ondas jogam conchas e pedras contra a costa. Muitas vezes, saímos disso com mais conhecimento, mas também alguns arranhões. Às vezes, ficamos fixados em como fomos feridos, em vez de olhar para como sobrevivemos e prosperamos.

É importante reconhecer quando fomos feridos de forma física, emocional ou espiritual e reservarmos um tempo para nos curar. É saudável estarmos cientes das nossas dependências, das tendências que podem prejudicar nosso crescimento, dos hábitos difíceis de romper ou dos padrões que frequentemente tecemos sem intenção. É poderoso avaliar o impacto dessas coisas, mas, ao mesmo tempo, não permitir que elas nos definam. Também é essencial perceber que todas as outras pessoas estão na mesma confusão, quer isso esteja aparente ou não. É aqui que entra a compaixão e a capacidade de olhar além das nossas feridas e danos para realmente enxergar os outros.

Escolha palavras que o inspirem e o despertem. Você não está danificada, quebrada, sem valor ou é uma vítima, então não incorpore essas palavras ao seu ser. Lembre-se de que as palavras têm poder. Escolha aquelas que a conectem e a façam crescer. Depois, seja mais do que essas palavras.

Você pode olhar ao redor do mundo e perceber que tudo tem ganhos e perdas – plantas, animais, civilizações e paisagens. A montanha cresce, mas também desmorona. Os mares avançam, mas também secam. Tudo é animado. Tudo está conectado.

Como Bruxas, nosso papel é conectar o invisível, reconhecer o espírito. A Bruxa é aquela que transforma, muda, tece e dobra. Uma Bruxa não é um único momento no tempo, uma ocasião ou um evento, mas, sim, todos os momentos entrelaçados em espiral. Somos mais do que nossas partes e pedaços – podemos perder essas coisas, mas não perdemos a nós mesmas. Reconhecemos e abraçamos o potencial de crescimento e mudança. Não importa o que aconteça conosco, a Bruxa permanece. Podemos estar feridas e, às vezes, quebradas, mas ainda sobrevivemos, persistimos e superamos. Seguimos em frente.

Somos as tecelãs, as criadoras, as construtoras e as transformadoras. Colocamos isso de lado quando escolhemos nos deter por tempo demais em uma palavra que não nos define, que não representa quem somos. Negamos nosso poder quando fazemos isso. Bruxas não são a ideia pequena, frágil e falha de perfeição da sociedade; somos a própria natureza. Somos a beleza feroz e brutal que reúne todas as bênçãos e todas as maldições que compõem a vida.

FLUXO UNIVERSAL: AS BRUXAS SÃO COMO ÁGUAS-VIVAS

Outro ponto a considerar quando se trata de lidar com dor e mágoa é pensar em medidas preventivas que não dificultem ou impeçam o crescimento. Isso significa descobrir o que você pode fazer para se proteger e ter uma percepção melhor de como as coisas estão fluindo – antes de ser arrastada pela correnteza.

Costumo me sentir como uma água-viva ao transitar por diferentes grupos. As pessoas frequentemente falam sobre estabelecer barreiras protetoras, escudos, aterramento, entre outras coisas, mas, para mim, existe um reflexo instintivo ao lidar com grupos de forma geral. Eu explicaria isso como uma barreira sutil que protege, mas, ao mesmo tempo, permite que as informações necessárias sejam filtradas. Essa barreira está quase sempre ativada, atenuada praticamente apenas por bebidas alcoólicas.

Cientificamente, as águas-vivas não possuem cérebro nem órgãos sensoriais básicos (olhos, ouvidos, nariz), mas têm sistemas nervosos extremamente sensíveis que lhes permitem perceber estímulos e reagir rapidamente. Evitando a piada óbvia de que "algumas Bruxas também parecem não ter cérebro às vezes", a percepção psíquica e a intuição podem ser comparadas à forma como as águas-vivas sobrevivem no mundo. Bruxas frequentemente sentem e experimentam coisas que não podem ser percebidas claramente pelos olhos ou ouvidos, nem explicadas pelo pensamento racional.

A maioria das águas-vivas é quase invisível, imperceptível até que você entre em contato físico com uma delas – e às vezes nem mesmo assim. Você pode nem saber que encontrou uma água-viva até muito tempo depois (também muito parecido com as Bruxas. Muitas vezes estão escondidas, não são imediatamente aparentes, permanecendo indetectáveis enquanto avaliam a situação. Muitas vezes, estão escondidas, não imediatamente visíveis, passando despercebidas enquanto avaliam a situação. Claro, sempre há a caravela-portuguesa[30], que precisa fazer

30. Não tecnicamente uma água-viva, mas navegue comigo neste momento. (A caravela-portuguesa é um organismo marinho parecido com uma água-viva, conhecido por seu visual impressionante e seus tentáculos urticante.)

um grande espetáculo de tudo – parecendo assustadora e perigosa, atrapalhando todo mundo. Aposto que você não conhece ninguém assim. (*Nota*: acho que muitas Bruxas praticantes que trabalham com pessoas e com as artes também utilizam essa mesma estrutura de amortecimento, o que explica por que, ocasionalmente – ou melhor, frequentemente – tendemos a esbarrar de forma desajeitada umas nas outras enquanto seguimos nadando por aí.)

As águas-vivas utilizam as correntes de água para fluir para onde precisam ir, mas a maioria também está equipada com um sistema interno de propulsão que lhes permite se deslocar rapidamente quando necessário. Mais uma vez, sinto uma afinidade aqui, porque percebo que é mais fácil fluir com a corrente do Universo com a direção para onde ele me conduz, do que lutar contra o fluxo. Mas certamente, sou capaz de me mover e me movo quando a ação é necessária. Dessa forma, não me sobrecarrego e a energia gasta é bem utilizada para um propósito definido.

Quero aproveitar este momento para diferenciar entre "corrente cultural" e "corrente universal." Seguir normas sociais, modismos ou o que for mais fácil não é o que estou falando aqui – isso é corrente cultural. A Bruxa, historicamente, é iconoclasta e contracultural. A corrente universal é o padrão de como as coisas estão se desdobrando em uma escala maior – espiritualmente, metafisicamente, em lugares liminares, conhecidos e desconhecidos. Ela se conecta com a percepção de coisas além dos órgãos sensoriais padrão.

Onde eu cresci, perto da costa, as correntes mais quentes e as tempestades de verão depositavam um grande número de águas-vivas na praia e enchiam as águas. Havia um mito de que as águas-vivas transparentes não queimam, que era só com aquelas com partes vermelhas que você precisava se preocupar. Na verdade, todas as águas-vivas são capazes de "queimar", o que influencia é ser ou não sensível a elas. Você pode encarar a magia ou o uso de feitiços da mesma forma. Todas as variedades têm impacto; elas têm diferentes níveis de eficácia e implicações – tudo depende do praticante e da situação. A mesma energia que pode ser usada para defesa também pode ser usada para garantir o jantar.

Não há nenhum grande espetáculo nisso. A água-viva se aproxima, queima, se alimenta e segue seu caminho. Conforme mencionei anteriormente, a maioria das pessoas só percebe isso depois. Isso funciona muito bem para o uso de feitiços: faça o que precisa ser feito sem muito alarde ou atenção.

Então, assim como as águas-vivas, não é algo ruim navegar nas correntes – isso pode levá-la a lugares interessantes. Tampouco é ruim se proteger com os recursos que você tem à disposição.

Você é uma boa Bruxa?

Essa pergunta foi praticamente gritada para mim, com a voz afiada e exigente do contestador. Tudo dentro de mim grunhiu em resposta.

Aposto que a maioria das pessoas conhece aquela pergunta cantada no estilo de *O Mágico de Oz*: "Você é uma Bruxa boa ou uma Bruxa má?" Sinceramente, não consigo pensar em nenhuma situação em que essa seja uma pergunta divertida de se ouvir – especialmente se você for uma Bruxa de verdade. Claro, existe toda aquela questão de imagem pública – décadas tentando mostrar que não somos assustadoras, malignas ou representações de estereótipos fantasiosos. Mas não é sobre isso que quero falar.

Em vez disso, vamos falar sobre poder pessoal versus expectativas e o desejo de agradar. Porque tenho quase certeza de que foi assim que me vi na situação que acabei de mencionar. Eu estava lidando com essa pessoa porque estava tentando agradar outra, apesar do meu instinto. Essa também é uma falha de caráter – ou, mais precisamente, um comportamento arraigado – contra o qual muitos de nós lutamos.

Adoro ajudar as pessoas e vê-las felizes. Gosto de criar oportunidades para que os outros cresçam e se destaquem, assim como gosto de ensinar e expandir conhecimentos, de compartilhar a arte. Esse é praticamente o meu modo padrão, e geralmente funciona bem. Mas às vezes, a parte de mim que quer agradar acaba me colocando em problemas.

Uma das cartas dos arcanos maiores que frequentemente aparece em leituras de tarô é a Imperatriz. Para mim, essa carta representa uma mulher em posição de poder, no controle, capaz de fazer as coisas acontecerem para os outros e de promover crescimento. O seu lado negativo, porém, é a dificuldade de dizer "não". Quando você diz "sim" para muitas pessoas, de repente a Imperatriz já não está mais sentada em seu trono e não consegue governar efetivamente. Sua atenção e seu tempo ficam divididos, e seu poder reduzido ou esgotado.

A sociedade há muito tenta treinar as mulheres para serem agradáveis: seja uma boa garota, siga as regras, não cause problemas, pense nos outros antes de pensar em si mesma, não seja egoísta, mantenha a paz. (Só para constar, não estou dizendo que a sociedade também não ferre com os homens – definitivamente isso acontece –, mas aqui, preciso falar da minha experiência pessoal). Essa atitude se torna tão arraigada em nós, que chega a ser quase instintiva. Tentamos agradar nossos pais, nossos professores, nossos parceiros, nossos amigos, chefes, colegas de trabalho e até mesmo pessoas que nem conhecemos. Embora isso possa ser muito legal – especialmente para os outros –, muitas vezes estamos fazendo mal a nós mesmas. É ótimo ajudar e cuidar dos outros, mas você não pode fazer isso se não cuidar de si mesma primeiro. Cuidar de si inclui estar consciente do seu próprio poder.

Essa verdade se aplica ao bem-estar mental, físico, espiritual, social e metafísico. Para manter um nível saudável, você precisa fazer escolhas conscientes sobre como usar sua energia. Sim, você pode tentar preparar e assar vinte variedades de biscoitos de uma só vez, mas eles provavelmente sairão melhores se, em vez disso, optar por preparar de um a três tipos de cada vez. Isso também é válido ao lidar com as pessoas.

Antes de dizer sim automaticamente a coisas e pessoas, reserve um momento para se perguntar:

- Quanta energia será necessária para fazer isso? Está dentro das minhas possibilidades e habilidades, ou exigirá muito tempo, materiais e/ou esforço mental adicionais?
- Quais são os resultados prováveis a curto prazo? Com que rapidez pode acontecer? Resolverá um problema ou criará outros?
- Quais são as implicações a longo prazo? É um relacionamento ou comportamento que desejo cultivar?
- Quais são os benefícios (para mim, para os outros, para o panorama geral)?

- Estou considerando fazer isso porque realmente sinto vontade ou porque me sinto obrigada?

A realidade é que nem todo mundo que lhe pede algo tem em mente suas melhores intenções. Essas pessoas estão simplesmente pensando em si mesmas e em suas próprias necessidades. Não estou dizendo que isso é algo ruim ou que você deva sempre buscar uma troca de energia igual. No entanto, algumas pessoas pedem sem pensar ou considerar as consequências – para ninguém. As crianças fazem isso porque ainda não têm esse conhecimento ou não entendem. Já os adultos fazem porque se recusam a pensar além de si mesmos. Ajudá-los é como despejar um copo de água doce no oceano em vez de regar uma planta: é um desperdício inútil.

Você pode tentar ser uma "boa Bruxa" e ajudar todo mundo o tempo todo, ou pode buscar algo melhor e direcionar sua energia onde ela realmente importa. Isso pode significar dizer "não" – o que, por sua vez, pode desapontar e, possivelmente, irritar algumas pessoas. Mas você precisa cuidar de si mesma, ou não conseguirá realizar muita coisa. Suas próprias expectativas precisam ser atendidas antes de qualquer outra coisa.

Então, qual foi minha resposta àquela infame pergunta feita pelo produtor? Eu disse: "Sou uma Bruxa eficaz."

QUEBRANDO JURAMENTOS

Mencionei no primeiro capítulo que fiz uma grande mudança de curso após quinze anos de casamento. Essa foi uma das decisões mais difíceis (se não *a* mais difícil) que tive que tomar em toda a minha vida porque, como repeti ao longo deste livro, as palavras têm poder. Isso é algo que acredito ser uma parte essencial do meu caminho como Bruxa. Eu não queria quebrar um juramento. Assumo a responsabilidade pelas minhas palavras e ações.

Isso levanta a questão: quando e em que circunstâncias é aceitável quebrar um voto?

Depende da integridade do relacionamento e do respeito mútuo desses votos.

A situação sobre a qual estou falando era um casamento, mas tudo o que envolve juramentos e votos é essencialmente um tipo de relação – e isso se aplica a muitas situações na Bruxaria. Se você se junta a um Coven ou a um grupo semelhante, um juramento é feito. Se estabelece um contrato com um espírito, está assumindo uma obrigação. Se faz um acordo com uma divindade, está criando um voto. E, se faz uma promessa a si mesma – sim, até isso é um tipo de relacionamento.

Juramentos e votos verdadeiros também não são unilaterais. Eles funcionam nos dois sentidos, criando a terceira entidade do relacionamento e determinando sua integridade. O relacionamento é como uma ponte metafísica suspensa entre as duas partes, que precisa ser sustentada de forma equilibrada por ambos os lados para funcionar.

Isso não significa que você deve simplesmente abandonar tudo se alguém não estiver cumprindo sua parte do acordo. A comunicação é fundamental – e as coisas tendem a desandar quando ela não acontece de forma adequada. Quando a comunicação é interrompida ou é bloqueada, reparos emergenciais podem ser necessários para que as coisas voltem a funcionar novamente – assim como uma ponte "real".

> *Nota:* o fato de você não conseguir ver algo não significa que ele não seja real. Bruxas deveriam saber disso melhor do que ninguém.

Algumas pontes, porém, não têm conserto, mesmo após várias tentativas. Às vezes, o abuso é disfarçado de comunicação, essencialmente bombardeando a ponte. Nesse caso, a ponte precisa ser demolida, repensada e, talvez, construída novamente em outro lugar.

E quais são os fundamentos para esse plano de ação? Aqui está uma lista de verificação:

1. O juramento foi algo que ambas as partes compreenderam completamente quando o fizeram?
2. Ambas as partes estavam cumprindo o voto da melhor maneira possível?
3. Se não estavam conseguindo cumprir, a questão foi abordada respeitosamente para que pudesse ser resolvida?

4. Depois disso, foram feitas tentativas sinceras e bem-sucedidas para tornar possível honrar o voto?
5. A saúde física, emocional, mental e/ou espiritual de qualquer uma das partes está comprometida por causa do voto ou pela falta de adesão a ele?

Se as respostas a essas perguntas forem sim, sim, sim, sim e não, então as coisas provavelmente estão indo bem.

Mas se forem não, não, não, não e sim, então há um problema sério, e, muito provavelmente, há algumas razões consistentes para dissolver o voto o mais rápido possível.

Você pode se perguntar: até mesmo com uma divindade? Sim – os mitos estão repletos de situações em que os deuses quebraram juramentos ou não foram verdadeiros em suas ações. (Sementes de romã, alguém?)[31] Espíritos e divindades também não são perfeitos. Todos nós estamos crescendo, mudando e, com sorte, aprendendo.

Esta é outra pergunta que pode ser feita: qual é a diferença entre uma desculpa e uma razão legítima? Se você nunca teve a intenção de seguir com o voto em primeiro lugar ou nunca o levou a sério, então ele estava essencialmente nulo desde o início. Ou, se você não se esforça para mantê-lo íntegro por falta de interesse ou apenas por preguiça, isso é uma desculpa. Mas se o seu bem-estar e sanidade estão em perigo, então é hora de cortar os laços.

Foi nesse ponto que tomei a decisão. O que pesava mais: minha culpa e angústia por quebrar um voto ou perder a minha vida por causa de um relacionamento extremamente nocivo? O outro lado não estava mantendo seu compromisso, e isso já fazia muito tempo. Em retrospecto, essa decisão incrivelmente difícil e dolorosa foi a melhor coisa que eu poderia ter feito em muitos aspectos.

---

31. A expressão "Sementes de romã" é uma referência ao mito grego de Perséfone e Hades. Segundo a lenda, Hades, o Deus do Submundo, enganou Perséfone para que ela comesse sementes de romã enquanto estava no Submundo. Esse ato a vinculou a permanecer lá por uma parte do ano, apesar de um acordo posterior que lhe permitiu retornar à superfície durante o restante do ano. (N.T.)

Em primeiro lugar, não hesito em dizer que não me arrependo das escolhas que me levaram a essa situação. Eu não estaria onde estou, nem seria quem sou agora.

Diria até, que a coisa mais importante que vem com a quebra de um voto é ter a certeza de que você aprendeu com isso, fazendo as mudanças necessárias para que possa estabelecer juramentos melhores e mais saudáveis no futuro. Porque, se você continuar caindo em um padrão de votos ruins e quebrados, há uma boa chance de que provavelmente não seja culpa da outra parte, mas, sim, o fator comum em todos esses juramentos: você.

ENERGIA REAL, EXPERIÊNCIAS REAIS?

"Como saber se o que estou vivenciando é real?" Acredito que muitos praticantes iniciantes se fazem essa pergunta. Ao seguir esse caminho, é bem provável que você experimente coisas incomuns que parecem quase fantásticas. Ser uma Bruxa não é algo "normal", então como ter a certeza de que não perdeu o contato com a realidade?

Há pessoas tão mente aberta que estão dispostas a acreditar em praticamente qualquer coisa. Tudo o que elas veem ou vivenciam ganha instantaneamente uma razão mágica para existir. Acho essa maneira de pensar ao mesmo tempo linda, infundada e aterrorizante. A imaginação é incrível, assim como ter uma visão quase infantil do mundo, mas perder o contato com a realidade pode ser perigoso para a mente, o corpo e o espírito. Essa abordagem do mundo pode atrair atenção negativa, especialmente daqueles que se aproveitariam dessas pessoas, além de as sujeitarem ao ridículo. No entanto, algumas pessoas também escolhem, inconscientemente, essa visão de mundo, com o intuito de atrair *qualquer* tipo de atenção, buscando se sentir especiais e diferentes.

Acredito que a maioria das Bruxas reconheça os perigos inerentes de enxergar o mundo dessa maneira, então elas tentam, quase que agressivamente, ir para o extremo oposto. Essa é com certeza uma posição menos perigosa socialmente, especialmente quando você não quer ser vista como louca ou atrair atenção desnecessária para si mesma. Acredito que buscar primeiro uma explicação no "mundo real" para os fenômenos seja uma escolha sábia, mas chega um ponto em que você começa a correr o risco de minar seu senso de encantamento e duvidar de suas próprias habilidades.

O lugar ideal para se situar é entre os dois extremos. Definitivamente, há mais neste mundo do que podemos ver, mas muitas coisas que parecem extraordinárias à primeira vista têm explicações razoáveis. Quanto mais fundo você avança na floresta da Bruxaria, mais começa a perceber conexões e correlações – captando o que outras pessoas facilmente ignoram ou deixam passar. Considere essa percepção como uma confirmação de suas habilidades. Se você mantiver um diário de suas experiências, começará a ver o padrão se formando relativamente rápido ao longo do tempo. Sim, sua leitura de tarô para aquele amigo foi precisa, o feitiço que você realizou produziu efeitos rapidamente e sua intuição estava certa em relação a evitar uma determinada pessoa. Dê crédito ao que merece receber crédito. Novamente, reconhecer suas habilidades não a torna especial ou iludida; é simplesmente um indicador de que você está no caminho certo.

Tenha em mente que uma pessoa comum possui uma relação hesitante com o desconhecido – ela sente tanto medo quanto fascínio por fantasmas, habilidades psíquicas e coisas semelhantes. Filmes e mídia geralmente apresentam uma visão exagerada ou fantasiosa de coisas que, na realidade, são bastante sutis ou nem tão chamativas/interessantes assim. Isso não é um julgamento – o entretenimento deve ser divertido, e a mente humana adora ser ludibriada. Mas de fato, no cenário certo, você pode se surpreender com quantas pessoas se abrem sobre suas experiências paranormais ou psíquicas.

Acredito que seja saudável questionar o que você vivencia. Isso significa que seu cérebro está tentando manter as coisas sob controle e que você tem uma boa rede de apoio (ou mais de uma) neste plano. O segredo é não se assustar ou se invalidar. Às vezes, a verdade é mais estranha que a ficção.

Resolvendo problemas e lidando com medos

Quando perguntei aos meus alunos sobre seus maiores medos em relação a serem Bruxas/Bruxos, alguns temas surgiram com muita força.[32] Acho que o aspecto mais útil desse exercício foi todos perceberem que não estavam sozinhos em relação a seus medos. Muitas vezes, ficamos tão presas em nossas próprias mentes que pensamos que somos as únicas enfrentando um problema ou dificuldade, mas o oposto disso é verdadeiro – mais um motivo pelo qual se conectar com pessoas de mentalidade semelhante pode ser incrivelmente útil. Eu sei que falar sobre esses medos aqui não vai resolvê-los instantaneamente, mas espero que trazê-los à tona e abordá-los seja útil para você.

O medo de não saber/não ser suficiente

Esse foi, de longe, o medo mais comum identificado. As pessoas expressaram preocupações sobre não saberem tanto quanto deveriam, estarem fazendo algo errado ou simplesmente não serem boas o suficiente. Por um lado, o desejo de aprender mais, assim como a sensação de que há sempre algo novo a ser aprendido, é algo muito saudável. Se você acha que sabe tudo, então está realmente desconectada da realidade. Bruxas nunca param de aprender. Há sempre algo para descobrir, um novo ponto de vista a explorar. Este medo pode realmente causar danos quando gera uma sensação persistente de insegurança e inadequação. Você não pode viver em constante dúvida sobre si mesma e praticar Bruxaria com confiança. É necessário confiar em si mesma. Seja mais gentil consigo e tente deixar esse medo para trás. Sempre há espaço para crescer.

Discriminação, perseguição e julgamento

Uma maioria considerável das minhas alunas expressou preocupações sobre serem perseguidas por suas crenças e práticas. Elas temiam perder empregos, ter a guarda dos filhos negada e/ou serem condenadas ao

32. Principalmente em meu grupo de estudos on-line, composto por cerca de 400 pessoas do mundo todo.

ostracismo ou ridicularizadas por serem quem são. É realmente difícil lidar com esse tipo de medo, porque, ao contrário do anterior, a fonte agora geralmente são as outras pessoas. Em algumas situações, estamos apenas sendo extremamente cautelosos, e, em outras, infelizmente, isso reflete a realidade da sociedade em que vivemos. Ainda existem muitas pessoas de mente fechada e alarmistas que preferem causar drama a ouvir. Às vezes é necessário esconder o que faz e quem é para evitar consequências sérias e perigosas. Outras vezes, porém, se defendermos quem somos e educarmos as pessoas de modo confiante e conciso sobre o que fazemos e acreditamos, podemos mudar as coisas a nosso favor. Algumas pessoas estão abertas a aprender e a formar novas opiniões com as informações certas. Quando o medo gira em torno de ser julgada por amigos ou familiares, uma boa comunicação pode fazer a diferença com aqueles que estão dispostos a ouvir e enxergar. Não há motivo para se envergonhar de quem você é.

Impactos negativos de feitiços e trabalhos

O próximo degrau na escada do medo foi o receio de errar na magia ou em outros tipos de trabalhos. A esta altura, você já deve ter percebido o tema recorrente da responsabilidade ao longo deste livro, com os meus lembretes para refletir sobre o que faz antes de fazê-lo. Se você praticar esse tipo de atenção plena, diminuirá significativamente a quantidade de problemas que pode causar acidentalmente.

O vazio

Este medo envolve a preocupação de que tudo o que fizer será em vão – que ninguém se importa, que você não está fazendo a diferença, que não tem efeito no mundo. Sinceramente, acho que esse medo não se aplica apenas às Bruxas. Tenho quase certeza de que todos os seres humanos encaram o vazio em algum momento de suas vidas e se perguntam se ele olha de volta. Queremos saber que deixamos uma marca, que o que fizemos ou estamos fazendo vale a pena, que temos importância. Apenas por estar viva, você é importante. E nem preciso saber quem você é, querida e bela pessoa lendo minhas palavras agora, para saber o impacto que você tem neste mundo. Nunca duvide disso.

Envolver-se com as pessoas erradas

Infelizmente, há muitas pessoas duvidosas no mundo, e, em algum momento, você vai acabar cruzando com pelo menos algumas delas. Lamento dizer que, às vezes, elas são difíceis de identificar até que seja tarde demais. Existem pessoas atraídas pela Bruxaria e por caminhos semelhantes não porque busquem poder sobre si mesmas, mas porque desejam poder sobre outras pessoas. Elas querem estar no comando, sentir-se poderosas e controlar outras pessoas, sem se importar em abusar de alguém no processo. Se alguém fizer exigências sobre o seu tempo, corpo, trabalho, finanças, ou qualquer coisa que pareça errada, afaste-se rapidamente na direção oposta. Um grupo de trabalho sólido certamente terá um período de adaptação onde todos se conhecem melhor, e isso é o esperado. No entanto, você deve ter a mesma liberdade de "entrevistar" os outros tanto quanto eles o interrogam. Encontre novas pessoas e grupos em locais públicos, assim como faria em um encontro. Acima de tudo, siga sua intuição e mantenha sua segurança em primeiro lugar.

Tornar-se popular

A cada década, aproximadamente, as Bruxas ganham destaque e entram na consciência pública. Essa visibilidade permite que novas pessoas descubram a Bruxaria, enquanto algumas mais experientes reviram os olhos e seguram seus cristais, preocupadas com o "estado da Arte" e com a possibilidade de sua essência ser distorcida. Esses receios têm fundamento: informações podem ser mal interpretadas quando algo se torna popular, e lidar com iniciantes pode ser desgastante. No entanto, os corajosos e dispostos acabam perseverando e se tornam parte da próxima geração de Bruxas/Bruxos. Cada geração traz sua própria abordagem, o que, afinal, é um pouco do objetivo deste livro, não é? Para quem teme que a popularidade da Bruxaria possa desvirtuá-la, meu conselho é simples: apoie os mais jovens. Você pode se surpreender positivamente. Eu, por exemplo, estou adorando a crescente oferta de roupas com temas ocultistas, como cabras, tábuas Ouija e outros itens do gênero.

Atrair espíritos maléficos e outras coisas ruins

Lá atrás, quando comecei a ensinar Bruxaria, gostava de usar a frase: "Não convoque nada que você não possa mandar embora." Se você não sabe quem ou o que algo é, não chame esse ser para o seu espaço. Dito isso, espíritos negativos e coisas semelhantes não são muito diferentes de pessoas desagradáveis que encontramos diariamente. Se estiver enfrentando problemas em sua casa ou em outro lugar porque atraiu algo indesejado, limpe o espaço, faça um banimento forte contra qualquer coisa que não queira e crie proteções mágicas. Repita o processo quantas vezes for necessário. Se estiver lidando com espíritos caseiros travessos ou seres feéricos, ofereça presentes. Aliás, limpar fisicamente um espaço também não machuca ninguém – muitas vezes isso torna bem mais leve a energia de um lugar. Não é à toa que existem livros inteiros dedicados a isso!

Se não mencionei um dos seus medos nesta seção, convido você a dedicar algum tempo para considerar a raiz desse medo. De onde ele veio? Por que isso ocupa espaço em sua mente? Quais são as soluções possíveis para superar esse medo? Existe uma forma segura de superar isso? Acima de tudo, seja gentil e carinhosa consigo mesma, e tenha paciência.

NÓS SOMOS ARADIA

Gostaria de encerrar este capítulo com um chamado à ação. Sua prática como Bruxa não apenas pode transformar você, mas também pode gerar mudanças incríveis no mundo ao seu redor, ajudando outras pessoas. Temos um longo histórico de assustar o sistema estabelecido, protegendo e auxiliando quem precisa de justiça e busca por igualdade.

Como Bruxas, naturalmente buscamos uma conexão mais profunda com o mundo. Isso começa com nossos próprios corpos e espíritos, depois com nossos lares e a região onde vivemos. A partir daí, nossas raízes se expandem para o mundo mais amplo, conectando-se ao coração do Planeta e ao próprio Universo.

Essa comunicação beneficia não somente a nós mesmas, como também a todos os seres – pessoas, animais e meio ambiente. Podemos emprestar nossa voz e poder àqueles que não podem ser ouvidos ou vistos. As Bruxas possuem a habilidade de abrir os corações, mentes e espíritos das pessoas que se desconectaram da terra, dos outros e de si mesmas. Dessa forma, somos ativistas, guardiãs, guias e protetoras dos numes luminosos. As Bruxas têm um dever a cumprir que é ainda mais crítico atualmente do que nunca.

Todos nós temos maneiras e oportunidades de mudar o mundo ao nosso redor. Você pode escolher como, quando e onde causará impacto. Ações e palavras aparentemente pequenas podem ter um impacto tão grande quanto as maiores – às vezes, até mais. Eu a encorajo a defender o que acredita, da forma que mais se adequa a você. Existem muitas formas de ativismo, e as pessoas nos extremos costumam gritar mais alto, dizendo a todos como estão fazendo errado. Mas mudanças eficazes costumam ser muito mais sutis, ocorrendo em interações individuais, compartilhando ideias com amigos, famílias e vizinhos. Radicais podem causar ondas, mas é preciso mãos firmes para inspirar, construir e guiar um barco, de modo que ele possa enfrentar a tempestade de verdade.

Bruxas lutando por justiça não é algo novo. Em 1899, o folclorista americano Charles Godfrey Leland lançou um livro sobre a Bruxaria italiana chamado *Aradia: o Evangelho das Bruxas*. Esse livro contém todo tipo de folclore e feitiços interessantes, mas sua ideia central é sobre a história de Aradia. Um rápido resumo dele é que a Deusa Diana, ao ver seu povo sofrendo sob tirania, enviou sua filha Aradia à Terra para ensinar-lhes os segredos da Bruxaria, permitindo que se defendessem e se levantassem:

> É verdade que és, de fato, um espírito,
> mas nasceste apenas para tornar-te novamente mortal;
> deves descer à Terra abaixo para ser mestre de mulheres
> e homens que desejem estudar Bruxaria em tua escola.[33]

Existem muitas discussões e teorias sobre as fontes do material usado em *Aradia: o Evangelho das Bruxas*. Apesar dos argumentos sobre sua autenticidade, o livro de Leland definitivamente desempenhou um papel no desenvolvimento das tradições modernas da Bruxaria.

---

33. Leland, *Aradia, or the Gospel of the Witches*, cap. 1, p. 4, https://www.sacred-texts.com/pag/aradia/ara03.htm.

Isso também tem muita relevância para nós atualmente e pode ser visto como uma base para uma nova narrativa para as Bruxas Tradicionais Modernas. Vejamos um pouco mais sobre as instruções dadas a Aradia pela Deusa Diana no texto:

E serás a primeira das Bruxas conhecidas;
E serás a primeira de todas no mundo;
E ensinarás a arte do envenenamento,
Do envenenamento daqueles que são grandes senhores de tudo.
Sim, farás com que morram em seus palácios;
E amarrarás a alma do opressor (com poder);
E, quando encontrardes um camponês rico,
Então ensinarás à Bruxa, tua discípula,
Como arruinar todas as suas colheitas com tempestades extremas,
Com raios e trovões (terríveis),
E com granizo e o furor do vento...[34]

Pesado, não é? Diana não está brincando quando se trata de ensinar Bruxas a trazer justiça por meio da magia. Ela não está dizendo: "Oh, os tempos são difíceis, mas não faça nada e apenas ore por isso". Não, suas palavras significam: "Você tem o poder de mudar as coisas". Agora, nos tempos modernos, sair por aí envenenando e matando pessoas ou destruindo propriedades, etc., não é exatamente aceitável e provavelmente levará você para a prisão. Acho que é melhor nos inspirarmos no espírito de *Aradia: o Evangelho das Bruxas*, reconhecendo nosso próprio poder e entendendo que não precisamos de um salvador ou de uma única voz para nos salvar.

Podemos ser Aradia. Nós *somos* Aradia. Precisamos nos salvar. Precisamos ser nossos mestres. Precisamos ser aprendizes e guias. Precisamos ser Bruxas. Este é um chamado para defender suas crenças. É um chamado à ação, para que crie e utilize suas práticas a fim de proteger e fortalecer todos que precisam, indo além de Tradições, gêneros, cores, crenças, idades e habilidades. Podemos desfrutar da diversidade, respeitá-la *e* reunir todo mundo. Podemos proteger o meio ambiente, o Planeta e uns aos outros, iluminando os fios que nos conectam.

34. *Ibid.*

Foi principalmente *Aradia: o Evangelho das Bruxas* que inspirou "A Carga da Deusa", texto escrito por Doreen Valiente. Inspirada no espírito de Aradia e no caminho da Bruxa Tradicional Moderna, eu escrevi uma nova Carga:

A Carga da Nova Aradia

Quando o sentido e o mundo se separam,
Sempre que a necessidade for grande e urgente,
Sob o sol mais brilhante ou na fase escura da lua,
Tragam a vontade de acender o fogo.

Aprofundem as raízes, levantem os braços,
Invoquem o espírito, conjurem os encantamentos
Com vara e caldeirão, bastão e faca,
Com capa, chifre e o conhecimento da esposa.

Construam sua sabedoria e esperem o seu tempo
Nos olhos do coração e no vinho doce do sangue.
Na cidade e na floresta, reúnam-se
Para proteger e guiar com nossa vontade.

Agora é o momento de atender ao chamado,
Bruxas unidas, todas como uma.
Em nossa verdade, conhecemos o poder,
Que nossa voz derrube a torre.

Para banir, purificar, abençoar, curar e guiar
Com nossos segredos e cavalgada de Sabbat.
É hora de mudar as marés,
Pois agora, como Bruxas, todas nós nos erguemos!

Espero que este texto seja inspirador para você e sua prática. Não se esqueça de que você tem poder. Lembre-se de que estes são, de fato, os tempos para os quais fomos feitas.

CONCLUSÃO

Espero que este livro tenha inspirado você a tecer ativamente seu próprio padrão. À medida que você avança, que as ferramentas aqui contidas guiem você a criar, elaborar e manter uma prática que se torne sua abordagem Moderna e Tradicional à Bruxaria. Haverá momentos em que você pode perder o fio que está tecendo ou sentir que o padrão se desviou. Lembre-se, você não está só. Você segue os passos de incontáveis gerações de tecelãs liminares e está cercada por espírito de diversas formas. Respire, feche os olhos, encontre a quietude da escuridão. Logo, a luz da estrela se tornará visível como o nascer do sol, o tecido será novamente iluminado, e você encontrará o seu lugar.

Há muito trabalho a ser feito no caminho sinuoso à sua frente, mas acredito que você o encontrará revigorante, gratificante e pleno.

Bênçãos para você!

AGRADECIMENTOS

Não posso acreditar que já escrevi outros três livros, e este, o número quatro, é o primeiro em que me lembrei de incluir esta parte (que disparate!). Apesar desse descuido, espero que *todas* as pessoas incríveis da Llewellyn Worldwide saibam que eu as considero absolutamente fantásticas. Um carinho especial para Elysia Gallo, que não apenas tem ótimo gosto para bebidas, moda, música e gatos, como também é uma pessoa incrível, uma editora fabulosa e um espírito maravilhoso. Agradecimentos especiais a Kat Sanborn, por ser uma agente motivada (e um tanto facilitadora, rsrs). Minha profunda gratidão à editora Andrea Neff por realmente me impulsionar a ser uma autora melhor nas etapas finais de edição. E, é claro, muito obrigada a Lynne, Shira e ao restante do departamento de arte, por darem vida ao meu trabalho.

Minha mais profunda gratidão a Robert Mathiesen, por ter sido uma força orientadora e uma inspiração quando eu era apenas uma jovem Bruxa em ascensão – e que, até hoje, parece se divertir quando lanço perguntas aleatórias sobre ocultismo. Ele ajudou a confirmar algumas de minhas intuições ao longo do caminho, especialmente na seção infamemente apelidada de "pênis dos anjos".

Ao escrever este livro, precisei me aprofundar bastante nos meus anos de faculdade e em tudo o mais que aconteceu na minha vida naquela época. Muito do que ainda carrego comigo veio de lições que aprendi com professores dos três grandes cursos de base que estudei no meu primeiro semestre na Rhode Island School of Design (RISD):

De Thomas Mills (Desenho): "A marca mais bonita que você pode fazer surge após muitas tentativas de desenhar e apagar, construindo camadas de experiência, enquanto aprende verdadeiramente a ver seu tema."

De Ed Oates (Design 3D): "É claro que você poderia fazer isso da maneira normal, mas quão divertido seria? Vire de cabeça para baixo, desafie-se a ver e criar de forma diferente. Pelo menos experimente, caso contrário, nunca saberá. Já virou sopa?"

De Wendy Seller (Design 2D): "As cores são mais bem exploradas pelo que colocamos ao lado delas e por quão longe podemos levá-las de sua origem. Copiamos o trabalho dos mestres para aprender suas técnicas e ter um vislumbre do que eles viam. A partir disso, cabe a nós encontrarmos nosso próprio estilo e visão."

A todos os meus alunos e alunas em todo o mundo, de todos os workshops, classes ou grupos de estudos, obrigada por compartilharem seu tempo, sua energia e seus pensamentos comigo. Espero ter iluminado o caminho de vocês tanto quanto iluminaram o meu.

Por fim, mas não menos importante, sou profundamente grata pelas pessoas incríveis que cruzaram meu caminho na última década. Na dança, na arte ou na Bruxaria, de perto ou de longe, sinto-me abençoada por seres maravilhosos que enriquecem minha vida – com vinho, uísque, extravagâncias, bigodes de gatos e, claro, muita Bruxaria. Amo todas vocês.